轨道交通装备制造业职业技能鉴定指导丛书

# 机车车辆铆工

中国北车股份有限公司　编写

中国铁道出版社

2015年·北京

**图书在版编目(CIP)数据**

机车车辆铆工/中国北车股份有限公司编写．—北京：中国铁道出版社，2015.4

（轨道交通装备制造业职业技能鉴定指导丛书）

ISBN 978-7-113-20068-8

Ⅰ.①机… Ⅱ.①中… Ⅲ.①机车车辆－铆工－职业技能－鉴定－自学参考资料 Ⅳ.①U260.6

中国版本图书馆 CIP 数据核字(2015)第 048469 号

**书　　名：**轨道交通装备制造业职业技能鉴定指导丛书
**机车车辆铆工**

**作　　者：**中国北车股份有限公司

**策　　划：**江新锡　钱士明　徐　艳

**责任编辑：**陶赛赛　　　**编辑部电话：**010-51873065

**编辑助理：**黎　琳

**封面设计：**郑春鹏

**责任校对：**孙　玫

**责任印制：**郭向伟

**出版发行：**中国铁道出版社（100054，北京市西城区右安门西街 8 号）

**网　　址：**http://www.tdpress.com

**印　　刷：**北京新魏印刷厂

**版　　次：**2015 年 4 月第 1 版　2015 年 4 月第 1 次印刷

**开　　本：**787 mm×1 092 mm　1/16　**印张：**13.25　**字数：**310 千

**书　　号：**ISBN 978-7-113-20068-8

**定　　价：**42.00 元

## 中国北车职业技能鉴定教材修订、开发编审委员会

**主　任：** 赵光兴

**副主任：** 郭法娥

**委　员：**（按姓氏笔画为序）

于帮会　王　华　尹成文　孔　军　史治国

朱智勇　刘继斌　闫建华　安忠义　孙　勇

沈立德　张晓海　张海涛　姜　冬　姜海洋

耿　刚　韩志坚　詹余斌

**本《丛书》总　编：** 赵光兴

**副总编：** 郭法娥　刘继斌

**本《丛书》总　审：** 刘继斌

**副总审：** 杨永刚　娄树国

**编审委员会办公室：**

**主　任：** 刘继斌

**成　员：** 杨永刚　娄树国　尹志强　胡大伟

# 序

在党中央、国务院的正确决策和大力支持下，中国高铁事业迅猛发展。中国已成为全球高铁技术最全、集成能力最强、运营里程最长、运行速度最高的国家。高铁已成为中国外交的新名片，成为中国高端装备“走出国门”的排头兵。

中国北车作为高铁事业的积极参与者和主要推动者，在大力推动产品、技术创新的同时，始终站在人才队伍建设的重要战略高度，把高技能人才作为创新资源的重要组成部分，不断加大培养力度。广大技术工人立足本职岗位，用自己的聪明才智，为中国高铁事业的创新、发展做出了重要贡献，被李克强同志亲切地赞誉为“中国第一代高铁工人”。如今在这支近 5 万人的队伍中，持证率已超过 96%，高技能人才占比已超过 60%，3 人荣获“中华技能大奖”，24 人荣获国务院“政府特殊津贴”，44 人荣获“全国技术能手”称号。

高技能人才队伍的发展，得益于国家的政策环境，得益于企业的发展，也得益于扎实的基础工作。自 2002 年起，中国北车作为国家首批职业技能鉴定试点企业，积极开展工作，编制鉴定教材，在构建企业技能人才评价体系、推动企业高技能人才队伍建设方面取得明显成效。为适应国家职业技能鉴定工作的不断深入，以及中国高端装备制造技术的快速发展，我们又组织修订、开发了覆盖所有职业(工种)的新教材。

在这次教材修订、开发中，编者们基于对多年鉴定工作规律的认识，提出了“核心技能要素”等概念，创造性地开发了《职业技能鉴定技能操作考核框架》。该《框架》作为技能人才评价的新标尺，填补了以往鉴定实操考试中缺乏命题水平评估标准的空白，很好地统一了不同鉴定机构的鉴定标准，大大提高了职业技能鉴定的公信力，具有广泛的适用性。

相信《轨道交通装备制造业职业技能鉴定指导丛书》的出版发行，对于促进我国职业技能鉴定工作的发展，对于推动高技能人才队伍的建设，对于振兴中国高端装备制造业，必将发挥积极的作用。

中国北车股份有限公司总裁：

2015.2.7

# 前　言

鉴定教材是职业技能鉴定工作的重要基础。2002 年，经原劳动保障部批准，中国北车成为国家职业技能鉴定首批试点中央企业，开始全面开展职业技能鉴定工作。2003 年，根据《国家职业标准》要求，并结合自身实际，组织开发了《职业技能鉴定指导丛书》，共涉及车工等 52 个职业（工种）的初、中、高 3 个等级。多年来，这些教材为不断提升技能人才素质、适应企业转型升级、实施"三步走"发展战略的需要发挥了重要作用。

随着企业的快速发展和国家职业技能鉴定工作的不断深入，特别是以高速动车组为代表的世界一流产品制造技术的快步发展，现有的职业技能鉴定教材在内容、标准等诸多方面，已明显不适应企业构建新型技能人才评价体系的要求。为此，公司决定修订、开发《轨道交通装备制造业职业技能鉴定指导丛书》（以下简称《丛书》）。

本《丛书》的修订、开发，始终围绕促进实现中国北车"三步走"发展战略、打造世界一流企业的目标，努力遵循"执行国家标准与体现企业实际需要相结合、继承和发展相结合、坚持质量第一、坚持岗位个性服从于职业共性"四项工作原则，以提高中国北车技术工人队伍整体素质为目的，以主要和关键技术职业为重点，依据《国家职业标准》对知识、技能的各项要求，力求通过自主开发、借鉴吸收、创新发展，进一步推动企业职业技能鉴定教材建设，确保职业技能鉴定工作更好地满足企业发展对高技能人才队伍建设工作的迫切需要。

本《丛书》修订、开发中，认真总结和梳理了过去 12 年企业鉴定工作的经验以及对鉴定工作规律的认识，本着"紧密结合企业工作实际，完整贯彻落实《国家职业标准》，切实提高职业技能鉴定工作质量"的基本理念，在技能操作考核方面提出了"核心技能要素"和"完整落实《国家职业标准》"两个概念，并探索、开发出了中国北车《职业技能鉴定技能操作考核框架》；对于暂无《国家职业标准》、又无相关行业职业标准的 40 个职业，按照国家有关《技术规程》开发了《中国北车职业标准》。经 2014 年技师、高级技师技能鉴定实作考试中 27 个职业的试用表明：该《框架》既完整反映了《国家职业标准》对理论和技能两方面的要求，又适应了企业生产和技术工人队伍建设的需要，突破了以往技能鉴定实作考核中试卷的难度与完整性评估的"瓶颈"，统一了不同产品、不同技术含量企业的鉴定标准，提高了鉴定考核的技术含量，保证了职业技能鉴定的公平性，提高了职业技能鉴定工作质量和管理水平，将成为职业技能鉴定工作、进而成为生产操作者技能素质评价的新标尺。

本《丛书》共涉及98个职业(工种)，覆盖了中国北车开展职业技能鉴定的所有职业(工种)。《丛书》中每一职业(工种)又分为初、中、高3个技能等级，并按职业技能鉴定理论、技能考试的内容和形式编写。其中：理论知识部分包括知识要求练习题与答案；技能操作部分包括《技能考核框架》和《样题与分析》。本《丛书》按职业(工种)分册，并计划第一批出版74个职业(工种)。

本《丛书》在修订、开发中，仍侧重于相关理论知识和技能要求的应知应会，若要更全面、系统地掌握《国家职业标准》规定的理论与技能要求，还可参考其他相关教材。

本《丛书》在修订、开发中得到了所属企业各级领导、技术专家、技能专家和培训、鉴定工作人员的大力支持；人力资源和社会保障部职业能力建设司和职业技能鉴定中心、中国铁道出版社等有关部门也给予了热情关怀和帮助，我们在此一并表示衷心感谢。

本《丛书》之《机车车辆铆工》由中国北车集团沈阳机车车辆有限责任公司《机车车辆铆工》项目组编写。主编王俐平；主审孙雅丽；参编人员马英联、王鑫旭。

由于时间及水平所限，本《丛书》难免有错、漏之处，敬请读者批评指正。

中国北车职业技能鉴定教材修订、开发编审委员会

二〇一四年十二月二十二日

# 目　录

# 机车车辆铆工(职业道德)习题

## 一、填 空 题

1. 职业守则是企业依照国家的法律、法规和相关的(　　)、职业道德,以及企业的具体生产情况制定的,是大家必须遵守的"规则"。

2. 职业道德修养是从业人员自觉按照职业道德的基本原则和规范,通过自我约束、教育、磨练,达到较高(　　)的过程。

3. 道德是社会意识形态之一,是人们行为规范的(　　)。

4. 社会主义道德最广泛的社会基础是(　　)。

5. 建立在一定的利益和义务的基础之上,并以一定的道德规范形式表现出来的特殊的社会关系是(　　)。

6. 马克思主义哲学作为科学的世界观,它的基本原则是(　　)。

7. 社会主义道德风尚的重要基础是(　　),同时也是建立和规范社会主义市场经济秩序的重要保证。

8. 职业道德的最基本要求是(　　),为社会主义建设服务。

9. 发展应以人为本,立人应(　　)。

10. 职业守则是带有一定的(　　)性的。

11. 社会文化环境对人们的思想观念、价值判断、(　　)具有潜移默化的影响。

12. 道德修养是人们对自己的(　　)所做的自我解剖、自我改造。

13. 道德是依靠传统习惯、内心信念、教育示范、社会舆论等力量来维持,是建立在人们(　　)的基础上的。

## 二、单项选择题

1. 下列说法不是职业守则包括的内容的是(　　)。

(A)爱岗敬业,具有高度的责任心　　(B)工作认真负责,团结合作

(C)思想进步,任劳任怨　　(D)爱护设备及工具、夹具、刀具、量具

2. 具有一定的强制性,是企业内部行为约束条例,也是职工行为规范准则的是(　　)。

(A)企业文化　　(B)职业守则　　(C)管理体系　　(D)职业道德

3. 关于道德的准确说法是(　　)。

(A)道德就是做好人好事

(B)做事符合他人利益就是道德

(C)道德是一种社会的意识形态,它泛指人们的行为应遵守的原则和标准

(D)道德是因人、因时而异,没有特定的标准

4. 职业道德是指(　　)。
(A)法律规定的职业标准
(B)在社会分工体系中,从事一定职业的人们在其特定的职业活动中,应遵守的道德行为规范的总和
(C)从事某种职业时应遵守的法律规定
(D)在从事职业活动时要时刻以符合他人的利益为标准
5. 下列不属于职业道德的基本内容的是(　　)。
(A)爱岗敬业　(B)奉献社会　(C)遵纪守法　(D)办事公道
6. 下列不属于社会主义职业道德的基本原则的是(　　)。
(A)热爱本职工作,忠于职守,为人民服务
(B)向社会负责
(C)主人翁的劳动态度和社会主义社会的团结协作
(D)遵章守纪,爱护公物,尊敬师长
7. 下列不是职业道德培养方面的是(　　)。
(A)从思想观念上树立主人翁思想,端正劳动态度,爱岗敬业
(B)遵章守纪,爱护公物,尊敬师长
(C)对待工作认真负责,培养高度的责任心
(D)钻研技术,提高技术业务水平
8. 道德意识包括(　　)等。
(A)道德观念和道德情感　(B)道德意志和道德信念
(C)道德理想和道德理论体系　(D)以上都包括
9. 自律是道德的本质特点,(　　)就是发挥自律的功能。
(A)批评教育　(B)辅导教育　(C)远程教育　(D)自我教育
10. 积极参加(　　)是职业道德修养的根本途径。
(A)职业实践　(B)职业教育　(C)职业评级　(D)职业素养
11. 集体主义原则集中体现了(　　)核心的要求。
(A)社会主义精神文明　(B)马克思主义
(C)科学发展观　(D)社会主义道德
12. 下列说法不正确的是(　　)。
(A)道德对人们行为的调整是靠内心信念来维持的
(B)道德对人们行为的调整是靠风俗习惯来维持的
(C)道德对人们行为的调整是靠社会舆论的力量来维持的
(D)道德对人们行为的调整是靠法律来维持的
13. 下列(　　)不是职业守则的内容。
(A)遵守法律、法规和有关规定
(B)思想进步,任劳任怨
(C)刻苦钻研技术,用于创新
(D)着装整洁,符合规定;保持工作环境清洁有序,文明生产

14. 制定职业守则总的目标不包括(　　)。

(A)要求职工遵守国家的法律　(B)保证企业产品生产的有序进行

(C)确保企业生产的产品质量符合要求　(D)制止与职业守则相背的行为

15. 下列关于职业道德的说法,错误的是(　　)。

(A)职业道德是道德所包含的内容的一部分

(B)职业道德是指人们在从事某一定职业时,应遵循的道德规范和行业行为规范

(C)职业道德是人类职业分工的产物

(D)职业道德是不随着社会和生产力的发展而发展的

## 三、多项选择题

1. 职业道德的基本要求是"(　　)、奉献社会"。

(A)爱岗敬业　(B)诚实守信　(C)办事公道　(D)服务群众

2. 道德与法律不同,(　　)。

(A)道德不是由国家强制制定、强制执行的

(B)道德是因人、因时而异,没有特定的标准

(C)道德是渗透在社会的一切领域

(D)道德是建立在人们自觉执行的基础上的

3. 下列关于职业道德的说法,正确的是(　　)。

(A)职业道德是道德所包含的内容的一部分

(B)职业道德是指人们在从事某一定职业时,应遵循的道德规范和行业行为规范

(C)职业道德是人类职业分工的产物

(D)职业道德是不随着社会和生产力的发展而发展的

4. 社会主义职业道德的基本原则是(　　)。

(A)热爱本职工作,忠于职守,为人民服务

(B)向社会负责

(C)主人翁的劳动态度和社会主义社会的团结协作

(D)遵章守纪,爱护公物,尊敬师长,向不良习气作斗争

5. 职业道德培养是从业人员在职业道德意识和职业道德行为方面,自觉按照职业道德的基本原则和规范,进行(　　)和提高的过程。

(A)自我约束　(B)自我培养　(C)自我磨练　(D)自我教育

6. 制定职业守则总的目标是(　　)。

(A)要求职工遵守国家的法律　(B)保证企业产品生产的有序进行

(C)确保企业生产的产品质量符合要求　(D)制止与职业守则相背的行为

7. 下列(　　)内容是职业守则的部分内容。

(A)遵守法律、法规和有关规定

(B)思想进步,任劳任怨

(C)刻苦钻研技术,用于创新

(D)着装整洁,符合规定;保持工作环境清洁有序,文明生产

8. 道德的相对独立性表现在(　　)。
(A)道德的发展同社会经济关系总的历史发展过程相一致
(B)道德的变化同经济关系变化的不完全同步性
(C)道德的发展同经济发展水平的不平衡性
(D)道德有自身相对独立的历史发展过程
9. 职业道德修养之所以必须经过实践这一途径,原因在于(　　)。
(A)积极参加职业实践是职业道德修养的根本途径
(B)从业人员的高尚的职业道德品质来源于实践
(C)在实践中进行职业道德修养是由道德自身的特点决定的
(D)职业道德修养是一种理智的、自觉的活动,它需要科学的世界观作指导
10. 道德对人们行为的调整是靠(　　)来维持的。
(A)内心信念　(B)风俗习惯　(C)社会舆论的力量　(D)法律
11. 加强公民道德建设,应该(　　)。
(A)着力弘扬社会主义荣辱观,拓展公民道德教育内容
(B)着力营造舆论氛围,倡导良好社会道德风尚
(C)着力解决突出问题,巩固拓展道德建设成果
(D)着力推进工作延伸,扩大道德建设的覆盖范围
12. 职业道德的基本内容包括(　　)。
(A)爱岗敬业　(B)奉献社会　(C)遵纪守法　(D)办事公道
13. 关于社会主义道德核心要求的体现,下列说法错误的是(　　)。
(A)集体主义原则集中体现了社会主义道德核心的要求
(B)社会主义精神文明集中体现了社会主义道德核心的要求
(C)马克思主义集中体现了社会主义道德核心的要求
(D)科学发展观集中体现了社会主义道德核心的要求

## 四、判 断 题

1. 道德是依靠传统习惯、内心信念、教育示范、社会舆论等力量来维持,是建立在人们自觉执行的基础上的。(　　)

2. 职业道德是法律规定的从事某种职业活动的行为准则。(　　)

3. 我国现阶段各行各业普遍适用的职业道德的基本内容,即“爱岗敬业、诚实守信、遵纪守法、办事公道、奉献社会”。(　　)

4. 向社会负责是社会主义职业道德的最根本的一条。(　　)

5. 职业道德的培养是靠法律制度来实现的。(　　)

6. 职业守则是带有一定的强制性的。(　　)

7. 企业职业守则要求职工严格按照工艺文件、安全操作规程执行,工作程序、工作过程达到规范的要求。(　　)

8. 道德修养是人们对自己的意识行为所做的自我解剖、自我改造。(　　)

9. 提高职业道德技能是树立职业信念的思想基础。(　　)

10. 社会主义职业道德是以最终谋求整个国家的经济利益为目标的。(　　)

11. 道德的内容包括三个方面:道德意识、道德关系、道德思维。(　　)

12. 社会文化环境对人们的思想观念、价值判断、道德情操具有潜移默化的影响。(　　)

13. 道德关系是建立在一定的利益和义务的基础之上,并以一定的道德规范形式表现出来的。(　　)

14. 集体主义原则体现了社会主义道德和社会主义职业道德的统一。(　　)

# 机车车辆铆工(职业道德)答案

## 一、填 空 题

1. 道德规范　2. 职业境界　3. 总和　4. 公民道德
5. 道德关系　6. 实事求是　7. 职业道德　8. 奉献社会
9. 以德为先　10. 强制　11. 道德情操　12. 意识行为
13. 自觉执行

## 二、单项选择题

1. C　2. B　3. C　4. B　5. C　6. D　7. B　8. D　9. D
10. A　11. D　12. D　13. B　14. C　15. D

## 三、多项选择题

1. ABCD　2. ACD　3. ABC　4. ABC　5. ABD　6. ABD　7. ACD
8. BCD　9. BC　10. ABC　11. ABCD　12. ABD　13. BCD

## 四、判 断 题

1. √　2. ×　3. ×　4. ×　5. ×　6. √　7. √　8. √　9. ×
10. ×　11. ×　12. √　13. √　14. ×

# 机车车辆铆工(初级工)习题

## 一、填 空 题

1. 安全用电的原则是不接触低压带电体,不靠近(　　)带电体。

2. 导线通过电流时不允许过热,所以导线的(　　)电流应比实际输电的电流要大些。

3. 电伤是指人体(　　)受伤。

4. 电对人体的伤害有(　　)两种。

5. 热弯是指将坯料在(　　)状态下弯曲成形的方法。

6. 錾削是指用手锤击打錾子对金属工件进行(　　)加工的方法。

7. 剪切是指通过两剪刃的相对运动,(　　)的加工方法。

8. 物体在三视图里的投影规律是:主、俯视图长对正;主、侧视图高齐平;(　　)视图宽相等。

9. 我国机械制图采用正投影法,三视图中主视图与俯视图长对正;主视图与左视图高平齐;俯视图与左视图(　　)。

10. 常称主视图、俯视图和(　　)三个基本视图为三视图。

11. 一组射线通过(　　)射向预定平面上得到图形的方法称投影法。

12. 图形的线性尺寸与(　　)相应的线性尺寸之比称为比例。

13. 机件向(　　)投影的视图称基本视图。

14. 车钩中心线高是指空车时,车钩中心线至(　　)的垂直距离。

15. 金属的物理性质包括密度、熔点、热膨胀、导热性和(　　)。

16. 工作前,必须穿戴好(　　)用品,防止压伤、划伤、烫伤等伤害的发生。

17. 气割工作和其他火源要距氧气瓶(　　)米以外。

18. 回火的温度是(　　)℃。

19. 碳是决定钢的强度的主要因素。钢中含碳量增加时,钢的强度提高,塑性和韧性则降低。但含碳量超过0.9%时,虽然硬度继续提高,(　　)反而下降,塑性和韧性继续下降。

20. 磷虽然能提高钢的强度,但却能使塑性和韧性显著恶化,它是增大钢的(　　)的杂质之一。

21. 观察者位于一位端,面向车辆站立时,观察者(　　)的一侧为一位侧,相反的另一侧为二位侧。

22. 弹性是指材料在外力作用下产生变形,当外力去除后能恢复原状的(　　)。

23. 钢材适应切削、冲压、煨弯及(　　)等加工要求的能力称为钢材的工艺性能。

24. 力学中,把力的大小、方向和(　　)称为力的三要素。

25. 确检是指按照机车或车辆检修规程限度及技术要求,确定(　　)和检修方法。

26. 质量有狭义和(　　)两种含义。

27. 广义的质量，除了产品质量以外还包括(　　)。

28. 影响工序质量的因素有人员、设备、材料、检测条件及(　　)。

29. 钢结构按连接的方式分为：焊接结构、铆接结构、螺栓连接结构和(　　)结构。

30. 铆工的五大技术有下料、成型、矫正、组装和(　　)。

31. 铆工的基础知识包括制图、材料、力学、工具设备和(　　)。

32. 按照计算或放样的结果，将零件或毛料的形状和尺寸大小画到材料上去，以便进行(　　)，这一过程叫画料，也叫号料。

33. 材料的分离方法有剪切、冲裁和(　　)。

34. 氧气切割的本质是被切割工件的材料在纯氧中燃烧的过程，而不是(　　)的过程。

35. 零件弯曲的方法有压弯、折弯、滚弯和(　　)四种。

36. 铆钉的主要形式有半圆头铆钉、半锥头铆钉、沉头铆钉和(　　)铆钉四种。

37. 焊接接头的基本形式主要有对接接头、角接接头、搭接接头和(　　)接头四种。

38. 热铆铆接的作业过程有烧钉、接钉、穿钉、顶钉和(　　)。

39. 求线段实长的作图法有直角三角形法、直角梯形法、旋转法和(　　)法四种。

40. 作展开图的基本方法有平行线法、放射线法和(　　)法三种。

41. 焊接分熔焊法和(　　)两大类。

42. 根据制造结构的工作要求和应用目的分类，铆接可分为坚固铆接、(　　)和固密铆接。

43. 工厂常用的机械图有零件图、装配图和(　　)。

44. 手锤和大锤头多选用碳素工具钢材料制成，并经过(　　)处理以提高其硬度。

45. 手提式砂轮有风动和(　　)两种。

46. 在铆工常用设备中，各种剪床和压力机属于冲压设备；型钢矫直机和钢板矫平机属于矫正设备；卷板机属于(　　)设备。

47. 对称式三辊卷板机的三根轴辊的轴心呈(　　)排列。

48. 含碳量在(　　)以下的钢称为低碳钢。

49. 铁道车辆型号是用于标明车辆种类和(　　)的代号。

50. 含碳量大于(　　)的钢称为高碳钢。

51. 机车车辆的方位规定以装(　　)或制动缸活塞杆伸出方向的一端为一位端，与一位端相反的另一端为二位端。

52. 钢板在压弯变形过程中可分为自由弯曲、接触弯曲、(　　)弯曲三个阶段。

53. 手锯由锯弓、锯条、元宝螺母和(　　)组成。

54. 金属材料在外力作用下引起尺寸和(　　)的改变称为变形。

55. 钢板经过弯曲后，其中总有一层材料的长度不发生变化，这层叫(　　)。

56. 钢材可以矫正的根本原因，是因为它具有一定的(　　)。

57. 按矫正时力的来源和性质，矫正分为机械矫正、手工矫正、(　　)矫正和高频热点矫正。

58. 钢材经乙炔切割，焊接后发生变形，是由于(　　)的缘故。

59. 冷作矫正是利用了金属具有塑性这一特点，以外力或(　　)迫使变形钢材产生再变形，达到矫正目的。

60. 常见的矫正钢材变形的专用设备有钢板矫平机、(　　)。

61. 手工矫正的主要工具有手锤、型锤、大锤等,主要设备是(　　)。

62. 铆工用平台除用于矫正工序外,还可用于划线、放样、(　　)等工序。

63. 火焰矫正加热的方式,一般采用点状加热、线状加热、(　　)三种。

64. 局部加热矫正利用了金属材料(　　)的物理特性。

65. 外热源加热校正分整体加热和(　　)两种。

66. 冷作矫正的基本方法有机械矫正和(　　)两大类。

67. 高碳钢、高合金钢、(　　)等脆性材料不适宜进行冷作矫正。

68. 点状加热的特点是,点的周围向中心收缩,多用来矫正(　　)的变形。

69. 线状加热主要用于矫正厚板所产生的角变形和圆弧弯曲变形,加热时可使用直线、环形、(　　)三种方法。

70. 线状加热的特点是:"线"宽度方向的收缩量明显地比(　　)的收缩量要大。

71. 三角形加热区呈等腰三角形,底边在工件的(　　)。

72. 三角形加热的特点是:收缩量从三角形的顶点起,沿两腰向下(　　)。

73. 局部加热校正厚板不可以浇水,原因是表面冷却快,容易(　　)。

74. 需要重复进行局部加热时,加热位置应避免与前次加热位置(　　)。

75. 手工矫正薄板变形,应锤击钢板的(　　),使之扩展。

76. 扁钢变形有平面弯曲、立面弯曲、(　　)三种情况。

77. 扁钢三种变形同时出现时,正确的矫正顺序是先扭曲,后平弯,最后(　　)。

78. 角钢的变形有扭曲、弯曲、(　　)三种。

79. 角钢变形的矫正顺序是,先矫正扭曲,后矫正弯曲,最后矫正(　　)。

80. 角钢弯曲的手工矫正有锤击凸起处、扩展凹处和(　　)等方法。

81. 槽钢的变形有弯曲、扭曲和(　　)等。

82. 工字钢的变形形式主要是弯曲,由其断面情况决定了其抵抗变形的能力(　　)。

83. 为了合理使用和节约原材料,常用的号料有集中号料法、套料法、统一计算法和(　　)号料法。

84. 在一般情况下,常以金属材料的(　　)来决定其强度。

85. 钢板的剪切与冲裁的原理是一样的,只不过将上、下冲模的刃口做成了直线形,即剪切的(　　)。

86. 当剪切尺寸相同而数量又较多的钢板时,可利用挡板定位,这样可免去划线工序,提高(　　)。

87. 砂轮切割是利用砂轮片高速旋转与工件摩擦产生热量,使工件(　　)而形成割缝。

88. 冷弯是指坯料在(　　)下进行的弯曲。

89. 热弯是指坯料(　　)后进行的弯曲。

90. 弯曲时,在塑性变形的同时,还存在着(　　)变形。

91. 弯曲带孔的工件时,孔的位置不宜安排在弯曲变形区,以免孔变形。不可避免时,可先弯曲后(　　)。

92. 在压弯时,若模具较短,工件较长,可采用分段压弯,(　　)成形的方法。

93. 在压弯过程中,凹模上支撑坯料的两支点的距离是一个变数,两支点间的距离与所需的弯曲力成(　　)比。

94. 为了保证压弯件的质量,压弯件的直边长度,一般不得小于板材厚度的两倍,弯曲件的宽度一般不得小于板材厚度的(　　)。

95. 对于弯曲不足的压弯件,要在弯曲曲率小的地方重压或锤击,使之达到合乎要求的(　　)。

96. 型钢弯曲时,由于其重心线与力的作用线不在同一平面上,因此型钢除受弯曲力矩外,还受扭矩的作用,使型钢断面产生(　　)。

97. 型钢弯曲时,材料的外层受拉应力,(　　)受压应力。

98. 型钢弯曲时的变形程度,决定于应力的大小,而应力的大小又决定于(　　)。

99. 除小型角钢用冷弯外,多数采用热弯,加热的温度随(　　)而定。

100. 型钢在热弯时,碳钢材料的加热温度不应超过 1 000 ℃。要防止加热温度过高而(　　)。

101. 工厂常用的滚圆机按上下滚轴排列分为对称三轴式、不对称三轴式、(　　)等。

102. 使用三轴式对称式卷板机,消除直线段的方法有压头预弯、留工艺余量、(　　)。

103. 咬缝零件的板料,首先要留出(　　)余量,否则制成的工件尺寸小造成废品。

104. 一般等于或小于 1 mm 的薄板,咬缝余量为(　　)mm。

105. 卧缝和站缝单扣在一块板料上,需留出等于咬缝宽度的余量,另一块板料上需留出咬缝宽度的(　　)。

106. 卧缝双扣在两快板料上应同时留出咬缝宽度的(　　)。

107. 铆钉是铆接结构的(　　)件。

108. 常用的铆钉由铆钉头和(　　)两部分组成。

109. 铆钉根据材质可分为钢质、铜质、铝质等种类。应用较多的是(　　)铆钉。

110. 金属结构用铆钉连接时,各零件的叠合形式基本有搭接、(　　)接、角接和板型结合四种。

111. 铆接时,铆钉直径的大小和铆钉中心距离都是根据结构件受力情况和需要的(　　)确定的。

112. 钉距是指一排铆钉中,相邻两个铆钉(　　)的距离。

113. 在冷铆时,铆钉要有良好的塑性,因此,钢铆钉在冷铆前,首先要进行消除硬化、提高(　　)的退火处理。

114. 铆钉枪冷铆时,铆钉直径一般不超过(　　)mm。

115. 铆工下料除采用剪切、冲裁、锯切外,还采用(　　)切割法(简称气割)。

116. 铆工装配的工艺基准有原始基准、定位基准、划线基准、(　　)等。

117. 技术履历簿是记录车辆自制造落成起至报废止,整个过程中的技术状态和(　　)情况的记录簿。

118. 将机车或车辆分解成零部件的过程叫(　　)。

119. 剖视图可分为全剖视图、半剖视图和(　　)视图三大类。

120. 剖面可分为移出剖面和(　　)剖面。

121. 读装配图的一般方法和步骤是概括了解、深入分析、(　　)。

122. 金属材料受外力作用的不同,其变形一般有拉伸、压缩、扭转、(　　)和弯曲五种。

123. 硬度试验中压头和压力的不同,常用布氏(HB)硬度和(　　)硬度来表示。

124. 按碳钢的用途分类有碳素结构钢和(　　)。

125. 按钢材横断面的形状特征可分为钢板、钢管、型钢和(　　)四大类。

126. 正弦交流电的最大值、频率和(　　)称之为它的三要素。

127. 直流弧焊机有旋转式和(　　)式两种。

128. 电流表和电压表有磁电式、电磁式和(　　)式三种类型。

129. 在垂直于螺纹轴线的投影面的剖视图中,表示牙底圆的细实线只画约(　　)圈。

130. 常见的触电方式有单相触电和(　　)触电两种。

131. 实尺放样就是根据图样的形状和尺寸,用基本的作图方法,以产品的(　　)大小,划到放样台上的工作。

132. 基准就是零件上用来确定其他点、线、(　　)位置的依据。

133. 样板按其用途通常分为号料样板和(　　)样板两种。

134. 根据图样或利用样板、样杆等直接在材料上划出零件形状的加工界线的工作,称为(　　)。

135. 将构件的表面摊开在(　　)平面上的过程叫作展开。

136. 作展开图的方法通常有作图法和(　　)法两种。

137. 凡是以直线素线为母线,相邻两条直素线能构成一(　　)时(即两条直素线平行或相交)的曲面,都是可展开面。

138. 构件的表面不能自然平整地展开摊平在一个平面上,这就称为(　　)表面。

139. 在基本不改变材料断面特征情况下将金属板材、型材、(　　)等加工成各种制品的方法成为冷作。

140. 矫正件有原材料、加工后零件和装配焊接变形的(　　)。

141. 弯曲成型包括钢板弯形、(　　)、弯管等。

142. 钢板弯形通常用折弯机折弯,压力机压弯和(　　)滚弯。

143. 弯曲凹模的圆角半径过小,则阻力大,毛坯表面易产生擦伤和拉薄;半径过大,会影响定位,易使工件(　　)。

144. 钢板压弯件常见缺陷有弯裂、回弹、偏移和(　　)。

145. 防止弯裂的措施有可加大弯曲半径、热弯或将板料退火和(　　)等。

146. 根据图样、有关工艺文件、(　　),将零件或部件进行配合和连接,使之成为半成品或成品的工艺过程称为装配。

147. 用来确定零件或部件在产品中的(　　)所采用的基准面称为装配基准面。

148. 装配中用来对零件施加外力,使零件获得(　　)的工艺装备称为夹具。

149. 金属构件的装配工作,无论是采用什么方法,进行何种零件的装配,其装配过程都具有支承、定位、(　　)三要素。

150. 金属结构装配过程中常用的夹具,按夹紧力的来源可分为手动夹紧和(　　)两大类。

151. 划线时,只在工件的(　　)个表面上划出加工界线的,称为平面划线。

152. 铆工常用錾子有扁錾、尖錾和(　　)錾三种。

153. 按螺纹的旋向不同,可把螺纹分成左旋螺纹和(　　)螺纹两大类。

154. 按螺纹用途不同，可分为连接螺纹和(　　)螺纹两大类。

155. 决定焊接电流大小的主要因素是焊缝的位置、焊条的(　　)和焊条的类型。

156. 当焊缝位置和其他因素相同时，焊条的直径越大，所需要的焊接(　　)也应增大。

157. 按可燃气体与氧气混合的方式不同，可把焊炬分为射吸式和等压式两类，常用的是(　　)式焊炬。

158. 零件图形对称用半剖视时，以对称中心线为界，一半画成视图，一半画成(　　)。

159. 金属材料中，应用最多的是(　　)，其次是铝、铜及其合金。

160."淬火＋高温回火"称为(　　)处理，经这样处理的零件具有良好的综合力学(机械)性能。

161. 硅整流直流弧焊机是利用整流器，将(　　)变为直流电。

162. 外螺纹的牙顶圆的投影用(　　)线表示。

163. 铆接的强度一般是与铆钉的直径和(　　)成正比。

164. 金属的常用的机械性能有强度、硬度、塑性、(　　)等。

165. 机车或车辆落车及所有组装项目完成后所进行的专门检查叫(　　)。

## 二、单项选择题

1. 对于工人接触较多的机床照明灯，应选择(　　)以下的安全电压电源供电。

(A)6 V　(B)36 V　(C)42 V　(D)220 V

2. 电流对人体的伤害主要取决于电流流过的途径，如果人体触电时是(　　)，则电流经过心脏、中枢神经系统和呼吸系统等，危害性最大。

(A)右手至右脚　(B)右手至左脚　(C)左手至右脚　(D)左手至左脚

3. 电流对人体的危害程度主要取决于流经人体电流的大小，当电流达(　　)时就有致命的危险。

(A)5～10 mA　(B)10～20 mA　(C)10～30 mA　(D)20～50 mA

4. 气焊属于(　　)。

(A)熔化焊　(B)接触焊　(C)钎焊　(D)保护焊

5. 锡焊属于(　　)。

(A)熔化焊　(B)接触焊　(C)钎焊　(D)保护焊

6. 一般当构件板厚大于(　　)时，作展开图必须考虑板厚对展开图尺寸的影响。

(A)1.5 mm　(B)2 mm　(C)1 mm　(D)2.5 mm

7. 零件向基本投影面投影所得到的视图叫(　　)。

(A)主视图　(B)俯视图　(C)左视图　(D)基本视图

8. 可表达出零件的长度和高度的是(　　)视图。

(A)主　(B)俯　(C)左　(D)右

9. 假想用剖切平面将机件的某处切断，仅画出断面的图形叫(　　)。

(A)局部剖　(B)剖视图　(C)剖面图　(D)向视图

10. 图样上由设计给定的尺寸叫(　　)。

(A)实际尺寸　(B)极限尺寸　(C)公称尺寸　(D)基本尺寸

11. 允许尺寸变化的两个界限值叫(　　)。

(A)极限偏差　(B)极限尺寸　(C)公差　(D)上下偏差

12. 在装配图上,表示相互结合的孔与轴配合关系的代号叫(　　)。

(A)公差代号　(B)配合代号　(C)公差　(D)标注代号

13. 形位公差中,表示圆度的符号是(　　)。

(A)⌭　(B)◎　(C)○　(D)⌖

14. Q235-A 是(　　)。

(A)优质碳素结构钢　(B)普通碳素结构钢

(C)工具钢　(D)合金钢

15. Q215-A 钢号中,215 表示其(　　)为 215 MPa。

(A)机械强度　(B)抗拉强度　(C)屈服强度　(D)极限强度

16. 增大钢的冷脆性的杂质之一的是(　　)。

(A)硫　(B)磷　(C)硅　(D)锰

17. 45 号钢的含硫量应小于等于(　　)。

(A)0.055%　(B)0.040%　(C)0.035%　(D)0.045%

18. 球墨铸铁是以(　　)后加两组数字来表示。

(A)HT　(B)KT　(C)QT　(D)RT

19. 通常用符号(　　)来表示材料的屈服点。

(A)$\sigma$　(B)$\sigma_b$　(C)$\sigma_s$　(D)$\tau$

20. 布氏硬度用符号(　　)来表示。

(A)HB　(B)HR　(C)HV　(D)HS

21. 对地电压小于(　　)以下为低压。

(A)50 V　(B)110 V　(C)250 V　(D)36 V

22. 假设有一光源发出的平行光线,照在一个物体上与光线垂直的投影面上得到的一个投影,这个投影叫作(　　)。

(A)斜投影　(B)正投影　(C)反投影　(D)直投影

23. 防止压形件起皱的方法是加压边圈,当(　　)时,一定用压边圈。

(A)$D-d>22t$　(B)$D-d<18t$　(C)$D-d>20t$　(D)$D-d<16t$

24. 分离部分是成品,周边是废料的冲裁叫(　　)。

(A)落料　(B)冲孔　(C)剪切　(D)成形

25. 铆钉杆径为 18 mm,则粗装配时,孔径应比杆径大(　　)mm。

(A)0.5　(B)1.0　(C)1.5　(D)2.0

26. 半圆头铆钉长度的经验计算公式是(　　)。

(A)$L=(1.4\sim1.75)d+1.1\sum\delta$　(B)$L=0.8d+1.1\sum\delta$

(C)$L=1.0d+1.1\sum\delta$　(D)$L=1.2d+1.1\sum\delta$

27. 圆锥体应用(　　)法作表面展开。

(A)平行线　(B)放射线　(C)三角形　(D)旋转

28. 斜截圆柱(　　)旋转体。

(A)是　(B)不是　(C)近似　(D)像是

29. 球体(　　)旋转体。

A. 是 (B)不是 (C)大概是 (D)像是

30. 马蹄形表面是(  )表面。

(A)可磨 (B)不可磨 (C)两个 (D)三个

31. 斜圆锥是(  )表面。

(A)可磨 (B)不可磨 (C)一个 (D)三个

32. 表达物体形状的基本视图有(  )。

(A)三个 (B)四个 (C)六个 (D)五个

33. 圆柱体的侧面是一个(  )绕轴线旋转一周所形成的回转体。

(A)直线 (B)曲线 (C)平面 (D)圆面

34. 圆球体的表面是由一个(  )绕轴线旋转一周所形成的回转体。

(A)直线 (B)圆 (C)曲面 (D)半圆

35. 手锤和大锤的锤头多用(  )制成，并经过淬火处理，以提高其硬度。

(A)优质碳素钢 (B)碳素工具钢 (C)合金钢工具钢 (D)镇静钢

36. 含碳量在(  )以下的钢称为低碳钢。

(A)0.25％ (B)2.11％ (C)0.6％ (D)0.4％

37. 含碳量大于(  )的钢，称为高碳钢。

(A)0.25％ (B)0.6％ (C)0.3％ (D)0.5％

38. 优质碳素钢中硫、磷含量均不大于(  )。

(A)0.1％ (B)0.03％ (C)0.04％ (D)0.05％

39. 镇静钢、沸腾钢、半镇静钢是按(  )分类的钢。

(A)脱氧程度 (B)钢的质量 (C)钢的用途 (D)化学成分

40. 全加热矫正是利用钢材在高温下强度降低(  )提高的原理来达到矫正目的的。

(A)硬度 (B)韧性 (C)塑性 (D)弹性

41. 局部加热矫正是利用钢材(  )的物理特性，来达到矫正目的的。

(A)化学变化 (B)热胀冷缩 (C)增加强度 (D)热传导

42. 点状加热的特点是点的周围向中心(  )。

(A)收缩 (B)热胀 (C)扩散 (D)导热

43. 线状加热的特点是“线”的宽度方向的收缩量比长度方向的收缩量(  )。

(A)大 (B)小 (C)相等 (D)不变

44. 三角形加热的特点是收缩量从三角形的顶点起，沿两腰向下逐渐(  )。

(A)减小 (B)增大 (C)减弱 (D)膨胀

45. 为了抵消焊后变形，预先对焊件施以(  )方向的变形，叫反变形。

(A)相反 (B)相同 (C)一定 (D)垂直

46. 压弯时，钢板的加热温度一般为(  )℃；终止温度一般不低于 700～800 ℃。

(A)200～300 (B)300～500 (C)950～1100 (D)500～650

47. 金属材料牌号 QT400-17，“QT”代表球墨铸铁，“400”表示(  )400 MPa，“17”表示延伸率为 17％。

(A)屈服强度 (B)抗压强度 (C)抗拉强度 (D)剪切强度

48. 在压延过程中，压边装置的主要作用是(  )。

(A)防止起皱 (B)防止滑动 (C)定位作用 (D)起顶件作用

49. 碳素结构钢中的(　　)是保证一定机械性能和化学成分的钢。

(A)甲类钢 (B)乙类钢 (C)特类钢 (D)镇静钢

50. 画线有平面和立体画线两种,铆工放样时号料工作中多为(　　)画线。

(A)立体 (B)平面 (C)曲面 (D)交叉

51. 为消除焊接中产生的内应力,热处理应采用(　　)的方法。

(A)退火 (B)回火 (C)正火 (D)淬火

52. 在一个组装件上有铆接和焊接两种联接方法应(　　)。

(A)线焊接后进行铆接 (B)先铆接后进行焊接

(C)焊接与铆接同时进行 (D)焊接与铆接不能一起进行

53. 多轴辊平板机在矫平钢板时,进料口的上下轴辊垂直间隙应(　　)板料的厚度。

(A)略大于 (B)略小于 (C)等于 (D)不得小于

54. 氧气瓶的瓶阀是开闭氧气的阀门,其结构有(　　)形式。

(A)一种 (B)三种 (C)两种 (D)四种

55. 下列说法正确的是(　　)。

(A)一般钢铆钉热铆时,铆钉的终铆温度应在 650～750 ℃之间

(B)一般钢铆钉热铆时,铆钉的终铆温度应在 450～600 ℃之间

(C)一般钢铆钉热铆时,铆钉的终铆温度应在 1 000～1 100 ℃之间

(D)一般钢铆钉热铆时,铆钉的终铆温度应在 900～1 000 ℃之间

56. 型钢在热弯时,碳钢材料的加热温度不应超过(　　)。

(A)300 ℃ (B)500 ℃ (C)1 000 ℃ (D)700 ℃

57. 角钢的变形有扭曲、弯曲和角变形,如果三种变形同时出现时,正确的矫正顺序是先矫正(　　)。

(A)角变形 (B)扭曲 (C)弯曲 (D)一个边

58. 号料时考虑氧切割损耗及加工实际情况应留有加工余量:自动切割一般为(　　)mm。

(A)2～4 (B)4～5 (C)2～3 (D)3～4

59. 钢铁产品牌号表示方法,20Mn 是(　　)。

(A)普通碳素钢 (B)优质碳素钢 (C)碳素结构钢 (D)碳素工具钢

60. 20 钢平均含碳量是(　　)。

(A)20% (B)0.20% (C)0.02% (D)2.0%

61. 氧气—乙炔焰温度可达(　　)左右。

(A)800 ℃ (B)1 000 ℃ (C)3 200 ℃ (D)2 000 ℃

62. 酸性焊条与碱性焊条比较,由于焊接时(　　)的氧化造成溶池的沸腾,大大有利于已溶入溶池中的气体重新逸出,所以对铁锈、油脂及水分的敏感性不大。

(A)硫 (B)磷 (C)碳 (D)锰

63. 无缝钢管的规格为 $\phi108\times4$,108 表示(　　)为 108 mm。

(A)外径 (B)内径 (C)中径 (D)基圆

64. 旋转壳体不包括(　　)。

(A)斜圆锥壳体 (B)球形壳体 (C)正圆锥壳体 (D)圆柱形壳体

65. 在气焊过程中,焊丝与焊件表面倾斜角一般为(　　)。

(A)30°～40°　(B)90°～100°　(C)50°～60°　(D)70°～80°

66. E4303 中"E"表示焊条,"43"表示熔敷金属抗拉强度最低值为(　　),"03"表示涂药为钛钙型,电源为交流或直流。

(A)430 MPa　(B)430 kPa　(C)430 $kg/cm^2$　(D)43 $kg/cm^2$

67. 在碳素钢的基础上,为了达到某些特殊性能的要求,在冶炼时有目的地加入一些化学元素的钢是(　　)。

(A)优质碳素结构钢　(B)合金钢　(C)碳素工具钢　(D)镇静钢

68. 依据工作图的要求,用 1∶1 的比例,按(　　)的原理,把构件画在样台或平板上,画出图样,此图叫放样图。

(A)正投影　(B)三视图　(C)平行投影法　(D)射线投影法

69. "H96"之含义,"H"代表黄铜的黄字,"96"表示黄铜中纯铜的含量为(　　)。

(A)0.96%　(B)96%　(C)9.6%　(D)0.96

70. 用工具钢 T7(含碳量 0.7%)作錾子,对刃部的热处理方法是先淬火,再立即用本身余热完成(　　)处理。

(A)退火　(B)回火　(C)正火　(D)调质

71. 车辆长度是指车辆不受纵向外力影响时,两端(　　)间的水平距离。

(A)端梁外侧面　(B)车钩连接线　(C)端墙外侧面　(D)折角塞门

72. 在热煨时,一般很少直接用温度计测定钢料的加热温度,而是靠观察火色来判断温度的高低,从暗处观察钢加热到(　　)时呈樱红色。

(A)700～800 ℃　(B)550～600 ℃　(C)800～1 200 ℃　(D)350～450 ℃

73. 在工件弯曲时,工件的外层产生裂纹和断裂,这说明此处材料已达到(　　)。

(A)抗拉极限　(B)屈服极限　(C)抗压极限　(D)抗弯极限

74. 普通碳素结构钢的(　　)是按照机械性能供应的钢。

(A)甲类钢　(B)特类钢　(C)乙类钢　(D)丙类钢

75. 普通碳素结构钢的(　　)是按照化学成分供应的钢。

(A)甲类钢　(B)特类钢　(C)乙类钢　(D)丙类钢

76. 热煨时对毛料加热,主要是提高材料的(　　),降低材料的强度极限,使弯曲和压延得以顺利进行。

(A)硬度　(B)韧性　(C)塑性　(D)弹性

77. 车钩中心线高是指空车时,车钩中心线至(　　)的垂直距离。

(A)轨面　(B)水平地面　(C)地板面　(D)下心盘上表面

78. 将钢加热到一定的温度,并保温一定的时间,然后缓慢地冷却,这种热处理方法叫(　　)。

(A)正火　(B)回火　(C)退火　(D)淬火

79. 当外力大小不变或变动很小地施加于构件时称为(　　)载荷。

(A)静　(B)外力　(C)均匀　(D)集中

80. 当外力突然很快地施加于构件时,称为(　　)载荷。

(A)动　(B)冲击　(C)交变　(D)瞬时

81. 当外力的大小或方向作周期性变化地施加于构件时称为(　　)载荷。

(A)冲击　(B)突变　(C)交变　(D)周期

82. 能提高钢强度和硬度以及淬透性和耐磨性的为(　　)。

(A)磷　(B)锰　(C)硅　(D)硫

83. 台钻是一种可放在工作台上使用的小型(　　)。

(A)钻头　(B)钻床　(C)钻孔　(D)手电钻

84. 当板厚(　　)mm 时，画展开图时必须考虑板厚的影响，如果处理不当就会产生零件尺寸不准，质量不高，甚至造成报废。

(A)$t>1$　(B)$t>3$　(C)$t>5$　(D)$t>2$

85. 在弯曲时若(　　)时，中性层近于板厚的二分之一处。

(A)$r/t=5$　(B) $r/t>5$　(C) $r/t>2$　(D) $r/t=2$

86. 金属材料的(　　)性能包括铸造性、锻造性、可焊性、热处理性和切削加工性等。

(A)工艺　(B)机械　(C)强度　(D)物理

87. 选定铲子(凿子)楔角时，要根据被切削的材料而定，若被切削材料是碳素钢、软铸钢时，楔角 $\beta$ 选(　　)。

(A)30°　(B)60°　(C)50°　(D)40°

88. 选定铲子(凿子)楔角时，要根据被切削的材料而定，若被切削材料是硬钢时，楔角 $\beta$ 选(　　)。

(A)30°～35°　(B)40°～45°　(C)65°～70°　(D)50°～55°

89. 为了保证压弯件的质量，压弯件的直边长度，一般不得小于板材厚度的(　　)。

(A)一倍　(B)两倍　(C)三倍　(D)四倍

90. 回弹是弯曲过程中的有害现象，往往降低弯曲件质量，直接影响零件的尺寸精度，其中回弹角 $\Delta_\alpha$ 与材料的屈服极限 $\sigma_s$(　　)。

(A)相等　(B)成反比　(C)成正比　(D)成函数关系

91. 当铆钉为低碳钢材料时，手工冷铆的铆钉直径通常不超过(　　)。

(A)$\phi$6 mm　(B)$\phi$7 mm　(C)$\phi$8 mm　(D)$\phi$9 mm

92. 等离子弧切割内圆或内部轮廓时，应在板材上预先钻直径约(　　)的孔，切割由孔开始。

(A)$\phi$12～16 mm　(B) $\phi$5～10 mm　(C) $\phi$15～20 mm　(D)$\phi$8～12 mm

93. 用一假想剖切平面将零件剖开，所画出的留下部分的投影图，叫作(　　)视图。

(A)全剖　(B)半剖　(C)局部剖　(D)剖

94. 在(　　)画法中，垂直于轴线的剖视图中，螺杆也要剖视。

(A)外螺纹　(B)内螺纹　(C)内外螺纹连接　(D)梯形螺纹

95. 将钢加热到一定温度，保温一定时间，然后在空气中冷却的热处理方法称为(　　)。

(A)退火　(B)正火　(C)淬火　(D)回火

96. 下列说法正确的是(　　)。

(A)厚度在 2 mm 以下的钢板称为薄钢板　(B)厚度在 4 mm 以下的钢板称为薄钢板

(C)厚度在 3 mm 以下的钢板称为薄钢板　(D)厚度在 5 mm 以下的钢板称为薄钢板

97. 将零件的表面摊开在一个平面上的过程，称为(　　)。

(A)展开　(B)放样　(C)展开放样　(D)号料

98. 下列不适合气割的材料是(　　)。

(A)低碳钢　(B)中碳钢　(C)高碳钢　(D)普通低合金钢

99. 相贯体板厚处理一般原则是:展开长度以零件的中性层尺寸为准,展开图各处高度是以零件的(　　)尺寸为准。

(A)里皮　(B)外皮　(C)中性层　(D)接触高度

100. 角钢的中性层处于角钢的(　　)位置。

(A)断面中心　(B)根部　(C)重心　(D)外皮

101. 放样时,有许多线条要划,通常是以(　　)开始的。

(A)垂线　(B)平行线　(C)基准　(D)倾斜线

102. 钢质放样台是用铸铁或由厚 12 mm 以上的(　　)钢板所制成。

(A)不锈钢　(B)低碳钢　(C)高碳钢　(D)合金钢

103. 在进行二次号料前,对大型结构,现场用常规划线工具并配合(　　)等进行二次划线。

(A)水平仪　(B)线锤　(C)90°角尺　(D)经纬仪

104. 钢板的塑性在顺着轧制方向上(　　)。

(A)最好　(B)最差　(C)没有影响　(D)一般

105. 不属于金属结构装配三个基本要素的是(　　)。

(A)定位　(B)划线　(C)夹紧　(D)测量

106. 金属结构件的连接,大多采用(　　)。

(A)焊接　(B)铆接　(C)胀接　(D)螺栓连接

107. 钢板弯曲时,板料中心层金属纤维(　　)。

(A)伸长　(B)缩短　(C)长度不变　(D)突变

108. 热矫薄钢板时用氧-乙炔火焰加热采用(　　)。

(A)中性焰　(B)氧化焰　(C)碳化焰　(D)可燃焰

109. 薄钢板不平,火焰矫正的加热方式采用(　　)。

(A)点状加热　(B)线状加热　(C)三角形加热　(D)混合加热

110. 要求铆钉承受大的作用力,而对密封无特殊要求的构件采用(　　)。

(A)强固铆接　(B)密固铆接　(C)紧密铆接　(D)焊接

111. 要求铆钉承受不大的作用力,但有密封要求的构件采用(　　)。

(A)强固铆接　(B)密固铆接　(C)紧密铆接　(D)焊接

112. 既要求铆钉承受大的作用力,又要求密封的构件采用(　　)。

(A)强固铆接　(B)密固铆接　(C)紧密铆接　(D)焊接

113. 铆钉在钉孔内弯曲,主要是(　　)造成的。

(A)钉孔歪斜　(B)钉孔过大　(C)罩模偏斜　(D)钉孔错孔

114. 铆钉头过小或高度不够,主要是(　　)造成的。

(A)钉杆较短　(B)钉杆过长　(C)钉孔过大　(D)板厚偏差

115. 装配的测量基准应尽可能选用(　　)或定位基准。

(A)设计基准　(B)装配基准　(C)工序基准　(D)原始基准

116. 按照焊接过程中金属所处的状态不同可把焊接方法分为(　　)、压力焊和钎焊三大类。

(A)电弧焊　(B)熔化焊　(C)摩擦焊　(D)接触焊

117. 焊接电弧的构造是由阴极区、弧柱和(　　)三部分所组成。

(A)正火区　(B)熔合区　(C)阳极区　(D)过热区

118. 手工电弧焊的焊接规范主要包括焊条(　　)和焊接电流两方面。

(A)牌号　(B)直径　(C)性质　(D)长度

119. 手工电弧焊引弧的方法有(　　)引弧法和划擦引弧法两种。

(A)接触短路　(B)高频高压　(C)碰击　(D)直接

120. 焊接厚钢板时的火焰能率应比焊接薄板时(　　)。

(A)增大　(B)减小　(C)相同　(D)越大越好

121. 焊丝的直径取决于被焊工件的厚度,焊件越厚则焊丝的直径应(　　)。

(A)越大　(B)越小　(C)相等　(D)不变

122. 气焊时焊件的厚度决定了焊嘴的倾斜角度,焊件越厚,焊嘴的斜角应(　　)。

(A)越大　(B)越小　(C)相同　(D)任意大小

123. 放样划线基准,通常与(　　)一致。

(A)装配基准　(B)测量基准　(C)设计基准　(D)原始基准

124. 金属构件受热面积较大时,易产生(　　)焊接变形。

(A)局部　(B)整体　(C)较小　(D)全面

125. 放样时都会出现放样误差,位置线的放样允许误差值一般为(　　)。

(A)±1 mm　(B)0.5 mm～1 mm　(C)±0.5 mm　(D)±1.5 mm

126. 钢板上割制圆环零件时,常采用(　　)排料法。

(A)排样套料　(B)分块　(C)长短搭配　(D)集中

127. 下列下料工艺属于冲裁工艺的有(　　)。

(A)钻孔　(B)冲孔　(C)气割　(D)剪切

128. 下列不属于成形设备的是(　　)。

(A)卷板机　(B)压力机　(C)电焊机　(D)折弯机

129. 直流电流及电压的测量,大都采用(　　)仪表。

(A)磁电式　(B)电磁式　(C)电动式　(D)电感式

130. 钢中含有(　　)组织塑性最好。

(A)铁素体　(B)奥氏体　(C)珠光体　(D)马氏体

131. 对于一般钢材而言,温度升高,其塑性(　　)。

(A)降低　(B)不变　(C)增高　(D)不稳定

132. 冷作工常用錾子的材料多用(　　)。

(A)GC15　(B)20　(C)65Mn　(D)16Mn

133. 若形体表面的素线彼此平行,宜用(　　)作展开图。

(A)平行线法　(B)放射线法　(C)三角形法　(D)旋转法

134. 当球面与回转体相交,且球心位于回转体的轴线上时,其交线为(　　)。

(A)直线　(B)曲线　(C)圆　(D)椭圆

135. 剪切机上、下刀刃间留有一定的间隙,间隙必须适当,如间隙过大会产生(　　)。

(A)剪切力增大　(B)工件发生翻翘　(C)刀刃磨损　(D)损坏剪机

136. 常用交流电焊机的型号有(　　)。

(A)BX3-300　(B)AX-300　(C)AX-500　(D)NP-600

137. 焊条直径根据(　　)来选择的。

(A)电流大小　(B)焊件厚度　(C)焊接方法　(D)焊机型号

138. 为消除焊接中产生的内应力,应采用(　　)热处理方法。

(A)正火　(B)回火　(C)淬火　(D)退火

139. 选择某基准面来支撑所装配的金属结构件的安装表面称为(　　)。

(A)支撑　(B)定位　(C)夹紧　(D)找准

140. 下列属于金属的物理性质的是(　　)。

(A)刚度　(B)导电性　(C)变形　(D)切削

141. 结构简单、定心性好、装拆方便,指的是(　　)。

(A)花键　(B)平键　(C)半圆键　(D)楔键

142. 英尺与英寸的换算公式应该是(　　)。

(A)1 英尺=10 英寸　(B)1 英尺=8 英寸　(C)1 英尺=12 英寸　(D)1 英尺=6 英寸

143. 乙炔是一种有机气体,其化学分子式正确的应该是(　　)。

(A)$CH_4$　(B)$CH_3$　(C)$C_2H_4$　(D)$C_2H_2$

144. 空间点的投影,在投影面上(　　)。

(A)直线　(B)仍是点

(C)可以是直线可以是点　(D)平面

145. 直线在投影面上的投影(　　)。

(A)仍是直线　(B)是点

(C)可以是直线可以是点　(D)平面

146. 安全电压通常是指人体不戴任何防护设备而接触带电体时,对人没有危险时带电体的电压一般为(　　)。

(A)220 V　(B)110 V　(C)36 V　(D)380 V

147. 铆工在打大锤时(　　)。

(A)应该戴上手套　(B)可以戴手套　(C)严禁戴手套　(D)需要时就戴

148. 乙炔发生器和氧气瓶间应保持(　　)距离。

(A)2～3 m　(B)3～4 m　(C)5～10 m　(D)15 m 以上

149. 气密性试验一般应为工作压力的(　　)倍。

(A)1.05～1.15　(B)1.25～1.5　(C)1.5～2　(D)3～5

150. 型钢煨弯应以(　　)计算下料,是由型钢本身结构特点决定的。

(A)外边　(B)内边　(C)中心层　(D)具体情况

151. 角钢和槽钢的弯角部位取边宽的(　　)为此面的重心位置。

(A)1/2　(B)1/3　(C)1/4　(D)1/5

152. 已知一角钢要内折成 90°直角,切口角为(　　)。

(A)135°　(B)45°　(C)90°　(D)20°

153. 对于设计精度要求较高的孔的加工应选用(　　)。

(A)冲孔　(B)气割　(C)钻孔　(D)铸孔

154. 当铆钉直径为 19 mm 时，选择机械风铆接时压缩空气的压力为(　　)MPa。

(A)0.3　(B)0.4　(C)0.5　(D)1.0

155. 中碳钢的含碳量正确的应该是(　　)。

(A)0.25%～0.60%　(B)0.40%～0.80%　(C)0.20%～0.70%　(D)0.80%～1.20%

156. 高碳钢的硬度要比低碳钢的硬度(　　)。

(A)小　(B)大　(C)不一定　(D)差不多

157. 卡钳属于(　　)。

(A)卡具　(B)量具　(C)夹具　(D)工具

158. 钢材的临界温度是(　　)。

(A)753 ℃　(B)723 ℃　(C)853 ℃　(D)910 ℃

159. E4315 电焊条使用电流适用于(　　)。

(A)交流　(B)直流　(C)交直流　(D)大电流

160. E4303 电焊条药皮类型属于(　　)。

(A)钛钙型　(B)钛铁矿型　(C)低氢钠型　(D)氧化铁型

161. 焊接电流与焊条直径的关系式为(　　)。

(A)$I=(50\sim80)d$　(B)$I=(30\sim50)d$　(C)$I=(35\sim55)d$　(D)$I=(60\sim80)d$

162. 6×19 表示钢丝绳由(　　)组成。

(A)6 股 19 丝　(B)19 股 6 丝　(C)6 股 19 mm 直径　(D)19 股 6 mm 直径

## 三、多项选择题

1. 为保证人触及漏电设备的金属外壳时不会触电，通常采用(　　)的安全措施。

(A)保护接地　(B)戴好绝缘手套　(C)保护接零　(D)戴好安全帽

2. 投影法分为(　　)。

(A)交叉投影法　(B)中心投影法　(C)平行投影法　(D)轮廓投影法

3. 构成投影的三要素有(　　)。

(A)投影图　(B)投射线　(C)物体　(D)投影面

4. 在工程上常用的图示法有(　　)。

(A)正投影法　(B)轴侧投影法　(C)轮廓投影法　(D)透视投影法

5. 螺纹按用途不同分为(　　)。

(A)连接螺纹　(B)防松螺纹　(C)标准螺纹　(D)传动螺纹

6. 常用的标准连接螺纹有(　　)。

(A)粗牙普通螺纹　(B)细牙普通螺纹　(C)管螺纹　(D)锥管螺纹

7. 焊缝的表达方法有(　　)。

(A)焊角法　(B)标注法　(C)图示法　(D)轮廓法

8. 型钢的种类很多，常见的有(　　)几种。

(A)等边角钢　(B)不等边角钢　(C)槽钢　(D)工字钢

9. 对型钢进行弯曲时，除需计算其料长外，还要在放样中确定其(　　)。

(A)切口位置　(B)形状　(C)尺寸　(D)弯度

10. 展开的基本方法有(　　)。

(A)平行线法 (B)圆柱法 (C)放射线法 (D)三角形法

11. 号料的基本方法有(　　)。

(A)集中号料法 (B)套料法 (C)统计计算法 (D)余料统一号料法

12. 钻孔所用设备主要有(　　)。

(A)手电钻 (B)台式钻床 (C)立式钻床 (D)摇臂钻床

13. 剪切直线的剪床,按两剪刃(上、下剪刀片)的相对位置分为(　　)。

(A)方盘剪床 (B)平口剪床 (C)斜口剪床 (D)圆盘剪床

14. 下列下料工艺属于冲裁工艺的有(　　)。

(A)钻孔 (B)冲孔 (C)落料 (D)剪切

15. 板材手工弯曲的主要形式有(　　)。

(A)折角弯曲 (B)圆弧曲面弯曲 (C)胎型弯曲 (D)加热弯曲

16. 进行金属结构的装配,必须具备(　　)三个基本要素。

(A)定位 (B)划线 (C)夹紧 (D)测量

17. 根据生产批量的不同,焊接梁、柱通常采用的装配方法有(　　)。

(A)平行线法 (B)划线定位装配法 (C)垂直线法 (D)胎夹具装配法

18. 钢材和工件变形主要来自以下(　　)方面。

(A)在轧制过程中产生的变形 (B)在加工过程中产生的变形

(C)装配焊接过程中产生的变形 (D)胎型定位过程中产生的变形

19. 按加热区的形状分,火焰矫正常用的加热方式有(　　)。

(A)点状加热 (B)线状加热 (C)矩形加热 (D)三角形加热

20. 控制焊接变形的措施有(　　)。

(A)选择合理的装配和焊接顺序 (B)反变形法

(C)刚性固定法 (D)加热法

21. 根据被连接件的相互位置不同,铆接形式有(　　)。

(A)拉铆接 (B)搭接 (C)对接 (D)角接

22. 热铆铆接操作步骤包括(　　)。

(A)铆钉加热 (B)接钉与穿钉 (C)顶钉 (D)铆接

23. 原材料的质量检验内容包括(　　)。

(A)钢板的厚度及平面度 (B)型钢的直线度

(C)角钢两边的垂直度 (D)槽钢、工字钢翼板的垂直度

24. 质量检验的过程包括如下(　　)步骤。

(A)明确质量目标 (B)测量试验 (C)比较 (D)判定

25. 零件质量检验常用的钢直尺、90°角尺、卷尺、粉线主要用于零件的(　　)等的检测。

(A)平面度 (B)直线度 (C)垂直度 (D)线性尺寸

26. 零件质量检验常用的样板主要用于检验成形加工零件的(　　),也用于确定零件之间的相对位置。

(A)形状 (B)角度 (C)曲率半径 (D)尺寸

27. 铆钉的类型有(　　)及平头铆钉。

(A)半圆头铆钉 (B)平锥头铆钉 (C)半沉头铆钉 (D)沉头铆钉

28. 普通碳素结构钢牌号分为(　　)。

(A)Q195　(B)Q215　(C)Q235　(D)Q275

29. 钢材按其横断面的形状特征,可分为(　　)。

(A)板材　(B)管材　(C)型材　(D)线材

30. 下列说法不正确的是(　　)。

(A)厚度在 2 mm 以下的钢板称为薄钢板　(B)厚度在 4 mm 以下的钢板称为薄钢板

(C)厚度在 3 mm 以下的钢板称为薄钢板　(D)厚度在 5 mm 以下的钢板称为薄钢板

31. 适合气割的材料主要有(　　)。

(A)低碳钢　(B)中碳钢　(C)高碳钢　(D)普通低合金钢

32. 线性尺寸值包括(　　)和中心距等。

(A)直径　(B)半径　(C)宽度　(D)高度

33. 构成零件形体的(　　)称为零件的几何要素。

(A)点　(B)弧　(C)线　(D)面

34. 氧—乙炔焰气割的过程由(　　)这几个阶段组成。

(A)金属预热　(B)气割速度　(C)金属燃烧　(D)氧化物被吹出

35. 下列属于手动剪切工具的是(　　)。

(A)錾子　(B)克子　(C)剪床　(D)手剪

36. 平面投影法按投影方向是否垂直于投影面分为(　　)。

(A)垂直投影法　(B)斜投影法　(C)平行投影法　(D)正投影法

37. 剖视图主要用于表达零件的内部结构形状,分为(　　)。

(A)全剖视图　(B)半剖视图　(C)移出剖视图　(D)局部剖视图

38. 断面图主要用于表达零件某一断面的形状,分为(　　)。

(A)重合断面图　(B)局部断面图　(C)移出断面图　(D)基本断面图

39. 下列说法错误的是(　　)。

(A)外螺纹的牙顶圆的投影用细实线表示　(B)外螺纹的牙顶圆的投影用粗实线表示

(C)外螺纹的牙顶圆的投影用点划线表示　(D)外螺纹的牙顶圆的投影用虚线表示

40. 下列说法错误的是(　　)。

(A)当内螺纹为不可见时,螺纹的所有图线均用细实线绘制

(B)当内螺纹为不可见时,螺纹的所有图线均用粗实线绘制

(C)当内螺纹为不可见时,螺纹的所有图线均用粗虚线绘制

(D)当内螺纹为不可见时,螺纹的所有图线均用细虚线绘制

41. 粗牙普通螺纹或细牙普通螺纹的完整标注由(　　)组成。

(A)螺纹代号　(B)螺纹公差　(C)螺纹圈数　(D)螺纹旋合长度

42. 下列说法错误的是(　　)。

(A)粗牙螺纹的螺距省略不注　(B)细牙螺纹的螺距省略不注

(C)右旋螺纹的旋向省略不注　(D)左旋螺纹的旋向省略不注

43. 粗牙螺纹标注方法中,旋合长度分为(　　)。

(A)短旋合长度(S)　(B)非标准旋合长度(F)

(C)中等旋合长度(N)　(D)长旋合长度(L)

44. 一张完整的装配图主要包括(　　)。
(A)一组图形　(B)一组尺寸　(C)技术要求　(D)标题栏和明细栏
45. 描深草稿图的步骤是(　　)。
(A)先粗后细　(B)先曲后直
(C)先水平后垂斜　(D)画箭头,填写尺寸数字、标题栏等
46. 实尺放样一般要经过的过程有(　　)。
(A)比例放样　(B)线型放样　(C)结构放样　(D)展开放样
47. 下列属于放样量具的有(　　)。
(A)木折尺　(B)钢直尺　(C)钢卷尺　(D)90°角尺
48. 下列属于放样工具的有(　　)。
(A)粉线　(B)划针　(C)划规　(D)样冲
49. 铆钉排列的主要参数是指(　　)。
(A)铆钉距　(B)排距　(C)铆钉数　(D)边距
50. 铆工放样作业时常要用到各种各样的样板。按使用性质可将样板分为(　　)。
(A)号料样板　(B)卡形样板　(C)号孔样板　(D)曲线样板
51. 在钢结构中,由于连接方式不同,可分为(　　)。
(A)铆接结构　(B)焊接结构　(C)铆焊混合结构　(D)粘接结构
52. 对不需要展开的平面形零件的号料样板,其制造方法有(　　)。
(A)拼接法　(B)划样法　(C)过样法　(D)中心线法
53. 样板制出后,必须在上面注上(　　)及加工符号等。
(A)零件图号　(B)名称　(C)材料牌号　(D)规格
54. 旋转壳体包括(　　)。
(A)斜圆锥壳体　(B)球形壳体　(C)正圆锥壳体　(D)圆柱形壳体
55. 非旋转壳体包括(　　)。
(A)斜圆锥壳体　(B)椭圆形壳体　(C)正圆锥壳体　(D)不规则曲面壳体
56. 国家标准规定的配合的基准制有(　　)。
(A)选配制　(B)基轴制　(C)基孔制　(D)基准制
57. 錾子的热处理包括(　　)。
(A)淬火　(B)回火　(C)退火　(D)正火
58. 钢在回火中氧化色和温度的关系中,下列说法正确的是(　　)。
(A)回火中氧化色为亮黄色时,温度为 220 ℃
(B)回火中氧化色为灰色时,温度为 330 ℃
(C)回火中氧化色为青蓝色时,温度为 295 ℃
(D)回火中氧化色为亮蓝色时,温度为 240 ℃
59. 根据轴辊的排列位置,卷板机可分为(　　)。
(A)对称式三轴卷板机　(B)不对称式六轴卷板机
(C)四轴卷板机　(D)不对称式三轴卷板机
60. 消除对称式三轴卷板机在滚弯过程中留下的直线段,可采取如下(　　)方法。
(A)压头预弯　(B)留工艺余量　(C)反向滚压　(D)加垫板预弯

61. 铆工的主要工作是对钢材进行(　　)等冷热加工。
(A)下料　(B)成形　(C)装配　(D)矫正
62. 碳素钢按含碳量的高低分为(　　)。
(A)合金钢　(B)低碳钢　(C)中碳钢　(D)高碳钢
63. 合金钢按合金元素的总含量多少可为(　　)。
(A)低合金钢　(B)碳素钢　(C)中合金钢　(D)高合金钢
64. 按用途分类钢可分为(　　)。
(A)结构钢　(B)工具钢　(C)特殊用途钢　(D)高合金钢
65. 下列说法错误的为(　　)。
(A)Q235-A 为普通钢板　(B)A3R 为锅炉钢板牌号
(C)16MnC 为压力容器用钢板　(D)16Mn 为普通低合金钢板牌号
66. 备料包括金属材料的(　　)等工序。
(A)除锈　(B)冲切　(C)剪切　(D)气割下料
67. 常见的可用于矫正钢材变形的设备包括(　　)。
(A)钢板矫正机　(B)型钢校正机　(C)卷板机　(D)调梁机
68. 下列说法正确的是(　　)。
(A)局部加热矫正时,厚度小于 8 mm 的钢板,加热后可以采取浇水急冷
(B)局部加热矫正时,厚度小于 8 mm 的钢板,加热后不宜采取浇水急冷
(C)局部加热矫正时,厚钢板加热后不宜采取浇水急冷
(D)局部加热矫正时,厚钢板加热后可以采取浇水急冷
69. 下列说法正确的是(　　)。
(A)局部加热矫正时,高碳钢加热后可以采取浇水急冷
(B)局部加热矫正时,高碳钢加热后不允许浇水急冷
(C)局部加热矫正时,高合金钢加热后可以采取浇水急冷
(D)局部加热矫正时,高合金钢加热后不允许浇水急冷
70. 下列说法错误的为(　　)。
(A)局部加热矫正的温度一般取 700～1 000 ℃之间
(B)局部加热矫正的温度一般取 200～500 ℃之间
(C)局部加热矫正的温度一般取 500～800 ℃之间
(D)局部加热矫正的温度一般取 1 000～1 100 ℃之间
71. 扁钢变形分为(　　)。
(A)角变形　(B)平面弯曲　(C)立面弯曲　(D)扭曲
72. 角钢易产生的变形有(　　)。
(A)角变形　(B)扭曲　(C)弯曲　(D)旁弯
73. 铆钉枪主要由(　　)等组成。
(A)手把　(B)枪体　(C)开关　(D)管接头
74. 矫正实际上包括(　　)。
(A)钢材矫正　(B)零件矫正　(C)部件及产品矫正　(D)手工矫正
75. 当被剪切的钢板厚度小于 25 mm 时,下列一般硬化区域宽度范围不正确的为(　　)。

(A)0.5～1.5 mm (B)1.5～2.5 mm
(C)0.5～2 mm (D)2.5～3.5 mm

76. 影响回弹的因素主要有(　　)。
(A)材料的力学性能 (B)变形程度 (C)弯曲件的形状 (D)弯曲的方式

77. 下列说法错误的是(　　)。
(A)调梁机是一种只能调直型钢的专用设备 (B)调梁机是一种只能调直板材的专用设备
(C)调梁机是一种只能调直管材的专用设备 (D)调梁机是一种只能调直线材的专用设备

78. 影响冲压件质量的因素主要有(　　)。
(A)冲压件的形状和尺寸 (B)材料的力学性能
(C)冲压模的刃口尺寸 (D)冲压模的间隙

79. 下列说法错误的是(　　)。
(A)一般斜口剪床可以剪切厚度在 30 mm 以下的钢板
(B)一般斜口剪床可以剪切厚度在 35 mm 以下的钢板
(C)一般斜口剪床可以剪切厚度在 40 mm 以下的钢板
(D)一般斜口剪床可以剪切厚度在 25 mm 以下的钢板

80. 下列说法错误的是(　　)。
(A)斜口剪床上下剪刀片的剪切长度一般为 150～200 mm
(B)斜口剪床上下剪刀片的剪切长度一般为 200～250 mm
(C)斜口剪床上下剪刀片的剪切长度一般为 250～300 mm
(D)斜口剪床上下剪刀片的剪切长度一般为 300～350 mm

81. 用龙门剪床剪切尺寸相同而数量又较多的钢板时，可利用挡板定位，挡板可分为(　　)。
(A)前挡板 (B)圆挡板 (C)后挡板 (D)角挡板

82. 下列说法错误的是(　　)。
(A)一般当构件板厚大于 1.5 mm 时，作展开图必须考虑板厚对展开图尺寸的影响
(B)一般当构件板厚大于 2 mm 时，作展开图必须考虑板厚对展开图尺寸的影响
(C)一般当构件板厚大于 1 mm 时，作展开图必须考虑板厚对展开图尺寸的影响
(D)一般当构件板厚大于 2.5 mm 时，作展开图必须考虑板厚对展开图尺寸的影响

83. 下列说法错误的是(　　)
(A)为了保证压弯件的质量，压弯件的直边长度，一般不得小于板材厚度的一倍
(B)为了保证压弯件的质量，压弯件的直边长度，一般不得小于板材厚度的两倍
(C)为了保证压弯件的质量，压弯件的直边长度，一般不得小于板材厚度的三倍
(D)为了保证压弯件的质量，压弯件的直边长度，一般不得小于板材厚度的四倍

84. 半圆头铆钉一般用于铆接(　　)等。
(A)桥梁 (B)车辆 (C)船壳 (D)有色金属构件

85. 下列说法错误的是(　　)。
(A)若用冷镦方法制成的铆钉，必须要经过淬火处理
(B)若用冷镦方法制成的铆钉，必须要经过回火处理
(C)若用冷镦方法制成的铆钉，必须要经过正火处理

(D)若用冷镦方法制成的铆钉,必须要经过退火处理

86. 根据制造结构的工作要求和应用目的,铆接可分为(　　)。

(A)热铆接　(B)坚固铆接　(C)紧密铆接　(D)固密铆接

87. 下列说法错误的是(　　)。

(A)当铆钉为低碳钢材料时,用铆钉枪冷铆的铆钉直径通常不超过 $\phi$6 mm

(B)当铆钉为低碳钢材料时,用铆钉枪冷铆的铆钉直径通常不超过 $\phi$10 mm

(C)当铆钉为低碳钢材料时,用铆钉枪冷铆的铆钉直径通常不超过 $\phi$13 mm

(D)当铆钉为低碳钢材料时,用铆钉枪冷铆的铆钉直径通常不超过 $\phi$15 mm

88. 热铆的加热温度,下列说法正确的是(　　)。

(A)用铆钉枪铆接低碳钢铆钉时,加热温度在 650～750 ℃之间

(B)用铆钉枪铆接低碳钢铆钉时,加热温度在 1 000～1 100 ℃之间

(C)用铆接机铆接低碳钢铆钉时,加热温度在 650～750 ℃之间

(D)用铆接机铆接低碳钢铆钉时,加热温度在 1 000～1 100 ℃之间

89. 下列属于铆接缺陷的有(　　)。

(A)铆钉镦头过小　(B)镦头与板件未密合

(C)铆钉周围有沿边　(D)板件表面被压伤

90. 下列说法错误的是(　　)。

(A)一般钢铆钉热铆时,铆钉的终铆温度应在 650～750 ℃之间

(B)一般钢铆钉热铆时,铆钉的终铆温度应在 450～600 ℃之间

(C)一般钢铆钉热铆时,铆钉的终铆温度应在 1 000～1 100 ℃之间

(D)一般钢铆钉热铆时,铆钉的终铆温度应在 900～1 000 ℃之间

91. 焊接方法有(　　)。

(A)电焊　(B)气焊　(C)钎焊　(D)电阻焊

92. 电焊过程中,电弧是由(　　)组成的。

(A)焊条　(B)阴极部分　(C)弧柱部分　(D)阳极部分

93. 电焊过程中,下列说法正确的是(　　)。

(A)阳极部分位于焊条的末端　(B)阴极部分位于焊件表面

(C)阴极部分位于焊条的末端　(D)阳极部分位于焊件表面

94. 交流电焊机常用的有(　　)。

(A)漏磁式　(B)电抗式　(C)复合式　(D)动圈式

95. 焊条焊心的材质可分为(　　)。

(A)碳素结构钢　(B)合金结构钢　(C)不锈钢　(D)石墨

96. 电焊操作方法包括(　　)。

(A)调整电流强度　(B)引弧

(C)运条　(D)焊缝的收尾及连接

97. 焊缝的收尾方法有(　　)。

(A)后移收尾法　(B)划圈收尾法　(C)斜三角收尾法　(D)反复断弧收尾法

98. 手工电焊焊接接头形式有(　　)接头。

(A)对接　(B)搭接　(C)角接　(D)丁字

99. 对接接头的坡口形式有(　　)。

(A)V形　　(B)X形　　(C)单U形　　(D)双U形

100. 根据焊缝所在的空间位置不同,一般可分为(　　)等。

(A)平焊　　(B)立焊　　(C)横焊　　(D)仰焊

## 四、判 断 题

1. 使用电钻等移动电器时,其外壳不须接地,操作者应戴好绝缘手套,调换钻头时须拔下插头。(　　)

2. 电击是指电流对人体内部的伤害。(　　)

3. 打样冲眼是指在毛坯或工件画线后,在中心线或辅助线上用样冲打出冲点的方法。(　　)

4. 咬接是指将薄板的边缘用胶粘合起来的连接方法。(　　)

5. 在垂直于螺纹轴线的投影面的剖视图中,表示牙底圆的细实线只画约3/4圈。此时,螺杆的倒角投影不应画出。(　　)

6. 在剖视图中,内、外螺纹旋合的部分应按外螺纹的画法绘制,其余部分仍按各自的画法表示。(　　)

7. 公差制是对两个相互结合的零件之间配合关系的要求所做出的统一规定。(　　)

8. 图样上由设计给定的尺寸叫基本尺寸。(　　)

9. 尺寸公差是指允许零件尺寸的变动量。(　　)

10. 基本尺寸相同的孔和轴装在一起,其相互的关系叫配合。(　　)

11. 相互配合的孔与轴,允许其间隙或过盈的变动量叫配合公差。(　　)

12. 位置公差中,圆跳动的符号是◎。(　　)

13. 普通碳素钢中,硫、磷的含量均不大于0.04%。(　　)

14. 40Cr是表示其平均含碳量为0.40%,含铬量小于1.5%的合金钢。(　　)

15. 材料的冲击韧性表示材料在负荷作用下抵抗破坏的能力。(　　)

16. 相互平行的投影线垂直于投影面照射所得到的投影为正投影。(　　)

17. 物体的正投影,就是物体上点的投影的集合。(　　)

18. 零件图上一个完整的尺寸一般应包括尺寸线、尺寸界线、尺寸数字和箭头四项要素。(　　)

19. 在我国法定计量单位中,长度的“米”符号单位是M。(　　)

20. 斜口剪床的刀刃长度,就是有效工作长度。

21. 弯曲件的宽度一般不得小于板厚的三倍。

22. 锤展法是通过锤使钢材的纤维伸长,从而达到矫正。(　　)

23. 铆接的形式分搭接、对接、角接和板型钢连接。(　　)

24. 熔焊分电弧焊、电渣焊和气焊。(　　)

25. 焊缝按本身的基本形式分平焊缝、立焊缝、横焊缝和仰焊缝。(　　)

26. 螺旋面是可展表面。(　　)

27. 平行线法适用于各种形体的表面展开。(　　)

28. 放射线法适用于各种锥体的表面展开。(　　)

29. 三角形法只适用于不可展表面的展开。(　　)

30. 求线段实长的作图方法有平行线法、放射线法和三角形法。(　　)

31. 在电弧中,一般阳极附近区域温度可达 2 600 ℃。(　　)

32. 铸铁可以用普通氧炔焰气割方法气割。(　　)

33. 用扩孔钻扩孔时,进给量应选得小一些。(　　)

34. 所谓展开作图,就是将板料所构成的零件的表面形状,根据投影原理,通过几何作图展开成平面图形的操作过程。(　　)

35. 碳素钢是含碳量小于 1%的铁碳合金,其中含有少量硅、锰、硫、磷等杂质。(　　)

36. 机车或车辆落车及所有组装项目完成后所进行的专门检查叫分解检查。(　　)

37. 技术履历簿是记录车辆自制造落成起至报废止,整个过程中的技术状态和历次检修情况的记录簿。(　　)

38. 栽丝就是将双头螺柱的一端拧入工件的螺纹孔。(　　)

39. 车辆的方位规定以装人力制动机或制动缸活塞杆伸出方向的一端为一位端,与一位端相反的另一端为二位端。(　　)

40. 45 号钢,表示钢中平均含碳量为 0.5%的优质碳素结构钢。(　　)

41. 钢的淬火是将钢加热到 723 ℃以上,保温一段时间,然后快速冷却的一种热处理方法。(　　)

42. 退火的目的是清除铸件、锻件及焊接件的内应力和组织不均匀性,以及细化晶粒,降低硬度,改善切削加工的工艺性。(　　)

43. 数控气割机可省去放样划线等工序而直接进行切割。(　　)

44. 钢板经乙炔切割,焊接后产生变形,是由于受热不均的缘故。(　　)

45. 金属材料的硬度、强度,确定了金属材料的冲击性能。(　　)

46. 金属硬度越高,说明其塑性越好。(　　)

47. 垫圈作用是增加被连接件的支撑面积,减少接触处压强。防止旋紧螺母时损伤被连接体表面。弹簧垫圈还有防松的作用。(　　)

48. 剪切板材时,薄而窄的料特别容易产生弯曲和扭曲变形。(　　)

49. 在剪切时,钢板的塑性越好,则变形区越小,硬化区域的宽度也越小。(　　)

50. 在剪切时,钢板的厚度越厚,则变形越小,硬化区域宽度也越小。(　　)

51. 在制造重要的结构件时,必须将剪切时产生的硬化区的宽度刨削除掉,或者进行热处理。(　　)

52. 钢材在弯曲时,若两支点间的距离大,所用的弯曲力也大,矫正弯曲阶段所用的弯曲力最小。(　　)

53. 有的压弯件成形后,从模中取出较困难,可事先在模中加大量的润滑油。(　　)

54. 在安装模具时,首先要固定好下模,使模具的重心与压力头的中心在一条线上,然后安装上模,调整间隙。(　　)

55. 若压 90°的 V 形压弯件,不要一次成形,每次可压 20°～25°,这样可减少出现裂纹。(　　)

56. 型钢在弯曲时,如果弯曲半径越小,则畸变程度越小。(　　)

57. 型钢的水平边在弯曲时,应始终被轮辊卡住,以防弯曲时起皱。(　　)

58. 拉弯的回弹值比普通弯曲的回弹值小得多。(　　)

59. 钢铆钉一般用高碳钢和合金钢制作。(　　)

60. 铆钉在构件连接处的排列形式,是以连接件的强度为基础确定的。(　　)

61. 用目测法主要检查铆钉表面的缺陷,如铆钉镦头过大或过小、裂纹、歪头和表面克伤等缺陷。(　　)

62. 使用直流电焊机焊接时,焊件接负极,焊条接正极。(　　)

63. 施焊开始或焊接中间更换焊条后引弧,均在焊点前面 15～20 mm 处。(　　)

64. 焊条横向摆动不但使焊缝加宽,还有利于熔池中的焊渣和气体浮出,提高焊接质量。(　　)

65. 焊缝金属的强度,一般只要稍低于基本金属即可。(　　)

66. 减压器是用来调节乙炔工作压力的装置。(　　)

67. 氧气皮管采用彩色,乙炔皮管采用红色。(　　)

68. 割嘴孔径越大,火焰能率也越大。(　　)

69. 氧气的压力要根据工件厚度来选定。(　　)

70. 用线坠检查零件的垂直度时,当测量距离较大时,应选择轻的线坠,以保证测量的准确性;距离不大时,可选用较重的线坠。(　　)

71. 水准仪主要是用来测量构件各基准点的高度差的。(　　)

72. 经纬仪可测角、测距、测高、测定直线等。(　　)

73. 用水平尺检验水平度时,如果气泡居中,说明被检验的制件表面处于水平位置;气泡偏右,说明左边偏高;气泡偏左,说明右边偏高。(　　)

74. 为了减小水平尺本身制造精度对测量精度的影响,往往在同一测量位置上,正反测量两次,以两次读数的平均值作为该处的水平度。(　　)

75. 选择装配基准面时,金属结构件的外形有平面的,也有曲面的,应以曲面作为装配基准。(　　)

76. 用楔条夹紧工件时,楔的斜面角应小于摩擦角,一般采用 20°～25°。(　　)

77. 在装配矩形金属结构件的过程中,常用对角线来测量划线或工件的精度。(　　)

78. 双向螺旋千斤顶,其两螺杆的螺纹旋向相同。(　　)

79. 齿条式千斤顶的优点是升降速度快和能顶起离地面较低的重物;螺旋式千斤顶既能在垂直方向上使用,又能在水平方向上使用。(　　)

80. 体积相同的金属,密度大的,重量就轻。(　　)

81. 纯金属有固定的熔点,而合金的熔点是随其化学成分改变而改变的。(　　)

82. 登高作用时,为减少人体下落时的落差,安全带应高挂低用。(　　)

83. 制造精密量具应该选用热膨胀性小的金属来制造。(　　)

84. 切削加工导热性差的金属材料,常因切削热不易散失而需加强冷却措施,预防刀具刃口过热而降低使用寿命。(　　)

85. 金属导电性的好坏,是用金属的电阻率来衡量的,电阻率愈大,其导电性愈好。(　　)

86. 金属的磁性与金属所处的温度有关。(　　)

87. 若金属材料在常温下不生锈,则表示抗氧化性好。(　　)

88. 金属在外力作用下,都要发生塑性变形。(　　)

89. 弹性变形和塑性变形都引起零件和工具的外形和尺寸的改变,都是工程技术上所不允许的。(　　)

90. 金属材料在外力作用下产生微量塑性变形的最大应力值,称屈服强度。(　　)

91. 脆性材料没有屈服现象。(　　)

92. 金属在外力作用下,变形量愈大,其塑性愈好。(　　)

93. 甲、乙两零件,甲的硬度为 HB250,乙的硬度为 HRC52,则甲比乙硬。(　　)

94. 用淬火钢球作压头的硬度试验是布氏硬度试验。(　　)

95. 布氏硬度试验时,工件上压痕直径越小,其硬度值越高。(　　)

96. 金属在强大的冲击力作用下,会产生疲劳现象。(　　)

97. 金属的流动性愈差,收缩率大,则铸造性好。(　　)

98. 低碳钢的焊接性能比高碳钢差。(　　)

99. 硬度愈低,金属的切削加工性愈好。(　　)

100.《环境保护法》不包括依靠群众保护环境的原则。(　　)

101. 润滑油能使两运动件的接触面脱离直接接触,达到降低摩擦和磨损的目的。(　　)

102. 回火是淬火的继续,经淬火的钢件一般都要回火处理。(　　)

103. 测量一电路中电压时,电压表必须和这个电路串联。(　　)

104. 使用了 42 V 或 36 V 的安全电压,就不会发生触电事故。(　　)

105. 双相触电时,加在人体上的是线电压,故比单相触电更危险。(　　)

106. 碳钢的焊接性能比合金钢好,但低碳钢的焊接性能较高碳钢的差。(　　)

107. 零件主、俯视图中,零件投影高度相等且平齐。(　　)

108. 局部剖视图范围以波浪线为界,波浪线可与轮廓线重合,也可在轮廓线之外。(　　)

109. 碳素工具钢的牌号用 T 加数字表示,数字表示含碳量的千分数。(　　)

110. 冷作工划线时垂直线可以直接用量角器或 90°角尺划出。(　　)

111. 材料的利用率是指余料的总面积与零件的总面积之比。(　　)

112. 在放样时,放样基准通常与设计基准一致。(　　)

113. 制作样板,样杆的材料通常用扁钢、圆钢或木条,但木条必须干燥,以防止收缩变形。(　　)

114. 装配定位线或结构上的某些孔口,需要在零件加工后或装配过程中划出,这属于二次号料。(　　)

115. 在实际生产中,为提高材料的利用率,常用以小拼整的结构,不必考虑工艺要求。(　　)

116. 作展开图时,对于形状复杂的零件,广泛采用作图法。(　　)

117. 对于可展表面,凡是可以用平行线法或放射线法展开的构件,均可用三角形法展开。(　　)

118. 圆柱、棱柱等可用放射线法展开。(　　)

119. 对圆方过渡管板厚处理时,顶口、底口按中性层尺寸为准,高度取上、下口中心层的

垂直高度。(　　)

120. 凡是金属钢材在常温下加工成形的工艺称冷作。(　　)

121. 弯曲变形程度决定于弯曲半径,弯曲半径愈小,弯曲程度就愈小。(　　)

122. 压弯件弯裂与钢材轧制方向无关。(　　)

123. 为提高产品的制造质量,对原材料或零件的凹凸、弯曲、扭曲、波浪等变形都要进行矫正。(　　)

124. 薄钢板变形后中间凸起,矫正时锤击凸起部位使其平整。(　　)

125. 薄钢板变形后四周呈荷叶边,矫正时锤击四周使其平整。(　　)

126. 钢结构件的变形,主要是焊接变形引起的。(　　)

127. 为提高矫正效率,所有钢材热矫时都可以浇水激冷。(　　)

128. 根据构件的工作要求和应用范围,铆接可分为强固铆接、紧密铆接和密固铆接三种。(　　)

129. 构件要求铆钉承受大的作用力,而又要求密封性好,采用强固铆接。(　　)

130. 铆钉头过小是由于钉杆过长引起的。(　　)

131. 在同一接头上,铆接的铆钉数量越多,其强度就越大。(　　)

132. 氧气—乙炔焰温度可达 3 200 ℃左右。(　　)

133. 定位的目的就是对进行装配的零件在所需位置上不让其自由移动。(　　)

134. 錾子的楔角越小,刀刃就越锋利,容易切入材料,所以錾削硬材料时,都选择较小的楔角。(　　)

135. 攻制同样规格的螺纹时,塑性材料底孔直径应略大于脆性材料的底孔直径。(　　)

136. 细齿锯条的容屑槽比粗齿锯条小,但在相同长度范围内的容屑槽却比粗齿锯条多,所以同样适合锯切软材料。(　　)

137. 錾削时,錾子的后角 $\alpha_0$ 的大小表示錾子切入材料的深浅程度,因此当工件的加工余量多时,为了提高工效,应尽量采用较大的后角为好。(　　)

138. 正接法时,由于阳极区位于工件一边,所以适用于厚钢板的焊接。(　　)

139. 由于酸性焊条的工艺性能和所焊焊缝金属的力学性能都比碱性焊条要好高,所以常用于合金钢和重要碳钢结构的焊接。(　　)

140. 金属气割的过程其实质是铁在纯氧中的熔化过程,而不是燃烧过程。(　　)

141. 金属氧化物的熔点应低于金属本身的熔点,才能进行氧气切割。(　　)

142. 吊运时,通常为了方便允许人随重物一起升降。(　　)

143. 氧气瓶和乙炔瓶均属储气容器,既可互换使用,又可同车运输。(　　)

144. 金属的燃点必须低于其熔点,才能顺利的进行氧气切割。(　　)

145. 酸性焊条和碱性焊条都属于电焊条,因此无论交流焊机还是直流焊机都能使用。(　　)

146. 由于氧气不能够燃烧,所以当氧气瓶冻结后,为了迅速解冻,可以用火焰烧烤。(　　)

147. 为了节省能源,因此无论是氧气还是乙炔都应以其气瓶内的气用完为好。(　　)

148. 含碳量为 0.25%～0.60%的碳钢称为高碳钢。(　　)

149. 用两根吊索吊起一件重物,如两根吊索的夹角较大,则吊索的拉力愈小。( )

150. 二次号料前,结构的形状必须矫正准确。( )

151. 如果人体触电时是左手至右脚,则电流经过心脏、中枢神经系统、呼吸系统等,危险性最小。( )

152. 冲型剪切机用途广泛,是一种万能性的板材加工机械。( )

153. 普通碳素钢或优质碳素钢中的含碳量越高,其焊接性能越好。( )

154. 淬火的目的在于增加钢材的硬度和强度,塑性和韧性大大下降。( )

155. 一般情况下,用氧—乙炔火焰可以切割高碳钢和不锈钢。( )

156. 正圆锥表面和斜圆锥表面被一个平行于底面的平面所剖切时,其截口形状都是圆。( )

157. 工作图的比例是固定不变的,放样图的比例不是固定的,可放大或缩小。( )

158. 用直流电焊机焊接时,焊条接正极,工件接负极,是属于正接法。( )

159. 用交流电焊机焊接工件时有正、负之分。( )

160. 我国规定 12 V、24 V、36 V 为安全电压的三个等级。( )

161. 橡胶在高温高压情况下均为安全绝缘体。( )

162. 在一个组装件上,有铆接和焊接两种连接方法,应先焊接后进行铆接。( )

## 五、简 答 题

1. 什么叫作放样?
2. 使用剪床剪切同一尺寸的一批板料时应注意什么?
3. 气割前应如何检查割炬是否正常?
4. 简述筒形手工弯形后对接点焊时的做法。
5. 什么是线型放样?
6. 展开放样的具体过程有哪些?
7. 什么是钎焊?
8. 什么是号料?
9. 号料的基本方法有哪些?
10. 什么叫余料统一号料法?
11. 钢结构按其结构特点分哪七种结构?
12. 铆工常用的划线工具有哪些?
13. 画料时应注意哪些事项?
14. 材料分离的方法有哪些? 其主要设备是什么?
15. 简述机车车辆“检修周期”的含义。
16. 什么是机车车辆现车修理?
17. 简述机车车辆“现车选配”的含义。
18. 什么是铆接? 铆接的作业过程是什么?
19. 防止焊接变形的工艺措施有哪些?
20. 铆工经常使用的锤有哪几类? 各自作用是什么?

21. 打大锤时应注意哪些事项?
22. 铆工常用的设备有哪几类? 各举例一二。
23. 剪板机的工作原理是什么?
24. 什么是机车车辆底架找平?
25. 什么叫手工矫正? 有何特点?
26. 局部加热矫正应注意哪些问题?
27. 什么是装配的定位基准?
28. 原材料变形的形式有哪些?
29. 简述弯曲变形的手工矫正方法。
30. 平行线展开法原理是什么?
31. 放射线展开法原理是什么?
32. 三角形展开法原理是什么?
33. 常用的金属防腐蚀方法有哪些?
34. 常用的钎焊方法有哪些? 试述其特点。
35. 钎焊时,钎剂的作用是什么?
36. 气焊规范主要包括哪些内容?
37. 氧气切割的过程包括哪些内容?
38. 决定火焰矫正效果的因素有哪些?
39. 焊接时,电焊条选择的依据是什么?
40. 锉削加工时,如何选择锉刀?
41. 如何确定放样划线基准?
42. 常用的起重设备有哪些?
43. 常用铆钉有哪些种类? 根据什么划分的?
44. 铆接的种类与形式有哪些?
45. 铆钉直径的选择应考虑哪三条原则?
46. 铆钉长度的确定与铆接质量有什么关系?
47. 在什么情况下采用热铆? 热铆有什么优点?
48. 什么叫套料法?
49. 未注公差尺寸是否无公差要求?
50. 什么是钢材变形?
51. 简述板厚处理的概念及主要内容。
52. 测量切削加工后的黄铜零件,为什么要注意零件温度对尺寸的影响?
53. 为什么导线和电器零件常用铜、铝来制造?
54. 机车车辆造、修过程中,落车的定义是什么?
55. 什么是强度? 强度有哪两种常用的指标? 零件工作时所承受的应力大于材料的 $\sigma_s$,将会发生什么变化?
56. 金属压力加工的难易程度与金属本身的什么性能有关?
57. 什么是机车车辆底架矫正?

58. 什么是气焊?

59. 什么是工艺余量?

60. 简述装配的三要素。

61. 简述管材在图样中的标注方法及其含义。

62. 简述手电钻使用时的注意事项。

63. 简述焊接变形的原因。

64. 简述划线的作用。

65. 简述铆钉枪的工作原理。

66. 样板常有哪几种形式?说明各自的用途。

67. 什么是矫正?

68. 结构件变形后矫正的要领有哪些?

69. 在火焰矫正时什么情况用中性焰?什么情况用氧化焰?

70. 电弧引焊后,焊条应作哪些基本运动?

## 六、综 合 题

1. 如图 1 所示,用 50 mm×50 mm×5 mm 的角钢,内弯成长 600 mm、宽 400 mm 的矩形框,求角钢的下料长度是多少毫米?

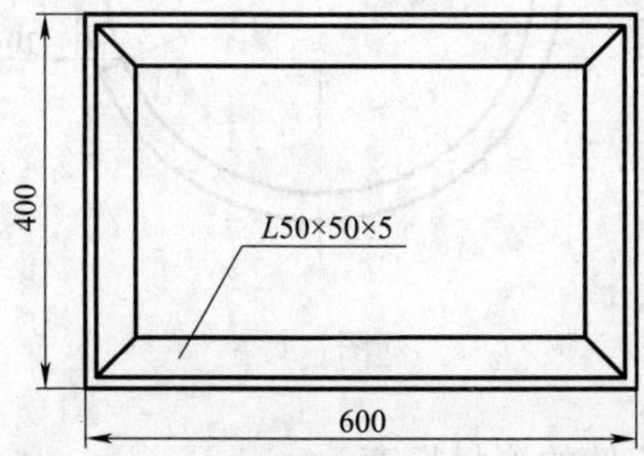


图 1(单位:mm)

2. 用厚度为 10 mm 的钢板,煨制成高 1 m,内径为 500 mm 的圆筒,问其展开长度是多少?用料多少千克?(取钢的比重为 7.85 $g/cm^3$)

3. 用 $\phi$20 mm 的圆钢,煨制成如图 2 所示的工件,求其展开长度是多少?

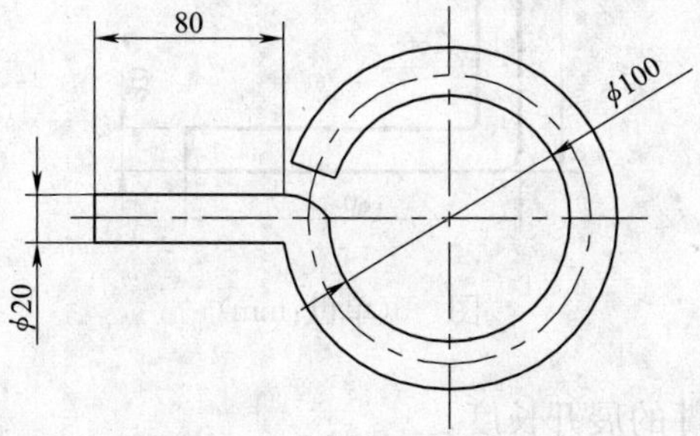


图 2(单位:mm)

4. 计算如图 3 所示工件的料长。

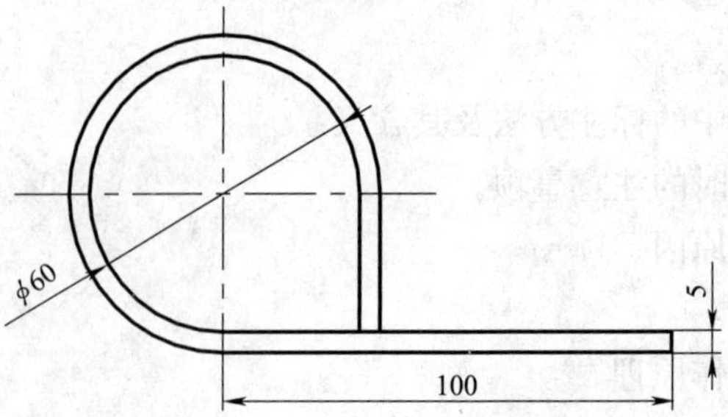


图 3(单位:mm)

5. 计算如图 4 所示工件的料长,若工件的高度是 1 m,求工件的重量是多少?(取工件的比重为 7.85 g/cm³,图中长度单位均为 mm)

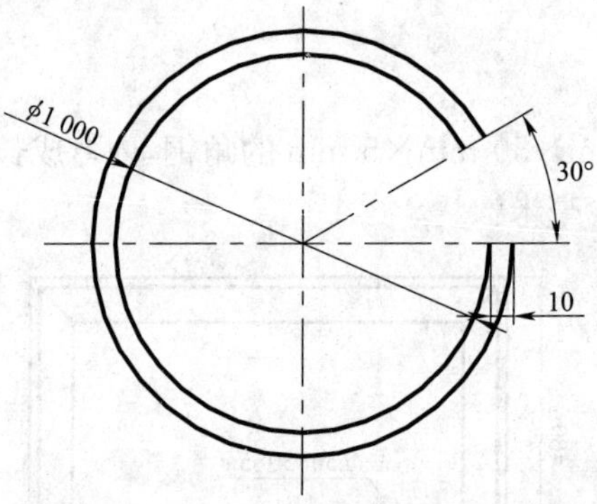


图 4

6. 计算如图 5 所示直角工件的下料长度。

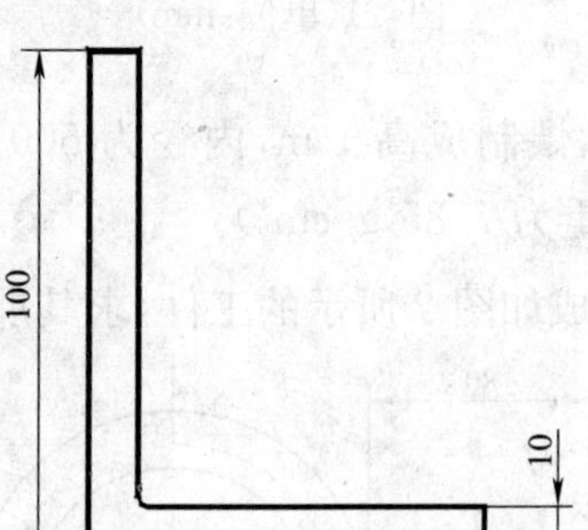


图 5(单位:mm)

7. 计算如图 6 所示工件的展开长度。

8. 如图 7 所示,由槽钢组装的三角支架,求 $B$ 的尺寸等于多少毫米?

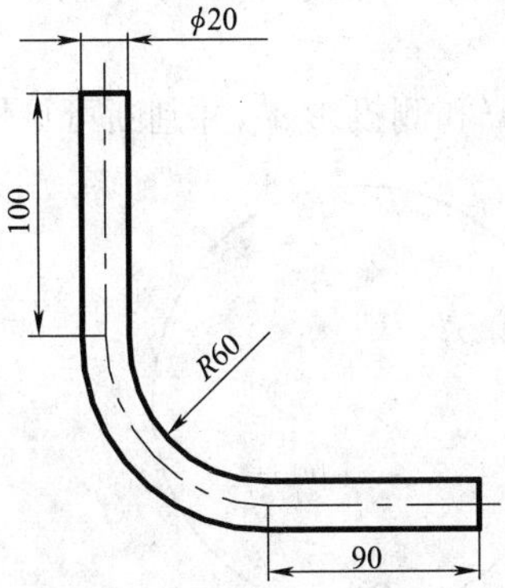


图 6(单位:mm)

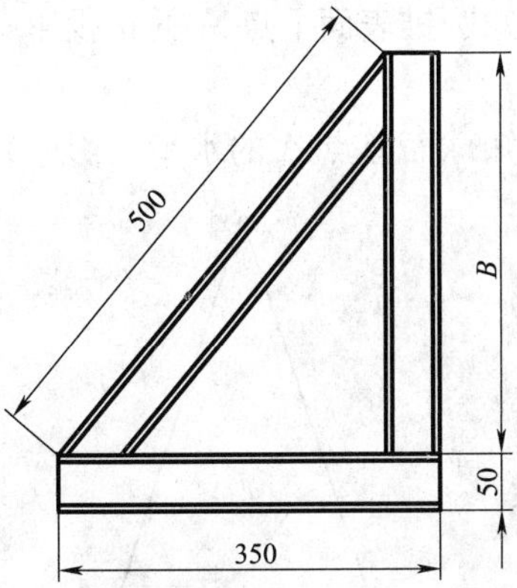


图 7(单位:mm)

9. 已知方钢的截面边长 $A=50$ mm,方钢长度 $L=6$ m,密度 $\rho=7.85$ g/cm$^3$,求此方钢的重量为多少千克?(保留两位小数)

10. 简述展开的基本方法及特点。

11. 在机车车辆造、修过程中,怎样用火焰法矫正车体外皮薄钢板的波浪变形?

12. 简述焊接应力产生的原因及控制焊接变形的措施。

13. 钢材变形的主要原因有哪些?

14. 钢材变形矫正的基本方法有哪些? 它们的矫正原理是什么?

15. 常见的可用于矫正钢材变形的设备有哪些? 各有什么用途?

16. 局部加热矫正的加热区有几种形状? 各自特点是什么?

17. 简述薄钢板变形的手工矫正方法?

18. 扁钢变形有几种? 如何进行矫正?

19. 角钢变形有几种? 如何进行矫正?

20. 怎样使用钢板矫正机矫平钢板?

21. 铁道车辆车体钢结构所用材料,应符合哪些技术要求?

22. 消除直线段的方法有哪些?

23. 火焰矫正的基本原理是什么?

24. 车辆方向和部件位置是如何规定的?

25. 在机车车辆制造过程中,怎样从制造工艺方面防止车体薄钢板的波浪变形?

26. 已知圆锥表面上点 $A$ 的正投影 $a'$,用素线法求点 $A$ 的水平投影 $a$ 和侧投影 $a''$(图 8)。

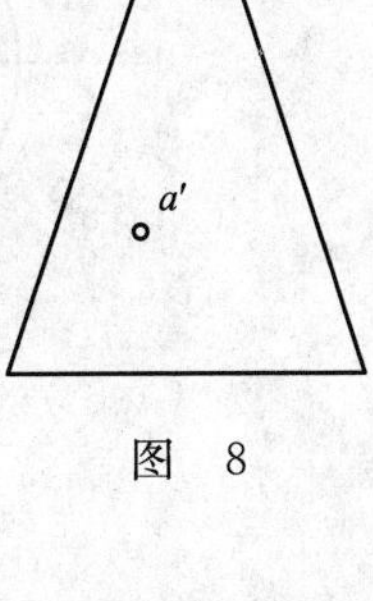


图 8

27. 已知圆锥表面上点 $A$ 的正投影 $a'$，用辅助平面(纬圆)法求点 $A$ 水平投影 $a$ 和侧投影 $a''$(图 9)。

28. 已知球面上点 $A$ 的水平投影($a$)，求其正投影 $a'$ 和侧投影 $a''$，并判断可见性(图 10)。

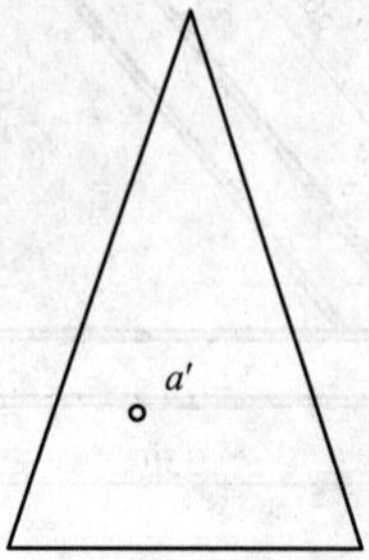


图 9

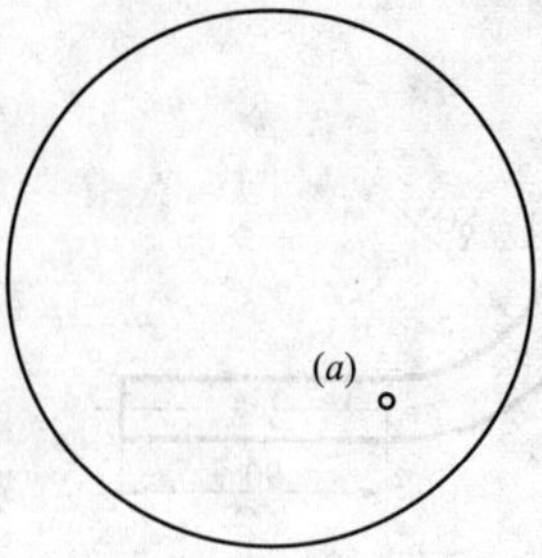


图 10

29. 已知线段 $EF$ 的两个投影 $ef$ 和 $e'f'$，用直角三角形法求作 $EF$ 的实长(图 11)。

30. 已知线段 $AB$ 的两个投影 $ab$ 和 $a'b'$，用直角梯形法求作 $AB$ 的实长(图 12)。

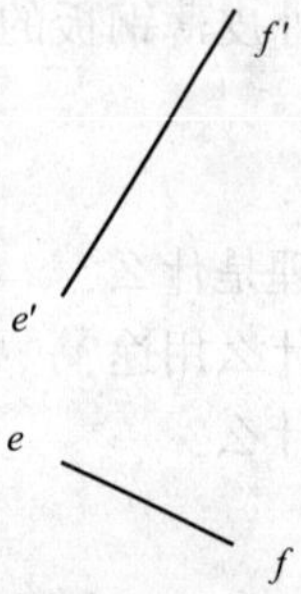


图 11

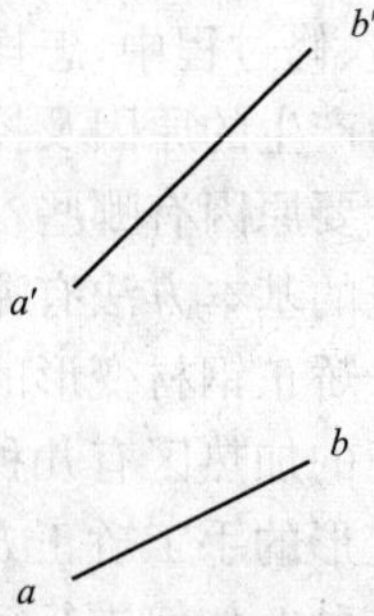


图 12

31. 已知线段 $AB$ 的两个投影 $ab$ 和 $a'b'$，用旋转法求作 $AB$ 的实长(图 13)。

32. 用平行线法展开如图 14 所示圆柱斜截侧表面。(注:图中长度单位均为 mm)

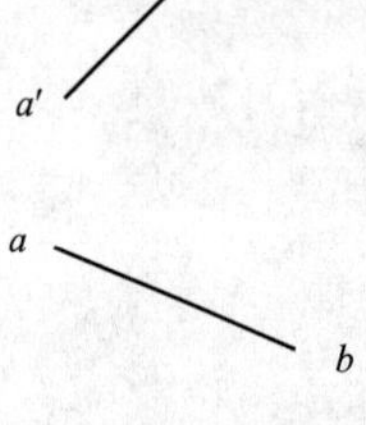


图 13

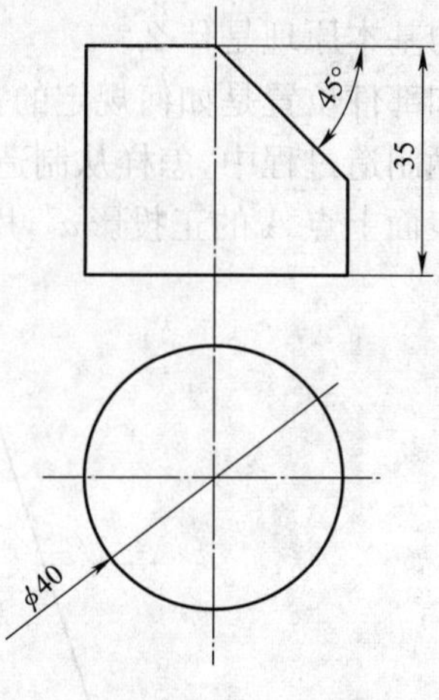


图 14

33. 用平行线法展开如图 15 所示方插管。

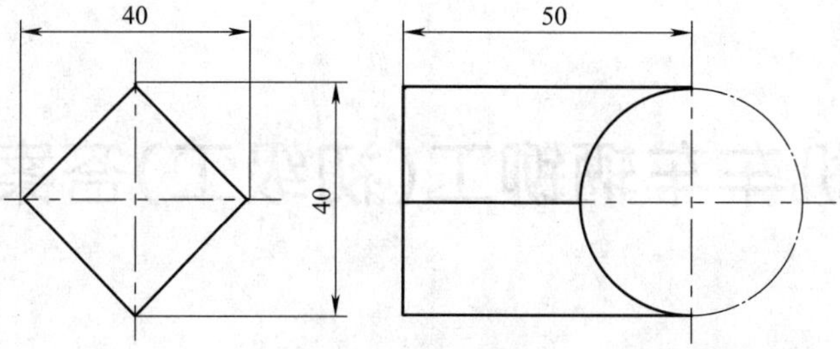


图 15(单位:mm)

34. 有一长为 1 600 mm,宽为 1 000 mm 的钢板,要求剪切成 200 mm×100 mm 的小块,问最多能下多少块?

35. 加工一圆筒形容器,用卷尺盘出圆周长 $C_{外}$ 为 6 384 mm,已知板厚 $t$=16 mm,求下料长 $L$。

# 机车车辆铆工(初级工)答案

## 一、填 空 题

| | | | |
|---|---|---|---|
| 1. 高压 | 2. 额定 | 3. 外部 | 4. 电击和电伤 |
| 5. 热 | 6. 切削 | 7. 切断材料 | 8. 俯、侧 |
| 9. 宽相等 | 10. 左视图 | 11. 物体 | 12. 实际机件 |
| 13. 基本投影面 | 14. 轨面 | 15. 磁性 | 16. 劳动防护 |
| 17. 5 | 18. 500～650 | 19. 强度 | 20. 冷脆性 |
| 21. 左边 | 22. 能力 | 23. 熔焊 | 24. 作用点 |
| 25. 检修范围 | 26. 广义 | 27. 工作质量 | 28. 作业环境 |
| 29. 混合连接 | 30. 连接 | 31. 安全生产 | 32. 分离 |
| 33. 切割 | 34. 熔化 | 35. 拉弯 | 36. 半沉头 |
| 37. 丁字形 | 38. 铆钉 | 39. 换面 | 40. 三角形 |
| 41. 压焊法 | 42. 紧密铆接 | 43. 工序图 | 44. 淬火 |
| 45. 电动 | 46. 卷板 | 47. 等腰三角形 | 48. 0.25％ |
| 49. 结构特点 | 50. 0.6％ | 51. 人力制动机 | 52. 矫正 |
| 53. 手柄 | 54. 形状 | 55. 中性层 | 56. 塑性 |
| 57. 火焰 | 58. 受热不均 | 59. 内应力 | 60. 型钢矫正机 |
| 61. 平台 | 62. 装配 | 63. 三角形加热 | 64. 热胀冷缩 |
| 65. 局部加热 | 66. 手工矫正 | 67. 铸铁 | 68. 薄钢板 |
| 69. 曲线 | 70. 长度方向 | 71. 边缘 | 72. 逐渐增大 |
| 73. 表里温差大产生裂纹 | | 74. 重合 | 75. 紧缩区 |
| 76. 扭曲 | 77. 立弯 | 78. 角变形 | 79. 角变形 |
| 80. 三角形加热 | 81. 翼板局部变形 | 82. 较强 | 83. 余料统一 |
| 84. 硬度 | 85. 刀刃 | 86. 剪切效率 | 87. 熔化 |
| 88. 常温 | 89. 加热到一定温度 | 90. 弹性 | 91. 钻孔 |
| 92. 多次 | 93. 反 | 94. 三倍 | 95. 曲率 |
| 96. 畸变 | 97. 内层 | 98. 弯曲半径 | 99. 材料的成分 |
| 100. 烧坏坯料 | 101. 四轴式 | 102. 加垫板预弯 | 103. 咬缝 |
| 104. 3～4 | 105. 2倍 | 106. 2倍 | 107. 紧固 |
| 108. 铆钉杆 | 109. 钢质 | 110. 对 | 111. 强度 |
| 112. 中心 | 113. 塑性 | 114. 13 | 115. 氧气—乙炔气 |
| 116. 辅助基准 | 117. 历次检修 | 118. 解体 | 119. 局部剖 |
| 120. 重合 | 121. 归纳总结 | 122. 剪切 | 123. 洛氏(HRC) |

| | | | |
|---|---|---|---|
| 124. 碳素工具钢 | 125. 钢丝 | 126. 相位 | 127. 硅整流 |
| 128. 电动 | 129. 3/4 | 130. 两相 | 131. 实际 |
| 132. 面 | 133. 测量 | 134. 号料 | 135. 一个 |
| 136. 计算 | 137. 平面 | 138. 不可展 | 139. 管材 |
| 140. 结构件 | 141. 型钢弯曲 | 142. 卷板机 | 143. 偏移 |
| 144. 弯边不平 | 145. 合理排料 | 146. 技术条件规定 | 147. 相对位置 |
| 148. 正确位置 | 149. 夹紧 | 150. 机动夹紧 | 151. 一 |
| 152. 油槽 | 153. 右旋 | 154. 传动 | 155. 直径 |
| 156. 电流 | 157. 射吸 | 158. 剖视图 | 159. 钢 |
| 160. 调质 | 161. 交流电 | 162. 粗实 | 163. 数量 |
| 164. 韧性 | 165. 落成检查 | | |

## 二、单项选择题

| | | | | | | | | |
|---|---|---|---|---|---|---|---|---|
| 1. B | 2. C | 3. D | 4. A | 5. C | 6. A | 7. D | 8. A | 9. C |
| 10. D | 11. B | 12. B | 13. C | 14. B | 15. C | 16. B | 17. B | 18. C |
| 19. C | 20. A | 21. C | 22. B | 23. A | 24. A | 25. B | 26. A | 27. B |
| 28. B | 29. A | 30. B | 31. A | 32. C | 33. A | 34. D | 35. B | 36. A |
| 37. B | 38. C | 39. A | 40. C | 41. B | 42. A | 43. A | 44. B | 45. A |
| 46. C | 47. C | 48. A | 49. C | 50. B | 51. A | 52. A | 53. B | 54. C |
| 55. B | 56. C | 57. B | 58. C | 59. B | 60. B | 61. C | 62. C | 63. C |
| 64. A | 65. A | 66. A | 67. B | 68. A | 69. B | 70. B | 71. B | 72. A |
| 73. A | 74. A | 75. C | 76. C | 77. A | 78. C | 79. A | 80. B | 81. C |
| 82. B | 83. B | 84. B | 85. B | 86. A | 87. B | 88. C | 89. B | 90. C |
| 91. C | 92. A | 93. D | 94. C | 95. B | 96. B | 97. A | 98. C | 99. D |
| 100. C | 101. C | 102. B | 103. D | 104. A | 105. B | 106. A | 107. C | 108. A |
| 109. A | 110. A | 111. B | 112. C | 113. B | 114. A | 115. A | 116. B | 117. C |
| 118. B | 119. C | 120. A | 121. A | 122. A | 123. C | 124. B | 125. C | 126. B |
| 127. B | 128. C | 129. A | 130. A | 131. A | 132. C | 133. A | 134. C | 135. B |
| 136. A | 137. B | 138. D | 139. A | 140. B | 141. B | 142. C | 143. D | 144. B |
| 145. C | 146. C | 147. C | 148. C | 149. A | 150. C | 151. C | 152. C | 153. C |
| 154. C | 155. A | 156. B | 157. B | 158. B | 159. B | 160. A | 161. C | 162. A |

## 三、多项选择题

| | | | | | | |
|---|---|---|---|---|---|---|
| 1. AC | 2. BC | 3. BCD | 4. ABD | 5. AD | 6. ABCD | 7. BC |
| 8. ABCD | 9. ABC | 10. ACD | 11. ABCD | 12. ABCD | 13. BCD | 14. BC |
| 15. AB | 16. ACD | 17. BC | 18. ABC | 19. ABD | 20. ABC | 21. BCD |
| 22. ABCD | 23. ABCD | 24. ABCD | 25. ABCD | 26. ABCD | 27. ABCD | 28. ABCD |
| 29. ABCD | 30. ACD | 31. ABD | 32. ABCD | 33. ACD | 34. ACD | 35. ABD |
| 36. BD | 37. ABD | 38. AD | 39. ACD | 40. ABC | 41. ABD | 42. AC |

43. ACD 44. ABCD 45. ABCD 46. BCD 47. ABCD 48. ABCD 49. ABD

50. ABC 51. ABC 52. BC 53. ABCD 54. BCD 55. ABD 56. BC

57. AB 58. ABC 59. ACD 60. ABD 61. ABCD 62. BCD 63. ACD

64. ABC 65. BC 66. ABCD 67. ABCD 68. AC 69. BD 70. ABD

71. BCD 72. ABC 73. ABCD 74. ABC 75. ACD 76. ABCD 77. BCD

78. ABCD 79. ABC 80. ABD 81. ACD 82. BCD 83. ACD 84. AB

85. ABC 86. BCD 87. ABD 88. BC 89. ABCD 90. ACD 91. ABCD

92. BCD 93. CD 94. ABCD 95. ABC 96. ABCD 97. ABD 98. ABCD

99. ABCD 100. ABCD

## 四、判 断 题

1. × 2. √ 3. √ 4. × 5. √ 6. √ 7. × 8. √ 9. √

10. √ 11. √ 12. × 13. × 14. √ 15. × 16. √ 17. √ 18. √

19. × 20. × 21. √ 22. √ 23. × 24. √ 25. × 26. × 27. ×

28. √ 29. × 30. × 31. √ 32. × 33. × 34. √ 35. × 36. ×

37. √ 38. √ 39. √ 40. × 41. √ 42. √ 43. √ 44. √ 45. ×

46. × 47. √ 48. × 49. × 50. × 51. √ 52. × 53. × 54. ×

55. × 56. × 57. √ 58. √ 59. × 60. √ 61. √ 62. √ 63. √

64. √ 65. × 66. × 67. × 68. √ 69. × 70. × 71. √ 72. √

73. × 74. √ 75. × 76. √ 77. √ 78. × 79. √ 80. × 81. √

82. √ 83. √ 84. √ 85. × 86. × 87. × 88. × 89. × 90. √

91. × 92. × 93. × 94. × 95. √ 96. × 97. × 98. × 99. ×

100. × 101. √ 102. √ 103. × 104. × 105. √ 106. × 107. × 108. ×

109. √ 110. × 111. × 112. √ 113. × 114. √ 115. × 116. √ 117. √

118. × 119. × 120. √ 121. × 122. × 123. √ 124. × 125. × 126. √

127. × 128. √ 129. × 130. × 131. × 132. √ 133. √ 134. × 135. √

136. × 137. × 138. √ 139. × 140. × 141. √ 142. × 143. × 144. √

145. × 146. × 147. × 148. × 149. × 150. √ 151. × 152. √ 153. ×

154. √ 155. × 156. × 157. × 158. × 159. × 160. √ 161. × 162. √

## 五、简 答 题

1. 答:放样又称放大样(0.5 分)。根据施工图的要求按正投影的原理把零部件以 1∶1 的比例划到放样地板上(3 分),这样划出的图叫作放样图(0.5 分),划放样图的过程就叫作放样(1 分)。

2. 答:剪切同一尺寸的一批板料时,可按所需尺寸固定好挡板(2 分),校正并检查第一块钢板尺寸准确后(2 分),方可继续进行剪切(1 分)。

3. 答:气割前须检查割炬是否正常,方法是:旋开割炬氧气调节阀(1 分),使氧气流过混合气室喷嘴,将手指放在割炬的乙炔进气管口上(2 分),如果手指感到有吸力,证明割炬正常(1 分);若无吸力或有推力,则证明割炬不正常(1 分),须修理或更换。

4. 答:筒形手工弯形后对接点焊时,可分段点焊(2分)。点焊的密度可适当掌握,只要保证矫圆时不会开焊就可以了(2分)。之所以采用点焊是为了万一质量不合乎要求,无法矫正时,还可以再进行修改(1分)。

5. 答:线型放样就是根据结构制造需要(2分),绘制构件整体(1分)或局部轮廓(或若干组剖面)(1分)的投影基本线型(1分)。

6. 答:(1)板厚处理(2分);

(2)展开作图(1.5分);

(3)根据作出的展开图,制作号料样板或绘制号料草图(1.5分)。

7. 答:钎焊是采用比母材熔点低的金属材料(1分),将焊件和钎料加热到高于钎料的熔点而低于母材熔点的温度(2分),利用液态钎料润湿母材(1分),填充接头间隙并与母材相互扩散实现连接焊件的方法(1分)。

8. 答:利用样板、样杆、号料草图及放样得出的数据(1分),在板料或型钢上划出零件真实的轮廓和孔口的真实形状(1.5分),与之连接构件的位置线、加工线等(1.5分),并注出加工符号(1分),这一工作过程称为号料。

9. 答:(1)集中号料法(1.5分);

(2)套料法(1.5分);

(3)统计计算法(1分);

(4)余料统一号料法(1分)。

10. 答:将一定形状和长度大小不同的余料(1分)按厚度、规格与形状基本相同的集中在一起(3分),把较小的零件放在余料上进行号料的方法(1分)。

11. 答:(1)梁柱结构(1分);(2)箱形结构(1分);(3)圆筒形结构(1分);(4)球形结构(0.5分);(5)桁架结构(0.5分);(6)构架结构(0.5分);(7)壳体结构(0.5分)。

12. 答:有石笔、油笔、粉笔、直尺、样冲、划针、划规、地规、勒子、手锤、划线板等(每列出1个得0.5分,共5分)。

13. 答:(1)划线前应检查钢材的牌号、规格是否符合图样的要求(1分)。

(2)检查钢材表面是否有重皮,麻点,裂纹等缺陷(1分)。

(3)对不平直的钢材在画料前应矫平,矫直(0.5分)。

(4)要保证画料工具的准确程度(0.5分)。

(5)画料时应考虑是否留加工余量(0.5分)。

(6)画料时应合理用料(0.5分)。

(7)对于拼接的材料,要考虑拼接的位置是否合乎技术要求(1分)。

14. 答:有剪切(0.5分)、冲裁(0.5分)和切割(0.5分)。用于剪切的设备有龙门式剪板机(0.5分)、横入式剪板机(0.5分)、圆盘式剪板机(0.5分)和振动剪(0.5分)。用于冲裁的设备有冲床和冲模(0.5分)。用于切割的设备有氧气切割和等离子切割设备(1分)。

15. 答:检修周期指两次同级检修的时间间隔(期限)(3分)。对机车车辆而言,检修周期(大修、厂修、段修)一般指走行公里或使用期限(2分)。

16. 答:指待修车上的零部件(1分),经过修理消除其缺陷后(2分),仍装于原车上而不进行零部件互换的修理方式(2分)。

17. 答:现车选配指根据现车实际需要(2分),对零部件形状和尺寸进行选择和修配后装于现车的一种组装方法(3 分)。

18. 答:在被连接的工件上制好孔,将铆钉插入孔内,用工具锤击或用压力机压缩铆钉杆端,使钉杆被镦粗,填满钉孔,并形成铆钉头,这种连接方式叫铆钉连接,简称铆接(2.5 分)。

铆接的作业过程是:(1)烧钉(0.5 分)、(2)接钉(0.5 分)、(3)穿钉(0.5 分)、(4)顶钉(0.5 分)、(5)铆钉(0.5 分)。

19. 答:(1)反变形法(1 分);(2)刚性固定法(1 分);(3)水冷法(1 分);(4)选择合理的装配、焊接次序(1 分);(5)选择合理的焊接方法和规范(1 分)。

20. 答:铆工经常使用的锤有手锤和大锤,型锤两类(1 分)。手锤和大锤可以用来直接锤击工件(1 分),也可通过型锤间接锤击工件(1 分)。型锤的形状较多,它的用途是为了保护工件表面的平整和圆滑过渡(1 分),防止产生机械创伤等。型锤多和大锤或压力机配合起来使用,两类锤的作用都是施力于工件,促使其矫正或成形(1 分)。

21. 答:打大锤时必须注意安全(1 分),周围要有足够的空间(1 分),打锤前应检查锤头安装的是否牢固(1 分);起锤时后方和正前方不得有人(1 分);严禁戴手套打锤,以防大锤滑脱,发生事故(1 分)。

22. 答:铆工常用的设备有三大类(2 分):属于冲压设备的有各种剪床和压力机(1 分);属于矫正设备的有型钢矫正机和多辊钢板矫平机等(1 分);还有一类是专门用来卷制圆筒或弧形工件的卷板机,如对称式三辊卷板机不对称三轴卷板机等(1 分)。

23. 答:剪板机的工作原理与人们日常生活中使用剪刀的原理类似(1 分),即利用上、下剪刃的相对运动产生强大的剪力(2 分),作用于夹在上、下剪刃间的钢板上(1 分),使其沿剪口分离,完成剪切工作(1 分)。

24. 答:机车车辆底架找平是指将底架放在车体组装夹具上(1 分),通过顶紧器、拉紧器等的动作并配以平尺检查(2 分),使底架保持平正的定位过程(2 分)。

25. 答:手工矫正是指采用锤击或采用简单器械来进行的矫正(3 分)。手工矫正的特点是操作灵活、简单(1 分)。但由于人力所限,只能对尺寸不大、变形不太严重的工件进行矫正(1 分)。

26. 答:(1)首先要正确地判断变形性质,并找出变形位置(1 分)。

(2)针对变形的具体情况,确定正确的加热区形状和位置(1 分)。

(3)掌握好加热温度和速度,防止损伤金属组织结构(1 分)。

(4)对易淬火、脆硬的材料,不允许浇水急冷(1 分)。

(5)需要重复进行局部加热时,应避免与第一次加热位置重合(1 分)。

27. 答:在结构装配过程中,必须根据一些指定的点、线、面来确定零件或部件在结构中的位置(3 分),这些作为依据的点、线、面称为定位基准(2 分)。

28. 答:钢材因受外力、加热等因素的影响(1 分),表面会产生不平(1 分)、弯曲(1 分)、扭曲(1 分)、波浪等变形形式(1 分),这些变形将直接影响零件和产品的制造质量。

29. 答:(1)直击凸处(1 分)。锤击力要大于材料的屈服强度(1 分),使材料凸起处受到强制压缩产生塑性变形而矫平(1 分)。

(2)延展法(1 分)。用较小的锤击力锤击凹面,使材料仅在凹面扩展而矫平(1 分)。

30. 答:平行线展开法的展开原理是将立体的表面看作由无数条互相平行的素线组成(1 分),取相邻两素线及其两端线所围成的微小面积作为平面(1 分),只要将每一小平面的真实大小(1 分),依次画在平面上(1 分),就得到了立体表面的展开图(1 分)。

31. 答:放射线展开法的展开原理是将零件的表面由锥顶起做出一系列放射线(1 分),将锥面分成一系列小三角形(1 分),每一小三角形作为一个平面(1 分),将各三角形依次展开画在平面上(1 分),就得所求的展开图(1 分)。

32. 答:三角形展开法的展开原理是将零件表面分成一组或很多组三角形(2 分),然后求出各组三角形每边的实长(2 分),并把它们的实形依次画在平面上,得到展开图(1 分)。

33. 答:有以下四种方法:提高金属本身的耐腐蚀性(1 分);覆盖防腐法(1 分);电化学防腐蚀法(1 分);改善腐蚀环境法(2 分)。

34. 答:有烙铁钎焊(1.5 分)和火焰钎焊(1.5 分)两种。其特点是设备简单(0.5 分),使用灵活方便(0.5 分),但生产效率低(0.5 分),无法焊接复杂结构(0.5 分)。

35. 答:钎剂的作用是清除钎料和焊件表面的氧化物(1.5 分),并使焊件和液态钎料在钎焊过程中免于氧化(1.5 分),改善液态钎料对焊件的润湿性(1 分),从而提高接头的力学性能(1 分)。

36. 答:(1)焊丝成分与直径(1 分);

(2)火焰的性质与能率(1 分);

(3)焊嘴的倾斜角度(1 分);

(4)焊接的方向(1 分);

(5)焊接的速度(1 分)。

37. 答:包括:金属的预热(2 分);金属的燃烧(1.5 分);氧化物被吹走共三个阶段(1.5 分)。

38. 答:决定火焰矫正效果的主要因素有:

(1)火焰加热的位置(1 分);

(2)火焰加热的温度(1 分);

(3)火焰加热的宽度(点的直径、线的宽度或三角形的大小)和深度(1 分);

(4)火焰加热的先后程序(1 分);

(5)加热火焰的氧炔比(1 分)。

39. 答:一般应根据焊件料的化学成分(1 分)、机械性能(1 分)、工作环境及焊接结构的形状(1 分)、受力状况(1 分)和焊接设备条件等多方面进行全面考虑后再选择适用的焊条(1 分)。

40. 答:通常应从以下两方面进行选择:

(1)根据工件的形状和尺寸(0.5 分),选择锉刀的断面形状和尺寸规格的大小(1.5 分)。(2)应根据工件加工余量的多少(0.5 分)、加工尺寸精度及表面粗糙度的高低和材料的硬度进行选用锉刀锉纹的粗细(1.5 分)。一般当工件加工余量大的、尺寸精度和表面粗糙度要求较低的、材料硬度又较软的宜选用粗齿锉刀(0.5 分);相反则选用细齿锉刀(0.5 分)。

41. 答:可按下列三种类型来选择:

(1)以两个相互垂直的平面(或线)为基准(2 分)。

(2)以两条中心线为基准(1.5 分)。

(3)以一个平面和一条中心线为基准(1.5 分)。

42. 答:有葫芦吊具(包括手拉葫芦、电动葫芦)(2 分)、千斤顶(包括螺旋式和液压式)(1.5 分)、起重机(包括龙门式和桥式)(1.5 分)。

43. 答:一般常用的铆钉有半圆头(1 分)、半锥头(1 分)、沉头(0.5 分)、半沉头(0.5 分)、平头(0.5 分)、扁圆(0.5 分)、扁平(0.5 分)等种类。

这些种类都是根据铆钉头的形状命名的(0.5 分)。

44. 答:铆接的种类可分为强固铆接(1 分)、密固铆接(1 分)和紧密铆接(1 分)三种。

铆接的基本形式有搭接(1 分)、对接(0.5 分)、角接(0.5 分)。

45. 答:铆钉直径的选择应考虑:

(1)板料件搭接时,如厚度接近,可按较厚钢板的厚度计算(1 分);

(2)厚度相差较大的板件铆接时,以较薄板件的厚度为准(1 分);

(3)板料与型材铆接时,以两者的平均厚度确定。板料的总厚度(被铆件的总厚度)(1 分),不应超过铆钉直径的 5 倍(2 分)。

46. 答:如果铆钉杆过长,铆钉的镦头就过大,钉杆容易弯曲(2 分);若铆钉杆过短,则镦粗和形成铆钉头的量不足,铆钉头成型不完整,易出现缺陷,降低铆接的质量强度和紧密性(2 分)。铆钉长度的确定直接关系到铆接质量的好坏(1 分)。

47. 答:一般在铆钉材质的塑性较差或直径较大,铆接力不足的情况下,通常采用热铆(2 分)。其优点,除形成封闭的钉头外,同时镦粗而充满钉孔,冷却时,铆钉长度收缩,使被铆件之间产生压力,而造成很大的摩擦力,从而产生足够的连接强度(3 分)。

48. 答:在号料时精心安排板料零件的形状位置(2 分),把同厚度的各种不同形状的零件和同一形状的零件进行套料(3 分),这叫套料法。

49. 答:未注公差尺寸是用于不做配合用或不重要的尺寸,但并不是无公差要求(2 分)。国家标准规定未注公差尺寸可在 IT12～IT18 公差等级中任意选择(2 分),各工厂可根据实际情况做出具体规定(1 分)。

50. 答:材料在外力或温度等因素的作用下,其内部原子的相对位置发生变化(2 分),宏观表现为形状和尺寸的变化(2 分),这种变化称为变形(1 分)。

51. 答:展开放样中,根据构件制造工艺,按一定规律除去板厚,作出构件的单线图(所谓理论线图),这一过程称为板厚处理(3 分)。板厚处理的主要内容是:确定构件的展开长度、高度及相贯构件的接口等(2 分)。

52. 答:黄铜由于热膨胀性和导热性好(2 分),所以在切削加工时因切削热的影响,使体积增大,长度伸长,而且不同温度下测得的数值是不同的(3 分)。

53. 答:铜、铝因导电性好(2 分),电阻率比绝大多数金属小(2 分),故适宜制作导线和电器零件(1 分)。

54. 答:落车是指将基本组装好的机车或车辆上部座在转向架上(上、下心盘对准)或轮对上(2 分),实现机车或车辆上部与下部连接的一种组装过程(3 分)。

55. 答:材料在外力作用下抵抗塑性变形而不破坏的能力称强度(2 分)。常用指标有屈服强度 $\sigma_s$ 和抗拉强度 $\sigma_b$(2 分)。零件工作时承受的应力大于材料的 $\sigma_s$ 将会产生塑性变形(1 分)。

56. 答:金属压力加工成形的难易程度,主要取决于金属的塑性(3 分),塑性愈好,所需的压力可以减少(2 分),加工成形方便。

57. 答:底架矫正指采用火焰矫正或机械矫正,消除底架焊接变形(2 分),并获得一定的预变形(1 分),使其几何形状和尺寸符合技术要求的规定(2 分)。

58. 答:气焊是利用可燃气体和氧气混合燃烧形成火焰(1 分),将被焊工件局部熔化

(1.5 分),另加填充金属(焊丝熔滴)(1.5 分),使接缝熔合成一体的连接方法(1 分)。

59. 答:为保证产品制成后的形状和尺寸达到要求的精度(1 分),就要在放样或加工过程中采取加放余量的措施(3 分),这就是工艺余量(1 分)。

60. 答:金属结构部件的装配无论采用什么方法进行零部件的装配(0.5 分),其装配过程都具有三个基本要素——支撑(1.5 分)、定位(1.5 分)、夹紧(1.5 分)。

61. 答:管材在图样中的表达符号为"$\phi$",(1 分)尺寸标注方法为 $d\times t$,(1 分)其标注方法及其含义如下:

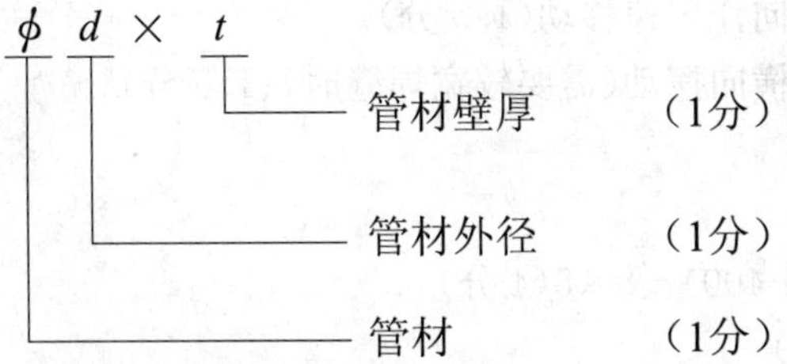


62. 答:手电钻使用时必须注意以下两点:

(1)使用前,须开机空转 1 min(1 分),检查转动部分是否正常,如有异常,应排除故障后再使用(1 分)。

(2)钻头必须锋利(1 分),钻孔时不宜用力过猛(1 分)。当孔要钻穿时,应相应减轻压力,以防事故发生(1 分)。

63. 答:焊接是一种不均匀的加热过程。在焊缝和焊缝附近的金属温度很高(1 分),其余大部分金属不受热(1 分)。由于焊接时受热的金属要膨胀(1 分),而周围金属未膨胀(1 分),当受热金属层膨胀受到阻碍时,便产生了压缩塑性变形(1 分)。

64. 答:划线的作用如下:

(1)确定工件的加工余量,使加工有明确的尺寸界线(2 分)。

(2)便于复杂工件在机床上装夹时,按划线找正定位(1 分)。

(3)能够及时发现和处理不合格的毛坯,避免加工后造成废品(1 分)。

(4)通过划线找正,使一些误差较小的毛坯得到合理利用,减少浪费(1 分)。

65. 答:铆钉枪的工作原理,是利用压缩空气进入(1 分),使配气活塞上、下形成压力差(1 分)。由于压力差的作用(1 分),使气缸活门上、下运动而改变了气路(1 分),从而使活塞上下运动进行锤击(1 分)。

66. 答:样板按其用途分为号料样板(1 分)、测量样板两种(1 分)。号料样板按其工作性质的不同又可分为号孔样板、切口样板和展开样板等(1.5 分)。测量样板用于测量零件成型时形状尺寸的正确性(1.5 分)。

67. 答:矫正就是将钢材(钢板、型钢、钢管等)在外力作用下产生塑性变形(永久变形)(1 分),使钢材中局部收缩的纤维拉长(1 分),伸长的纤维缩短(1 分),达到金属各部分的纤维长度均匀(1 分),以消除表面不平、弯曲、扭曲和波浪形等变形的缺陷,从而获得正确的形状(1 分)。

68. 答:矫正要领有以下几点:

(1)要分析构件变形的原因,弄清楚构件变形是外力还是内力引起的(1.5 分)。

(2)分析构件的内在联系,搞清楚各个零部件相互间的制约关系(1.5 分)。

(3)选择正确的矫正部位，先解决主要矛盾，然后再解决次要矛盾(1分)。

(4)要掌握构件所用钢材的性能，以防矫正时造成工件折断、产生裂纹或回弹等(1分)。

69. 答：如果工件变形不是很大，需要加热的深度也不大时(深度 $h \leqslant 5$ mm)，矫正时应用较高的加热速度，就用氧化焰来加热(2.5分)；如果工件变形很大，需要加热的深度较深时(深度 $h > 5$ mm)，矫正时应用较小的加热速度，应该用中性焰来加热(2.5分)。

70. 答：应作以下三个方向的基本运动：

(1)焊条应向熔池方向逐渐进给运动(2分)。

(2)焊条应沿焊接方向作匀速移动(1.5分)。

(3)焊条应作均匀的横向摆动(需要较宽焊缝时)(1.5分)。

## 六、综 合 题

1. 解：$L = 2\times(600+400)-8\times5$(4分)

$= 2\,000-40$

$= 1\,960$(mm)(3分)

答：角钢的下料长度是1 960 mm(3分)。

2. 解：$L=\pi(d+t)$(1分)

式中：$\pi=3.14$(0.5分)，$d=500$(0.5分)，$t=10$(0.5分)，代入上式，

则：$L = 3.14\times(500+10)$(0.5分)

$= 3.14\times510$

$= 1\,601.4$(mm)(1分)

$G=\rho\cdot V=\rho\cdot L\cdot h\cdot t$(1分)

式中：$\rho=7.85\ \text{g/cm}^3$(0.5分)，$L=160.14$ cm(0.5分)，$h=100$ cm(0.5分)，$t=1$ cm(0.5分)

则：$G = 7.85\times160.14\times100\times1$(0.5分)

$= 125\,709.9$(g)(0.5分)

$\approx 125.7$(kg)(1分)

答：展开长为1 601.4 mm(0.5分)，重为125.7 kg(0.5分)。

3. 解：$L = 80+\pi(100+20)$(5分)

$= 80+3.14\times120$(1分)

$= 80+376.8$

$= 456.8$(mm)(2分)

答：展开长为456.8 mm(2分)。

4. 解：(1分)

$L = 100+30+\dfrac{3\pi(\phi+t)}{4}$(5分)

$= 130+\dfrac{3\times3.14\times(60+5)}{4}$(1分)

$= 130+153$

$= 283$(mm)(1分)

答:工件的料长为 283 mm(2 分)。

5. 解:(3 分)

$$L=\pi(\phi+t)\frac{360°-30°}{360°}$$

$$=3.14\times(1\ 000+10)\times\frac{330°}{360°}$$

$$=2\ 907.1(\text{mm})(1\text{ 分})$$

$$G=\rho\cdot V=\rho\cdot L\cdot h\cdot t(1\text{ 分})$$

式中:$\rho=7.85\ \text{g/cm}^3$(0.5 分),$L=290.71$ cm(0.5 分),$h=100$ cm(0.5 分),$t=1$ cm(0.5 分)

则:$G=7.85\times290.71\times100\times1$(0.5 分)

$=228\ 207.35(\text{g})$

$\approx228.2(\text{kg})$(0.5 分)

答:展开长为 290.71 mm(1 分),重为 228.2 kg(1 分)。

6. 解:$L=(100-10)+(80-10)$(6 分)

$=160(\text{mm})$(2 分)

答:工件的下料长为 160 mm(2 分)。

7. 解:(2 分)

$$L=100+90+\frac{\pi(60+10)}{2}(4\text{ 分})$$

$=190+35\times3.14$

$=190+109.9$

$=299.9$

$\approx300(\text{mm})$(2 分)

答:工件展开长度为 300 mm(2 分)。

8. 解:根据勾股定理(2 分),

$B=\sqrt{500^2-(350-50)^2}$(4 分)

$=\sqrt{250\ 000-90\ 000}$

$=\sqrt{160\ 000}$

$=400(\text{mm})$(2 分)

答:$B$ 的尺寸等于 400 mm(2 分)。

9. 解:把单位化成厘米进行计算方钢的体积(2 分)

$V=5\times5\times600=15\ 000\ \text{cm}^3$(2 分)

方钢的重量:

$G=\rho\cdot V=15\ 000\times7.85=117\ 750\ \text{g}=117.75\ \text{kg}$(3 分)

答:方钢的重量为 117.75 kg(3 分)。

10. 答:展开的基本方法有平行线法(1 分)、放射线法(1 分)和三角形法(1 分)三种。这三种方法的共同特点是:先按立体表面的性质(1 分),用直素线把待展表面分割成许多小平面(1 分),用这些小平面去逼近立体表面(1 分);然后求出这些小平面的实形(1 分),并依次划在平面上(1分),从而构成立体表面的展开图(1分)。这一过程可以形象地比喻为"化整为零"和"积零为整"两个阶段(1分)。

11. 答:通常,薄钢板的波浪变形都是在凸弯处进行点状加热,同时浇水以加速冷却(2分)。加热点的直径可根据板厚而定,厚板要大些,薄板可小些,一般不小于15 mm(1分)。根据结构特点和变形情况,可加热一点和多点(1分)。此外,孔板火焰矫正法应用也很普遍(1分)。该方法是先将薄板用孔板压紧在平台上,然后用气体火焰从孔眼处对钢板进行加热,同时浇水速冷(1分)。变形严重时,按次序逐点加热(1分);变形不严重时,可以隔1~2孔加热一点,加热点的分布尽可能匀称(1分)。对于组装在车体上的侧墙板,由于无法将其压在平台上,因此采用一块30 mm厚的平板放在侧墙里面(1分),外面的孔板和里面的平板一起用夹具夹紧,然后进行加热矫正(1分)。

12. 答:焊接变形产生的原因主要是金属构件局部受到焊接的高温作用(1分),构件各部分受热不均匀(1分),产生不同的热胀冷缩(1分),使构件的尺寸或形状发生变化(1分)。控制焊接变形的措施有:

(1)在构件焊接前给它一个与焊接变形方向相反的变形,以此来抵消焊接后的变形(2分)。

(2)采用刚性固定法,就是通过外力的作用来减少焊件焊后的变形(2分)。

(3)根据构件焊缝布置,选择合理的焊接顺序(2分)。

13. 答:钢材变形的主要原因有:

(1)残余应力引起的变形(2分),主要是指轧制过程中,由于受力不均、冷却不均等原因,致使钢材内部的应力不均而产生变形(2分)。

(2)外力引起变形(2分),对钢材的加工过程,可以理解为受外力过程,有可能使其内应力获得释放或引起新的内应力而引起变形(2分),如剪切、焊接、切割钢板等(1分)。

此外,由于运输、存放不当等也可能引起钢材变形(1分)。

14. 答:钢材变形矫正的基本方法有两类:冷作矫正(2分)和加热矫正(2分)。冷作矫正是利用钢材具有塑性这一特点(1分),以外力或内应力的作用,迫使变形钢材产生再变形,来达到矫正目的(1分);加热矫正是利用金属热胀冷缩的特性(1分),使其冷缩后改变形状,获得矫正(1分);或者加热后提高材料的塑性(1分),便于施加外力矫正(1分)。

15. 答:(1)钢板矫正机也称平板机(1分),是专门用于矫平钢板的设备(1分)。

(2)型钢矫正机(1分)是用于矫正型钢的专用设备,适用于更换不同形状的辊轮,可以矫正不同型号的型钢(1分)。

(3)卷板机(1分)是用于卷制圆筒或弧形工件的设备,也可用来矫平钢板(1分)。

(4)调梁机(1分)俗称顶床,是用来调直型钢或梁柱类构件的专用设备(1分)。

(5)压力机(1分)辅以适当工装,各类压力机都可用来矫正钢材的变形(1分)。

16. 答:有三种:点状(1分)、线状(1分)、三角形(1分)。

(1)点状多用于薄钢板的矫正,有时辅以浇水急冷和木锤锤击(1分)。点状加热区的特点是,点的周围向中心收缩(1分)。

(2)线状多用在矫正变形大,刚性大的场合(1分)。线状加热区的特点是,线的宽度方向的收缩量比长度方向的收缩量大(1分)。

(3)三角形用来矫正厚度较大的钢材和构件(1分)。三角形加热区的特点,收缩量较大

(1分),且是由三角形的顶点起,沿两腰向下逐渐增大(1分)。

17. 答:手工矫正薄钢板变形的基本方法是:用手锤或大锤(垫以平锤)去锤击钢板的紧缩区(1分),使之扩展(1分)。如钢板的中部凸起,可以看作是中部松、四周紧(1分)。锤击凸起边缘并呈放射状向外逐渐扩大击打面(1分),直至钢板边缘(1分)。如若钢板四周呈荷叶状的起伏变形,则是四周松、中间紧(1分)。矫平时可从紧的边缘向内逐步锤击(1分),直至矫平。当薄钢板变形无规律时,可先选定某一部位进行五环锤击(1分),使其无规律变形变成有规律变形(1分),然后找出紧的部位,再进行矫正(1分)。

18. 答:扁钢变形有三种:平弯(1分)、立弯(1分)、扭曲(1分)。

(1)矫正平弯可用各种压力机,对弯曲的凸起处施力进行矫平(1分)。在扁钢规格较小时,也可采用锤击凸起处的方法矫平(1分)。

(2)矫正立弯除可以采用以上两种方法外,还可以采用锤击扩展凹部平面的方法(1分)。对于厚度较大的立弯扁钢,在凸部平面采取三角形加垫的方法,也可使其获得矫正(1分)。

(3)扭曲的矫正方法主要是板扭和锤击(1分),当扁钢规格不适于以上方法时,可采用分段加扩垫或全加垫来进行矫平(1分)。

当平弯、立弯、扭曲同时出现时,正确的矫正顺序是先矫正扭曲后矫正平弯,最后矫正立弯(1分)。

19. 答:角钢变形有扭曲(1分)、弯曲(1分)、角变形(1分)。

(1)无论哪种变形,都可在型钢矫正机上进行矫正(1分)。配以适当工装,角钢的变形也可在压力机上进行矫正(1分)。

(2)小规格角钢的扭曲、弯曲变形可采用手工矫正的方法(1分)。

(3)扭曲多用叉子板扭,并结合分段加热(1分)。

(4)弯曲可锤击凸起处,扩展凹面,以及采用三角形加热凸边等方法(1分)。

角钢的综合变形也存在着矫正顺序问题。正确的矫正顺序应为先矫正扭曲,后矫正弯曲,最后矫正角变形(2分)。

20. 答:(1)根据钢板的厚度,调整好上、下轴辊之间的距离并需进行试用,使矫正出的钢板达到平直,再进行成批矫正(2分)。

(2)对变形严重的部位,可预先采用其他方法初矫或加垫滚压。但垫不宜太厚,以免硌伤轴辊(2分)。

(3)矫正薄板可以用一张厚板作垫板,小块板料工件,也可采用这种方法。但要注意两点:一是所矫工件的厚度要一致;二是所矫工件的厚度加垫板厚度之和,应小于钢板矫正机的最大承载能力(4分)。

(4)要随时注意安全,防止手或工具被带进轴辊而发生事故(2分)。

21. 答:铁道车辆车体钢结构所用材料,一般应符合下述技术要求:在满足力学性能的前提下,尽量减轻自重(2分);具有良好的耐大气腐蚀性能(2分);具有抗振特性,材质疲劳裂纹的传播速度要小(2分);对应力集中的敏感性要小(2分);有较好的冲压和焊接工艺性,便于制造和修理(2分)。

22. 答:消除直线段的方法有三种:

(1)压头预弯:利用模具在压力机上对拟卷制的钢板两端先进行压形,使其先达到所需的曲率(3分)。

(2)留工艺余量:即下料时在板料的两端加长适当的工艺余量,待两端滚压出所需的曲率后将余量割去,再进行卷制(3 分)。

(3)加热板预弯:找一块厚度大于工件厚度的钢板,预先滚压成所需曲率作垫,再将欲滚工件的两端放在其上,一起上机床滚压(4 分)。

23. 答:将金属需要矫正的区域经火焰加热(1 分),使受热区产生膨胀(1 分),而周围的金属相对温度很低(1 分),阻止加热区金属向外膨胀(1 分),使加热区金属产生压应力(1 分),这个压应力足够超过热态金属屈服点(1 分),使加热区金属变厚来释放压应力(1 分)。停止加热后,受热区金属开始产生收缩力而受周围冷金属的牵制,使受热区产生拉应力(1 分),这个拉应力足够超过正在冷却的热态金属的屈服点(1 分),使不平处拉直、纤维收缩,从而将构件矫正(1 分)。

24. 答:车辆方向和部件位置是以制动缸活塞杆推出的方向为第一位,其相反方向为第二位(2 分)。在第一位端一般都装有手制动机(1 分)。

对于多制动缸车辆,以手制动装置一端为一位(2 分);两端均有手制动装置者,按有关产品技术条件要求为准(1 分)。

车辆的车轴、车轮、轴箱、车钩、转向架、车底架各梁和其他部件的位置确定是由第一位车端数起,顺次数到第二位车端(2 分)。如果位置是左右对称的,则站在一位车端,面向二位,由一位车端起先左后右顺次数到二位车端(2 分)。

25. 答:在制造工艺方面防止薄板波浪变形的方法有:

(1)正确选择焊接方法(2 分)。如 $CO_2$ 焊代替手弧焊,可以减少薄板结构的变形(1 分)。

(2)合理的施焊顺序(2 分)。一般在拼接大面积平板时,合理的焊接顺序为:先焊短的横向焊缝,后焊长的纵向焊缝(1 分)。

(3)刚性固定法(2 分)。将焊件暂时夹固在平台上焊接是简单易行的方法,但对于厚度为 2～3 mm 的薄板,仅仅在薄板边缘夹固是不够的,应在焊缝两侧压紧固定,固定的位置应该尽量接近焊缝。同时,在薄板的边缘点固定,这样才会取得好的效果(2 分)。

26. 答:如图 1 所示:(1)过锥顶 $s'$ 和 $a'$ 点作素线 $s'm'$(2 分)。

(2)求出 $s'm'$ 的水平投影 $sm$ 和侧投影 $s''m''$(2 分)。

(3)由 $a'$ 点根据三视图投影规律求出 $a$ 和 $a''$(2 分)。(线条清楚准确得 4 分)

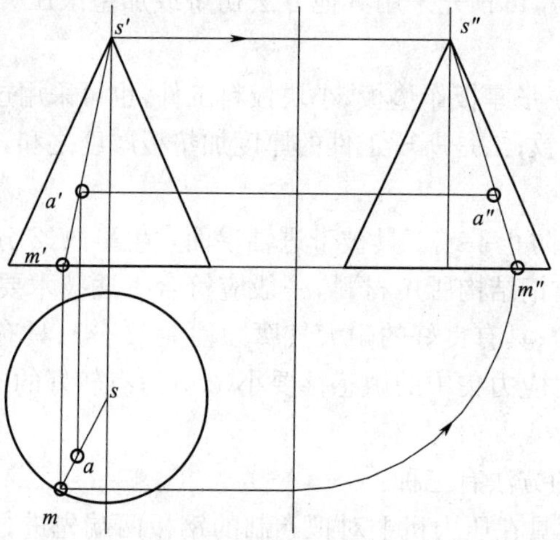


图 1

27. 答:如图 2 所示:(1)过 $a'$ 作垂直于旋转轴的辅助平面 $PV$(2 分),平面 $PV$ 与圆锥面相交,截交线为一圆(2 分)。

(2)画出截交圆的水平投影(2 分)。

(3)根据点的投影规律,由 $a'$ 点求出 $a$ 和 $a''$(2 分)。(线条清楚准确得 2 分)

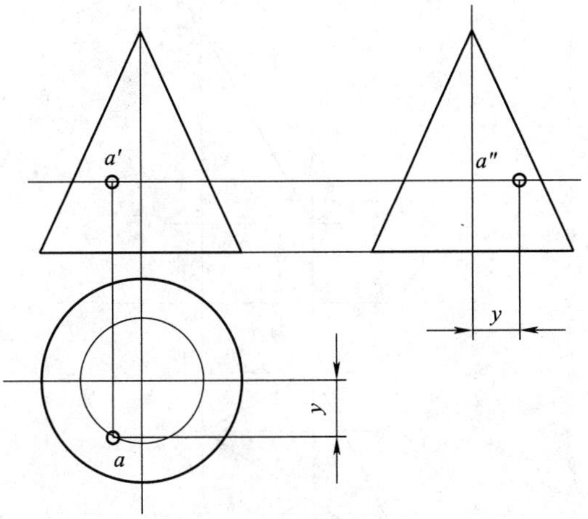


图 2

28. 答:如图 3 所示:(1)过点($a$)作垂直于水平面的辅助平面 $PH$(1 分),$PH$ 与球面截交线为圆(1 分),在正投影上反映实形(1 分)。

(2)由($a$)求出 $a'$ 和 $a''$(1 分),因 $a$ 不可见,所以 $a'$ 在圆的下方(1 分);因($a$)在右侧,所以 $a''$ 不可见,写成($a''$)(1 分)。(线条清楚准确得 4 分)

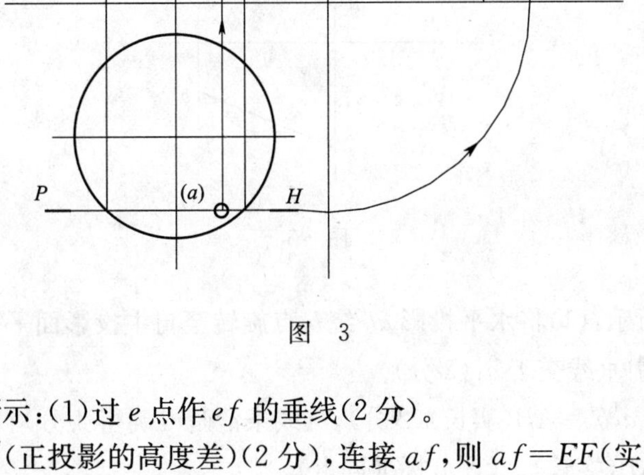


图 3

29. 答:如图 4 所示:(1)过 $e$ 点作 $ef$ 的垂线(2 分)。

(2)截取 $ea=e'a'$(正投影的高度差)(2 分),连接 $af$,则 $af=EF$(实长)(2 分)。(线条清

楚准确得 4 分)

或过 $e'$点作 $e'f'$的垂线(2 分),截取 $eb=e'b'$(水平投影的宽度差)(2 分),连接 $b'f'$,则 $b'f'=EF$(实长)(2 分)。(线条清楚准确得 4 分)

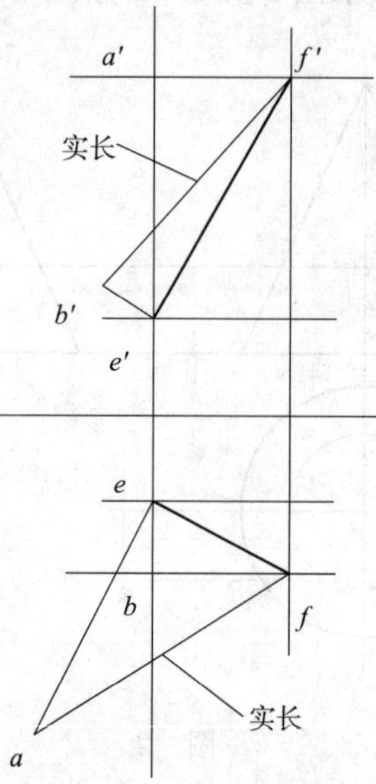


图 4

30. 答:如图 5 所示:(1)过 $a'$、$b'$两点分别作 $a'b'$投影的垂线(2 分)。

(2)在垂线上分别取 $a'c'=ac$,$b'd'=bd$(2 分)。

(3)连接 $c'd'$,则 $c'd'=AB$(实长)(2 分)。(线条清楚准确得 4 分)

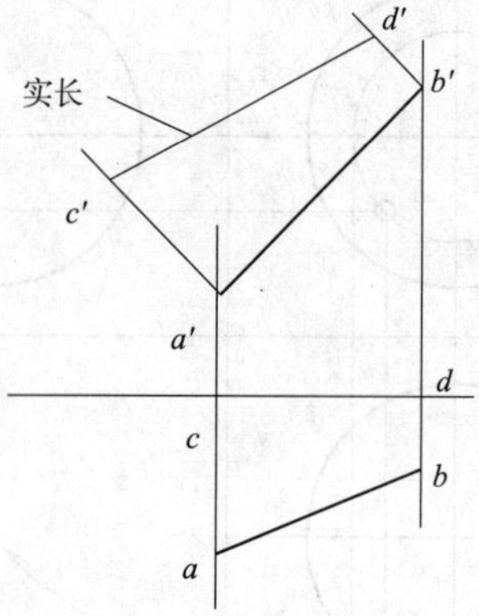


图 5

31. 答:如图 6 所示:(1)将水平投影 $ab$ 绕 $b$ 点旋转至与主投影面平行($b_1$点)(2 分)。

(2)过 $b_1$点向上引垂线交于 $a_1'$(2 分)。

(3)连接 $a_1'b'$,则 $a_1'b'=AB$(实长)(2 分)。(线条清楚准确得 4 分)

或,同理,$ab_2=AB$(实长)。(评分标准同上)

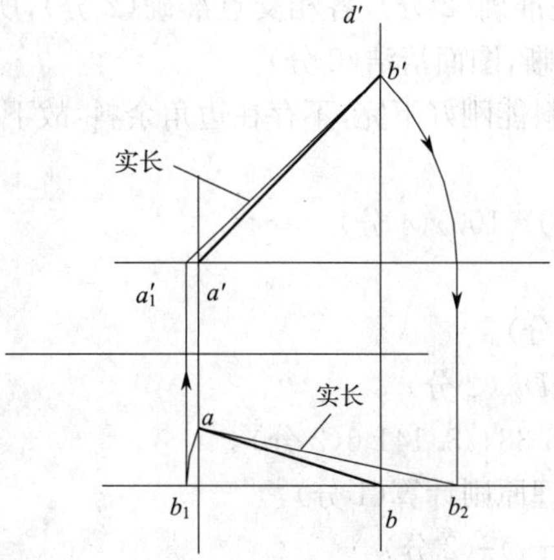


图 6

32. 答:见图 7。

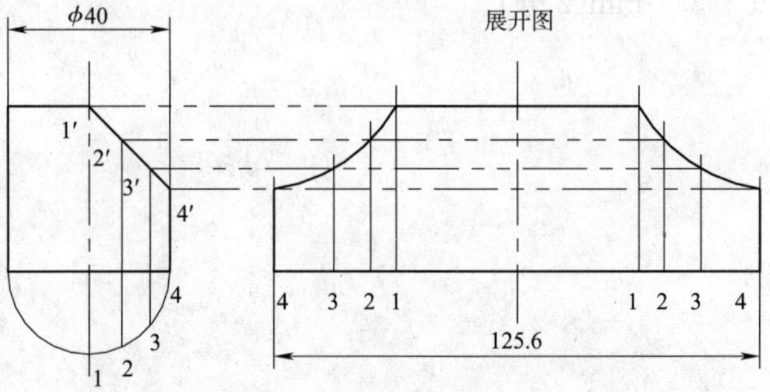


图 7(单位:mm)

评分标准:各等分点标注清晰准确(2 分),各相交点准确清晰(2 分),标注出 $\phi$40(1 分),标注出 125.6(2 分),所求轮廓线准确清晰(2 分),作图过程线准确清晰(1 分)。

33. 答:见图 8。

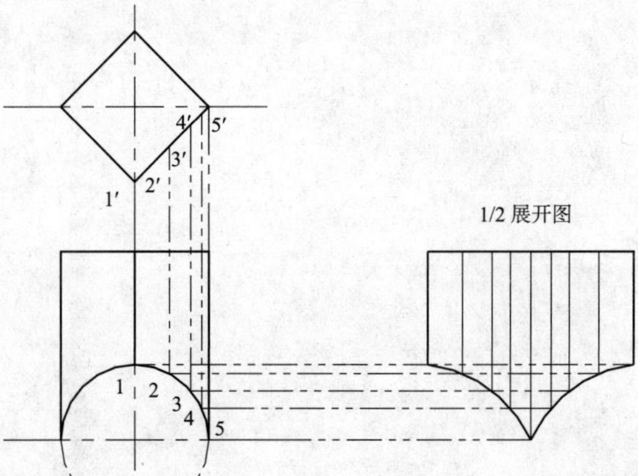


图 8

评分标准:各等分点标注准确(2 分),各相交点准确(2 分),所求轮廓线准确(2 分),作图过程线准确(2 分),各线条清晰,图面清洁(2 分)。

34. 解:因剪切的小块套料能刚好下完,不存在边角余料,故下的块数可按面积之比计算(2 分)。

$t=(1\ 600\times1\ 000)/(200\times100)$(4 分)

$=80$(块)(2 分)

答:最多能够下 80 块(2 分)。

35. 解:圆筒周长 $C_{外}=\pi D_{外}$(2 分)

圆筒外径 $D_{外}=C_{外}/\pi=6\ 384/3.141\ 6$(2 分)

圆筒展开料长按板厚处理原则计算(1 分)

圆筒展开料长 $L=(D_{外}-t)\pi$(2 分)

$=(2\ 030.09-16)\times3.141\ 6$

$=6\ 333.7$ mm(1 分)

答:下料长 $L$ 为 6 333.7 mm(2 分)。

# 机车车辆铆工(中级工)习题

## 一、填 空 题

1. 用冷镦法制成的铆钉必须经(　　)处理。

2. 对厚度在 1 mm 以下的金属薄板结构,通常用(　　)法连接。

3. 等离子弧切割内圆时,应在板材上预先钻出直径为 $\phi$(　　)mm 的孔,切割由孔开始。

4. 当被剪切的钢板厚度小于 25 mm 时,一般硬化区域宽度范围在(　　)mm 之间。

5. 一般钢铆钉热铆时,铆钉的终铆温度应在(　　)℃之间。

6. 铆钉直径是根据结构强度要求,由(　　)确定的。

7. 环境是指影响人类(　　)的各种天然的和经过人工改造的自然因素的总体。

8. 噪声的控制一般从声源、(　　)、接受者三方面考虑。

9. 企业的质量方针是企业的(　　)正式发布的企业的质量宗旨和质量方向。

10. 各项质量记录不属于岗位(　　)的内容。

11. 氧气瓶距离乙炔瓶、乙炔发生器、明火或热源应大于(　　)m,气瓶应直立使用,并有防止倾倒措施。

12. 基本偏差为一定的孔的公差带,与不同基本偏差的轴的公差带形成各种配合的一种制度,叫(　　)。

13. 基本偏差为一定的轴的公差带,与不同基本偏差的孔的公差带形成各种配合的一种制度,叫(　　)。

14. 碳弧刨削时,电弧的长度为(　　)mm 为宜。

15. 在零部件结构有缺陷部位,焊上或铆上适当的钢材以增强零部件的强度和刚度的方法叫(　　)。

16. 压力、压强和应力的单位名称是帕斯卡,单位符号是(　　)。

17. 铆工主要用钢板和(　　)来制造钢结构产品。

18. 高温回火的目的是为了获得硬度、强度、塑形、韧性都较好的综合(　　)。

19. 淬火加(　　)称为调质处理。

20. 钢结构按连接的方式,有焊接结构、铆接结构、螺栓连接结构和(　　)。

21. 变形的基本形式有拉伸与压缩、剪切、弯曲和(　　)四种。

22. 冲裁的变形过程分弹性变形阶段、塑型变形阶段和(　　)阶段。

23. 冲裁力的计算公式是:$P=$(　　)。

24. 焊接变形的原因是(　　)。

25. 气焊火焰的种类有中性焰、氧化焰和(　　)三种。

26. 组装要素是支承、定位和(　　)。

27. 作交线的方法有素线法、纬圆法、球面法和(　　)四种。

28. 滚圆时可能出现的缺陷有歪曲、曲率不一、滚压过多、(　　)。

29. 滚弯时,圆筒制件的曲率大小取决于上下轴滚中心距的大小;板料剩余直边(两段直线段)长度约等于(　　)。

30. 在三视图中,当直线垂直于某一投影面时,它必然(　　)另两个投影面。

31. 直线在它(　　)的投影面上的投影反映实长。

32. 一般位置线和投影面的关系是倾斜于各投影面;一般位置线的投影(　　)实长。

33. 一般情况下,直线的投影仍为(　　)。

34. 特殊情况下,直线的投影积聚为(　　)。

35. 曲线分为平面曲线和(　　)两种。

36. 当零件表面的素线和棱线相互平行时,可用(　　)展开法。

37. 当零件表面的素线和棱线相交于一点时,适用于(　　)展开法。

38. 求线段实长最基本的方法是(　　)。

39. 三角形展开法对平面的展开是准确的;对曲面的展开是(　　)。

40. 相贯线在空间总是(　　),这是它的一个基本特性。

41. 相贯线展开时,必须先做出(　　),以确定基本形体的分界线。

42. 当板厚大于(　　)mm 时,展开时必须消除板厚的影响。

43. 中性层位置的改变与曲率半径和材料厚度的(　　)有关。

44. 两形体表面相交的线称为(　　)。

45. 由两个或两个以上的基本几何体结合组成的零件,称为(　　)。

46. 弯曲圆弧工件的展开长度实际上等于(　　)的长度。

47. 根据上、下剪刃安装的相对位置,剪板机分为(　　)两种。

48. 斜刃剪切所需的剪切力比平刃剪切所需的剪切力小,剪切角越大,所需的剪切力(　　)。

49. 塑性好的材料利于成型工序;弹性好的材料利于(　　)工序。

50. 一般情况下,冲压件多选用硬度(　　)的材料。

51. 在拉伸、挤压成型等工序中,由于模具间隙的原因,对材料的(　　)要求较严。

52. 拉伸系数(　　),材料拉伸变形程度越大。

53. 焊接过程是造成金属结构件产生(　　),而引起变形的主要原因。

54. 焊缝和其附近金属的收缩,主要表现在(　　)两个方向上的收缩。

55. 外力可以引起构件内部出现(　　)。

56. 矫正时,正确的判断和选定(　　),是保质保量完成矫正工作的前提。

57. 在常温下对钢结构件进行矫正时,要防止钢材的冷作硬化;在加热下对钢结构件进行矫正时,要防止钢材的(　　)。

58. 多根梁柱组成的构件矫正时,要充分考虑(　　)之间的连带关系。

59. 局部加热矫正薄板变形时,有时辅助于锤击和浇水急冷,其目的是加速凸起部位的(　　)。

60. 点状加热的加热点与板材的厚度有关;加热点之间的距离要(　　)。

61. 工形梁的变形有三种。箱形梁的变形有(　　)种。

62. 钢结构件受外力作用引起的永久变形,属于(　　)变形。

63. 焊件焊接后,按其结构的变形情况,可分为(　　)两大类。

64. 矫正的手段主要有机械矫正和(　　)两种。

65. 现场矫正工件上的薄板变形,大都采用(　　)的方法。

66. 点状加热时,其圆点的直径约等于板厚的 3 倍;点状加热的温度,一般不高于(　　),相当于加热到樱红色。

67. 在常温下,滚弯成形的允许弯曲半径 $R$ 的取值,通常取 $R$ 大于或等于(　　)。

68. 滚圆机分为(　　)两大类。

69. 加热弯曲时,应将板料加热到(　　)。

70. 对称式三轴滚圆机,其三个辊轴的辊心成(　　)形。

71. 滚圆筒时,若辊轴中心不平行,工件要产生(　　)。

72. 在自由状态下管材弯曲,易发生弯曲部位的(　　)变形。

73. 滚圆锥时,要使小口的移进速度低于大口的移进速度;必须增加坯料(　　)边缘的摩擦力。

74. 管材弯曲时,中性层外的材料受拉应力。中性层内侧的材料受(　　)力。

75. 当弯管的弯曲半径大于管坯直径的(　　)倍时,一般都采用无芯弯曲。

76. 挤压弯管是利用金属材料的塑性,通过旋转辊轴使坯料弯曲成形的方法称为(　　)。

77. 调整薄壁圆筒出现的椭圆度时,常采用(　　)。

78. 为保证细长的圆筒对接时不发生弯曲,可用(　　)进行装配。

79. 冷铆前,铆钉必须进行(　　)。

80. 抽芯铆钉是由(　　)组成。

81. 若钢板较薄时,焊缝又处于钢板中部的位置时,焊接后常发生(　　)变形。

82. 焊缝冷却后,在焊缝区域内产生(　　),而使焊件内产生内应力。

83. 当焊件本身不能克服焊缝的(　　)作用时,造成焊件的变形。

84. 多层焊时,第一层引起的收缩量最大;第二层的收缩量大约是第一层的(　　)。

85. 桥式起重机主梁的上拱度一般为(　　)。

86. 箱形梁腹板下料时,在离中心(　　)处不能有接头。

87. 一般情况下,三角形屋架高度是跨度的 1/4～1/5。梯形屋架高度是跨度的(　　)。

88. 成批的钢屋架,多数采用(　　)进行装配。

89. 用铆钉枪冷铆时,铆钉直径不应超过 13 mm;用铆接机冷铆时,铆钉直径不应超过(　　)。

90. 手工冷铆时,铆钉直径小于(　　)。

91. 铆接后,抽芯铝铆钉的钉头能密封的叫 F 形。不能密封的叫(　　)形。

92. 热铆时,用铆钉枪铆接时,铆钉需加热到 1 000～1 100 ℃;用铆接机铆接,铆钉需加热到(　　)。

93. 铆接时,装配螺栓的数量应少于全部铆钉孔的(　　),并应合理分配。

94. 钢屋架的挠度为跨度的(　　)。

95. 为避免焊缝集中,上、下翼板的接头和腹板的接头应错开(　　)以上。

96. 一般焊缝的横向收缩量(　　)纵向收缩量。

97. 弯曲时,板材中既不受拉伸又不受压缩的中间一层,称为(　　)。

98. 为了防止上、下剪刃碰撞而对上、下剪刃间留取的适当间隙称为(　　)。
99. 冲裁时，材料对模具的最大抵抗力，叫(　　)。
100. 弯曲工序中，当外力去除后，材料由于弹性而产生的回复现象称为(　　)。
101. 物体受外力作用时，在单位截面积上出现的内力称为(　　)。
102. 含碳量低于(　　)的铁碳合金称为碳钢。
103. 焊接过程实质上是一个(　　)过程。
104. 金属材料的性能，主要可分为使用性能和(　　)性能两方面。
105. 金属材料的工艺性能包括铸造性能、压力加工性能、(　　)性能、切削加工性能。
106. 按金属的(　　)不同，可分为轻金属和重金属两类。
107. 金属的密度小于 5 $g/cm^3$ 的称轻金属，大于 5 $g/cm^3$ 的称(　　)金属。
108. 纯铁在(　　)℃以上磁性将会消失。
109. 金属抵抗外界化学介质(　　)而不损坏的能力，称化学性能。
110. 金属材料在外力作用下所表现出来的一系列特性和抵抗能力，称机械性能，又称(　　)性能。
111. 外力又称载荷，按载荷的表现形式不同又分为(　　)载荷、冲击载荷、交变载荷等。
112. 延伸率是指试样拉断后，标距长度的(　　)与标距原始长度之比的百分率。
113. 金属材料在冲击作用下，抵抗冲击而不被破坏的能力称(　　)。
114. 疲劳强度是指金属材料经多次重复的(　　)应力仍不致引起疲劳破坏的最大应力。
115. 金属铸造性能的好坏，主要取决于金属的(　　)性和收缩性的大小。
116. 平面图形有水平和(　　)两个方向基准。
117. 尺寸基准按其性质不同，可分为设计基准和(　　)基准两类。
118. 对孔制纤维方向性强的材料，其折弯线应与纤维方向(　　)。
119. 金属材料在加热温度太高或保温时间太长的条件下会发生过热过烧、(　　)的缺陷。
120. 切削运动由主运动和(　　)运动组成。
121. 切削要素是指切削金属时的切削速度、进给量、(　　)。
122. 麻花钻一般用(　　)金属材料制造。
123. 零件的机械加工精度主要包括尺寸精度、形状精度及(　　)精度。
124. 机械传动中，带传动的主要特点之一就是(　　)，防止其他零件损坏。
125. 带传动中，包角越小，打滑的可能性越大，因此规定小带轮的包角为(　　)。
126. 工作在交流(　　)V 以下的电器称为低压电器。
127. 使用油压千斤顶时，调节螺杆不得旋出过长，主活塞的行程不得超过(　　)标志。
128. 单臂式吊架起重能力一般在(　　)N 以下。
129. 型钢弯曲可采用滚弯、压弯和(　　)等方法。
130. 在普通弯管机上弯管，为改善弯头横截面的圆度，一般采用有芯弯、反变形法和(　　)三种方法。
131. 如果铆钉的强度超过铆接件的强度时，在外力的作用下，铆接件的钉孔被胀大或出现铆接件(　　)等现象。
132. 胀接是利用管子和管板的变形来达到紧固和(　　)的连接方法。

133. 焊条直径的选取应根据焊件厚度、接头形式、焊缝位置、(　　)等因素选定。

134. 焊条按其药皮熔化后的熔渣特性,分为酸性焊条和(　　)焊条两大类。

135. 椭圆的画法通常有三种:四心法、同心圆法和(　　)法。

136. 乙炔和铜或银经较长时间接触后,易生成(　　)物,它受到振动或受热时容易发生爆炸。

137. 热加工的方法一般有两种:一种是氧乙炔局部加热;二是炉灶内大面积加热,其原因是钢材受热后屈服点降低,(　　)相对增大。

138. 滚圆时可能出现的缺陷有中间鼓肚、歪扭、曲率不等、(　　)。

139. 合理用料有四种方法:余料统一下料法、集中下料法、统计计算下料法、(　　)法。

140. 决定火焰矫正效果的因素有火焰加热的位置、形状和(　　)。

141. 2 英尺＝24 英寸＝(　　)毫米。

142. 滚圆时圆筒制件的曲率半径大小取决于上下轴辊中心距的大小,板料的剩余直边(两端直径)长度约等于(　　)。

143. 攻丝前的钻孔直径大小,除与被加工零件的材料有关以外,还与螺纹外径和(　　)有关。

144. 角钢直线切口弯成 $\alpha$ 角,展开下料图中切口角度是(　　)度。

145. 决定冲切(冲裁)零件质量的主要因素是材料的性质,厚度与模具的(　　)有关。

146. 钢结构下料的一般规定:板料厚度小于 1.5 mm 影响结构尺寸误差甚小,均不作板厚处理;(　　)的板材下料时,则需作板厚处理。

147. 最小弯曲半径,一般是指用压弯的方法,可以得到零件的(　　)的最小值。

148. 塑性好的材料,弯曲半径可以小一些;塑性差的材料,弯曲半径要(　　)一些。

149. 铁道车辆型号是用于标明车辆种类和(　　)的代号。

150. 车钩中心线高是指空车时,车钩中心线至(　　)的垂直距离。

151. 为防止裂纹扩展,而在裂纹末端所钻的一定规格的孔叫(　　)。

152. 金属结构的刚度,主要取决于结构的尺寸及其(　　)。

153. 基本生产过程中的全部工序可分为工艺工序、检验工序、(　　)三部分。

154. 观察者位于一位端,面向车辆站立时,观察者(　　)的一侧为一位侧,相反的另一侧为二位侧。

155. 焊接和铆接是不可拆的联接,螺栓联接是(　　)的联接。

156. 容器设备组装后,应根据设计说明或工作条件进行强度和(　　)试验。

157. 型钢滚弯工艺要比板料滚弯复杂,型钢滚弯时主要防止型钢的扭曲变形和型钢(　　)形状的改变。

158. 设计焊接夹具时,应当选择零件上的(　　)的表面作为止推定位基准面。

159. 设计焊接夹具时,应当选择零件上的(　　)的表面作为导向定位基准面。

160. 封头的制造方法有手工锻打、机械冲压以及(　　)成形等方法。

161. 焊接的基本变形形式除纵向变形、横向变形、弯曲变形外,还有角变形、波浪变形和(　　)等。

162. 钢结构受力的设计是根据等强度的原则,然而设计上的钢结构受力应大于实际受力,这主要考虑(　　)系数。

163. 搭接接头的角焊缝，在连接处断面有急剧变化，应力集中现象比较严重，因此疲劳强度(　　)。

164. 在施工中防止和减少焊接变形，对制造质量有很大意义，一般常采用的方法有反变形法、焊接顺序法、刚性固定法和(　　)。

165. 尺寸公差是允许尺寸的变动量，简称(　　)。

166. 公差是设计时根据零件要求的精度并考虑(　　)成本，对尺寸的变动范围给定的允许值。

167. 基轴制配合中轴的最大极限尺寸与(　　)相等，即轴的上偏差为零。

168. 标注尺寸的符号“$R$”的含义是(　　)。

169. 结构放样就是在线型放样的基础上，依制造工艺要求进行(　　)处理的过程。

## 二、单项选择题

1. 企业的质量方针不是(　　)。

(A)企业的最高管理者正式发布的　(B)企业的质量宗旨

(C)企业的质量方向　(D)市场需求走势

2. 环境保护法的基本任务不包括(　　)。

(A)促进农业开发　(B)保障人民健康

(C)维护生态平衡　(D)合理利用自然资源

3. 工业企业对环境污染的防治不包括(　　)。

(A)防治大气污染　(B)防治水体污染

(C)防治水土流失　(D)防治噪声污染

4. 不属于岗位质量工作要求的内容是(　　)。

(A)对各个岗位质量工作的具体要求　(B)各项质量记录

(C)操作程序　(D)市场需求

5. 不属于岗位质量措施与责任的是(　　)。

(A)岗位的质量责任即岗位的质量要求

(B)岗位工作要求按工艺规程的规定进行

(C)明确不同班次之间相应的质量问题的责任

(D)明确岗位工作的质量标准

6.《劳动合同法》的立法宗旨是：完善劳动合同制度，明确劳动合同双方当事人的权利和义务，保护(　　)的合法权益，构建和发展和谐稳定的劳动关系。

(A)企业　(B)用人单位

(C)劳动者　(D)用人单位和劳动者

7. 用人单位自(　　)起即与劳动者建立劳动关系。

(A)用工之日　(B)签订合同之日

(C)上级批准设立之日　(D)劳动者领取工资之日

8. 已经建立劳动关系，未同时订立书面劳动合同的，应当自用工之日起(　　)内订立书面劳动合同。

(A)十五日　(B)一个月　(C)两个月　(D)三个月

9. 变更劳动合同应当采用(　　)形式。

(A)口头　(B)书面　(C)书面或口头　(D)书面和口头

10. 对厚度在(　　)以下的金属薄板结构,通常用咬缝法连接。

(A)2 mm　(B)1.5 mm　(C)1 mm　(D)3 mm

11. 液压弯管机是利用(　　)点弯曲的原理进行弯管的。

(A)2　(B)3　(C)4　(D)5

12. 若用冷镦方法制成的铆钉,必须要经过(　　)处理。

(A)淬火　(B)回火　(C)正火　(D)退火

13. 碳弧刨削时,电弧的长度为(　　)为宜。

(A)1～2 mm　(B)2～3 mm　(C)3～4 mm　(D)4～5 mm

14. 当被剪切的钢板厚度小于 25 mm 时,一般硬化区域宽度范围在(　　)之间。

(A)0.5～1.5 mm　(B)1.5～2.5 mm　(C)0.5～2 mm　(D)2.5～3.5 mm

15. 斜口剪床上下剪刀片的剪切长度一般为(　　)。

(A)150～200 mm　(B)200～250 mm　(C)250～300 mm　(D)300～350 mm

16. 在气焊过程中,焊丝与焊件表面倾斜角一般为(　　)。

(A)40°～50°　(B)20°～30°　(C)25°～35°　(D)30°～40°

17. 机件向投影面投影所得的图形称(　　)。

(A)图样　(B)视图　(C)投影　(D)实形

18. $R/t$ 的数值越小,回弹(　　)。

(A)越大　(B)越小　(C)为负　(D)终止

19. V 形件的回弹(　　)槽形件。

(A)大于　(B)小于　(C)等于　(D)不等于

20. 不用压边圈时,压延系数应(　　)。

(A)小一些　(B)大一些　(C)为 1.5　(D)为 2.0

21. 车钩中心线高是指空车时,车钩中心线至(　　)的垂直距离。

(A)轨面　(B)水平地面　(C)地板面　(D)下心盘上表面

22. 焊接变形的原因是(　　)。

(A)外力　(B)内力　(C)焊接应力　(D)材料变热

23. 圆柱面应用(　　)法作展开图。

(A)平行线　(B)放射线　(C)三角形　(D)素线

24. 螺旋面应用(　　)法作展开图。

(A)平性线　(B)放射线　(C)三角形　(D)球面法

25. 棱柱(　　)旋转体。

(A)是　(B)不是　(C)近似　(D)是特殊

26. 球面(　　)可展表面。

(A)是　(B)不是　(C)特殊的　(D)为二次

27. 当直线垂直于水平面,平行于其他两个投影面时,它的名称叫(　　)。

(A)正垂线　(B)铅垂线　(C)侧垂线　(D)负垂线

28. 当直线垂直于侧面,而倾斜于其他两个投影面时,它的名称叫(　　)。

(A)正平线 (B)水平线 (C)侧平线 (D)负平线

29. 一般位置线在正面的投影(　　)实长。

(A)小于 (B)大于 (C)等于 (D)为1.5倍

30. 直线在它所(　　)的投影面上的投影积聚为一点。

(A)平行 (B)垂直 (C)倾斜 (D)相交

31. 直线在它所(　　)的投影面上的投影反映实长。

(A)平行 (B)垂直 (C)倾斜 (D)相交

32. 一般位置线在侧面的投影(　　)实长。

(A)小于 (B)大于 (C)等于 (D)为1.5倍

33. 在水平面的投影(　　)实长。

(A)小于 (B)大于 (C)等于 (D)为1.5倍

34. 可用平行线展开法展开的是(　　)零件。

(A)表面的素线或棱线相互平行的 (B)表面的素线或棱线相交于一点的

(C)任何形状的 (D)球形

35. 可用放射线展开法展开的是(　　)零件。

(A)表面的素线或棱线相互平行的 (B)表面的素线或棱线相交于一点的

(C)任何形状的 (D)球形

36. 相贯线在空间总是(　　)。

(A)平行的 (B)相交的 (C)封闭的 (D)圆形

37. 剪板机的剪刃间隙必须(　　)。

(A)适当 (B)大一些 (C)小一些 (D)为0.5倍板厚

38. 剪板机的剪切角应(　　)90°。

(A)大于 (B)小于 (C)等于 (D)超过

39. 剪板机的后角一般选取(　　)。

(A)1.5°～3° (B)3°～5° (C)多大都行 (D)0°

40. 剪板机的前角一般选取(　　)。

(A)1.5°～3° (B)3°～5° (C)多大都行 (D)0°

41. 一般情况下，剪板时的实际剪切力应(　　)理论剪切力。

(A)大于 (B)等于 (C)小于 (D)为1.25倍

42. 摩擦压力机工作中超负荷时，(　　)。

(A)会损坏机械 (B)会报废工件

(C)只引起飞轮和摩擦盘之间的滑动 (D)压力头不到位

43. 冲压时，切口属于(　　)工序。

(A)分离 (B)成型 (C)复合 (D)撕裂

44. 冲压时，弯曲属于(　　)工序。

(A)分离 (B)成型 (C)复合 (D)冲压

45. 冲压时，两个或两个以上的基本工序合并成一个工序，我们称为(　　)工序。

(A)分离 (B)成型 (C)复合 (D)下料

46. (　　)好的材料利于成型工序。

(A)塑性 (B)弹性 (C)硬度 (D)韧性

47.(　　)好的材料利于分离工序。

(A)塑性 (B)弹性 (C)硬度 (D)韧性

48. 在拉伸、挤压成型等冲压工序中,对板材的(　　)要求较严。

(A)弹性 (B)塑性 (C)厚度公差 (D)硬度

49. 弯曲刚开始,凸凹模与工件呈三点接触,这时的弯曲变形过程称(　　)弯曲阶段。

(A)自由 (B)接触 (C)矫正 (D)初压

50. 凸模下降到终极位置,工件完全与凸凹模接触,这时的弯曲变形过程称(　　)弯曲阶段。

(A)自由 (B)接触 (C)矫正 (D)最后

51. 弯曲的中间阶段,称(　　)弯曲阶段。

(A)接触 (B)自由 (C)矫正 (D)变形

52. 弯曲时,自由弯曲阶段所需的弯曲力(　　)。

(A)最大 (B)最小 (C)不大不小 (D)等于矫正阶段

53. 弯曲时,矫正弯曲阶段所需的弯曲力(　　)。

(A)最大 (B)最小

(C)不大不小 (D)等于自由弯曲阶段

54. 材料弯曲时,材料越宽越厚,则最小弯曲半径值应(　　)。

(A)缩小 (B)不变 (C)增大 (D)2 倍于材料厚度

55. 材料弯曲时,材料越宽越厚,则弯曲程度(　　)。

(A)不变 (B)越小 (C)越大 (D)发生回弹

56. 板料越窄,料越薄则最小弯曲半径值(　　)。

(A)越大 (B)不变 (C)越小 (D)大于回弹值

57. 板料越窄越薄,则弯曲程度(　　)。

(A)越大 (B)越小 (C)不变 (D)回弹越大

58. 在弯曲中,中性层的应力(　　)。

(A)受压 (B)受拉 (C)几乎等于零 (D)为内外层的 1/2

59. 在弯曲中,材料内侧的应力(　　)。

(A)受压 (B)受拉 (C)几乎等于零 (D)最大

60. 在弯曲中,材料外侧的应力(　　)。

(A)受压 (B)受拉 (C)几乎等于零 (D)最小

61. 一个弯曲件既有直线部分,又有曲线部分,它的展开长度计算的重点为(　　)。

(A)直线部分 (B)曲线部分 (C)都是 (D)三者都存在

62. 内应力(　　)由外力引起。

(A)都是 (B)不是 (C)不一定 (D)间接

63. 有些钢结构件焊接后无明显的焊接变形,这时,它本身(　　)。

(A)没有焊接力 (B)有很小的应力

(C)有相当大的应力 (D)不存在应力

64. 所有的变形位置(　　)正确的矫正位置。

(A)都是　(B)都不是　(C)不一定是　(D)一定是

65. 通过各种手段的测量,我们可以(　　)找出构件变形的位置。

(A)很容易　(B)很困难　(C)不容易　(D)不困难

66. 在翼板背面两道焊缝的对应位置作线状加热时,加热的宽度应(　　)焊角的宽度。

(A)大于　(B)小于　(C)等于　(D)2 倍于

67. 在三轴对称式滚圆机上滚弯,工件两端的直头在滚圆机上是(　　)。

(A)无法解决的　(B)可以解决的　(C)不存在直头　(D)相交的

68. 管材在外力作用下弯曲时,外侧的管壁(　　)。

(A)减薄　(B)增厚　(C)不变　(D)起皱

69. 管材在外力作用下弯曲时,内侧的管壁(　　)。

(A)减薄　(B)增厚　(C)不变　(D)开裂

70. 机械弯管在通常情况下(　　)。

(A)采用冷弯　(B)采用热弯　(C)冷热都行　(D)不采用

71. 铆接机产生的压力(　　)。

(A)不大　(B)不均匀　(C)大而均匀　(D)与风铆相同

72. 将有缺陷或磨耗到限的配件更换为新配件的修理方式称作(　　)。

(A)换件修　(B)互换修理　(C)现车修理　(D)拼修

73. 相对弯曲半径和相对壁厚值越小,那么变形就(　　)。

(A)越大　(B)越小　(C)不变　(D)为零

74. 有的大型滚圆机在辊轴上加工纵向沟槽,它的作用(　　)。

(A)减轻辊轴重量　(B)便于工件找正　(C)美观　(D)散热

75. 一般情况下,氧气管道采用(　　)。

(A)绿色　(B)红色　(C)其他色　(D)黄色

76. 一般情况下,乙炔管道采用(　　)。

(A)绿色　(B)红色　(C)其他色　(D)白色

77. 气割时,减压器是(　　)设备。

(A)制造乙炔的　(B)保证乙炔器安全的

(C)调节氧气压力的　(D)混合气体的

78. 气割时,割缝边缘产生连珠状钢粒,这说明火焰能率(　　)。

(A)过大　(B)过小　(C)适合　(D)小

79. 气割时,切割表面不整齐,并且容易中断气割过程,这说明火焰能率(　　)。

(A)过大　(B)过小　(C)适合　(D)高

80. 氧气压力(　　)时,金属燃烧不完全,切割速度低。

(A)过低　(B)过大　(C)适合　(D)降低

81. 气割时,所用的火焰是(　　)焰。

(A)碳化　(B)氧化　(C)中性　(D)燃烧

82. 焊接时,造成焊瘤的主要原因是(　　)。

(A)电流过大　(B)电流过小　(C)焊接速度慢　(D)焊接速度快

83. 气割时,割嘴孔径越大,火焰能率(　　)。

(A)越大 (B)越小 (C)不变 (D)下降

84. 一般情况下,碳素钢中含碳量越高,则钢的强度和硬度(  )。

(A)越高 (B)越低 (C)不变 (D)不稳定

85. 一般情况下,碳素钢中含碳量越高,则钢的塑性(  )。

(A)越高 (B)越低 (C)不变 (D)好

86. 车辆长度是指车辆不受纵向外力影响时,两端(  )间的水平距离。

(A)端梁外侧面 (B)车钩连接线 (C)端墙外侧面 (D)折角塞门

87. 图样中用于确定零件大小的尺寸称为(  )。

(A)定位尺寸 (B)设计尺寸 (C)工艺尺寸 (D)定形尺寸

88. 圆柱截交线根据截平面与其轴线相对位置不同,可以有三种不同形状的几何交线。当截平面与轴线成任意夹角时,截交线的形状应是(  )。

(A)圆 (B)双曲线 (C)抛物线 (D)椭圆

89. 手工气割切断金属材料(通常指钢)时,加工余量为(  )。

(A)4 mm (B)1 mm (C)8 mm (D)2.5 mm

90. 对接焊缝的纵向收缩近似值为(  )。

(A)1 mm/m～2 mm/m (B)0.5 mm/m～1 mm/m

(C)0.15 mm/m～0.30 mm/m (D)0.1 mm/m～0.15 mm/m

91. 焊接工艺性优良的金属材料是(  )。

(A)低碳钢 (B)高碳钢 (C)铸钢 (D)有色金属

92. 产品的检验按(  )又可分为施工前的检验、中间检验和最终检验。

(A)工艺程序 (B)工种程序 (C)工作程序 (D)生产程序

93. 直流弧焊电焊机是一种将(  )经过变压、整流转换成直流电的电弧焊机。

(A)网络电 (B)直流电 (C)交流电 (D)电池电

94. 在单件、小批量生产条件下确定机械加工余量的方法用(  )。

(A)计算法 (B)估算法 (C)查表法 (D)实验法

95. 机械加工中,常用试切法、定尺寸法等来保证(  )加工精度。

(A)尺寸 (B)形状 (C)位置 (D)形位

96. 机械带传动,对于一级平行带传动,其传动比一般为(  )。

(A)≤20 (B)≥5 (C)≤5 (D)≥15

97. 齿轮传动具有保持瞬时传动比恒定,平稳性较高等特点,其传动效率为(  )。

(A)50% (B)100% (C)75% (D)95%

98. 液压油黏度随温度剧烈变化。温度(  ),油的黏度显著(  )。

(A)升高;降低 (B)降低;升高 (C)升高;升高 (D)降低;降低

99. 在电气控制线路中起控制和各种保护作用的常用低压电器是(  )。

(A)开关 (B)熔断器 (C)接触器 (D)断电器

100. 三相异步电动机在全压启动时,启动电流是额定电流的(  )倍。

(A)2～3 (B)4～7 (C)8～10 (D)10～12

101. 属不可展表面的是(  )。

(A)斜圆锥面 (B)双曲面 (C)三棱台面 (D)斜圆柱面

102. 当球面与回转体相交且球心位于回转体轴线上时，其交线为(　　)。
(A)直线　(B)曲线　(C)圆　(D)椭圆
103. 当板厚大于(　　)mm时，画展开图必须考虑板厚的影响。
(A)0.5　(B)1　(C)1.5　(D)2
104. 有一个折弯而成的方形构件，边长为100 mm×100 mm，板厚为5 mm，其展开料为(　　)mm。
(A)360　(B)400　(C)380　(D)420
105. 两个或两个以上相交形体表面的交线称为(　　)。
(A)截交线　(B)平行线　(C)相贯线　(D)放射线
106. 材料弯曲时，当相对弯曲半径$r/\delta>5$($\delta$为板厚)时，中性层位于(　　)。
(A)中心层内侧　(B)中心层　(C)中心层外侧　(D)板料边缘处
107. 公差与配合标准是最具典型的(　　)。
(A)基础标准　(B)产品标准　(C)零部件标准　(D)工艺标准
108. 钢板滚弯件的弯曲半径$R$越小，则板料的变形程度(　　)。
(A)越小　(B)不变　(C)越大　(D)越长
109. 板料卷圈时，工件产生锥形缺陷主要是(　　)造成的。
(A)坯料不呈矩形　(B)进料时对中不良
(C)上轴与侧轴互不平行　(D)上轴与侧轴间距离小
110. 钢板卷制的圆筒，其下料展开长度按(　　)计算的。
(A)大径　(B)中径　(C)小径　(D)外径
111. 胀接接头密封性要求较高的场合，宜选用(　　)结构形式。
(A)开槽胀接　(B)翻边胀接　(C)胀接加端面焊　(D)复合胀接
112. 铆接时铆钉的直径较大，数量较多，材质较硬，一般采用(　　)铆接工艺。
(A)冷铆　(B)热铆　(C)手工铆　(D)机械铆
113. 金属密度的单位正确的是(　　)。
(A)$kg/m^3$　(B)$N/m^3$　(C)$g/mm^3$　(D)$kg/mm^3$
114. 厚板是厚度在(　　)mm以上、宽度通常在0.6～2 m之间的钢板。
(A)20　(B)30　(C)25　(D)10
115. 半圆周长的计算公式是(　　)。
(A)$\pi D/2$　(B)$\pi d/4$　(C)$\pi d^2/4$　(D)$\pi r^2$
116. 用于控制单相电路的闸刀开关为(　　)。
(A)一极闸刀开关　(B)两极闸刀开关　(C)三极闸刀开关　(D)四极闸刀开关
117. 板材的中心层与中性层相重合，符合条件时(　　)。
(A)$R_{内}/t>5$　(B)$R_{内}/t<5$　(C)$R_{内}/t=5$　(D)$R_{内}/t=4$
118. 板材对焊后发生角变形，应采取矫正的方法是(　　)。
(A)丝状加热　(B)三角形加热　(C)点状加热　(D)散状加热
119. 两板对接后发生长度(　　)。
(A)伸长　(B)缩短　(C)不变　(D)弯曲
120. 波浪变形主要出现在(　　)。

(A)薄板材料中　(B)厚板材料中　(C)型钢中　(D)应力中

121. 为了消除焊接产生的内应力,热处理应采用(　　)的方法。

(A)正火　(B)退火　(C)淬火　(D)回火

122. 利用冲模将板料的一部分与另一部分沿一定的封闭线相互分离的冲压工序叫(　　)。

(A)压延　(B)弯曲　(C)冲裁　(D)卷边

123. 摩擦焊属于(　　)。

(A)熔化焊　(B)钎焊　(C)压力焊　(D)表面焊

124. 在正件焊接前,对它进行与焊后变形方向相反的加工处理,使其抵消变形量,这种方法叫(　　)。

(A)顺序法　(B)反变形法　(C)刚性固定法　(D)反向法

125. 普通碳素钢含量应满足如下(　　)要求的。

(A)含硫量不超过 0.055%　(B)含硫量不超过 0.045%

(C)含硫量不超过 0.55%　(D)含硫量不超过 0.45%

126. 样冲的材质,多数是由(　　)。

(A)中碳钢制成　(B)高碳钢制成　(C)低碳钢制成　(D)合金钢制成

127. 游标卡尺是较精确的测量工具,其精度可达到(　　)。

(A)0.01 mm　(B)0.02 mm　(C)0.1 mm　(D)0.001 mm

128. 地规与划规的区别是(　　)。

(A)地规多用于大型构件放样　(B)地规多用于小型构件放样

(C)地规与划规相同　(D)精度高

129. 中厚板是指厚度在(　　)mm 之间,宽度在 1～2 mm 之间的钢板。

(A)4～20　(B)3～15　(C)4～15　(D)5～15

130. 薄板厚度在(　　)mm 之间,其宽度通常在 0.5～1.5 mm 之间的钢板。

(A)0.1～3　(B)0.2～4　(C)0.3～4　(D)0.1～0.2

131. 下列金属中(　　)是黑色金属。

(A)铝　(B)铜　(C)铝合金　(D)不锈钢

132. 金属材料在无数次重复的交变载荷作用下,不致破坏的最大应力称为(　　)。

(A)韧性　(B)抗拉强度　(C)疲劳强度　(D)抗弯强度

133. 钢管属空心型材,因此它的刚性较差,易产生(　　)变形。

(A)扭曲　(B)弯曲　(C)凹曲　(D)断裂

134. 一般规定锤击痕迹深度在(　　)范围内,否则将会影响产品质量。

(A)0～1 mm　(B)0～2 mm　(C)0～0.5 mm　(D)0.5～1 mm

135. 气焊喷出的可燃气体燃烧产生的高温可达(　　)左右。

(A)1 500 ℃　(B)4 000 ℃　(C)3 000 ℃　(D)2 000 ℃

136. 一般直径在 200 mm 以下的钢管弯曲时,多数采用(　　)校正。

(A)线状加热　(B)点状加热　(C)三角形加热　(D)机械矫正

137. 扁铲是由工具钢制成的,刃部需经热处理(　　)热处理后才能錾切金属。

(A)回火　(B)正火　(C)淬火　(D)退火

138. 直流焊机选用何种极性接法，主要是根据焊条的(　　)和焊件所需的热量来确定。

(A)性质要求　(B)直径　(C)强度　(D)可焊性

139. 角钢的重心距可以通过(　　)的经验公式计算。

(A)$Z_0=0.345t-b/4$　(B)$Z_0=0.345t+b/4$

(C)$Z_0=0.345t+b$　(D)$Z_0=0.345t-b$

140. 一个物体在空间对于三个相互垂直的坐标平面来说有(　　)个自由度。

(A)2　(B)4　(C)5　(D)6

141. 冷弯往往不能一次成型，常温下多次滚压会使材料机械性能恶化，所以当滚弯成形的弯曲半径(　　)时，应采取加热滚弯。(注：$t$ 代表板厚)

(A)$R<30t$　(B)$R>20t$　(C)$R<20t$　(D)$R<15t$

142. 铆钉在常温下的铆接时为提高材料的塑性，铆钉必须进行(　　)。

(A)退火处理　(B)正火处理　(C)回火处理　(D)调质

143. 三轴对称式滚圆机载滚压过程中会产生直头现象，解决方法之一为加垫板预弯，如弯曲板料厚度为 $t$，则垫板厚度(　　)。

(A)应大于 $t$　(B)应大于 $2t$　(C)应大于 $3t$　(D)应等于 $t$

144. 大批量生产冲裁件时，一般选用(　　)冲截模。

(A)简单　(B)带导柱　(C)复合　(D)退料板

145. 为了防止拉伸时材料(　　)，可使用压边圈。

(A)偏移　(B)起皱　(C)变薄　(D)开裂

146. 弯曲时，最小弯曲半径受到材料(　　)最大许可拉伸变形程度的限制，超过这个变形程度，板料将发生裂纹。

(A)外层　(B)中心层　(C)内层　(D)偏移层

147. 一般在锅、盆、桶等工件的口缘卷边，其目的是为了(　　)。

(A)增加工件的厚度　(B)增加工件边远的刚性和强度

(C)增加工件的密封性　(D)变形

148. 滚弯常用的是不对称三辊轴卷板机。调节(　　)的位置，可得到不同的弯曲半径。

(A)上辊轴　(B)下辊轴　(C)侧辊轴　(D)上下辊轴中心距

149. 滚弯时板材(　　)，滚得的制件弯曲半径越大。

(A)愈软或愈厚　(B)愈软或愈薄　(C)愈硬或愈厚　(D)愈硬或愈薄

150. 弯曲回弹角与(　　)。

(A)材料的屈服强度 $\delta_s$ 成正比，和弹性模数 $E$ 成正比

(B)材料的屈服强度 $\delta_s$ 成正比，和弹性模数 $E$ 成反比

(C)材料的屈服强度 $\delta_s$ 成反比，和弹性模数 $E$ 成正比

(D)材料的屈服强度 $\delta_s$ 成反比，和弹性模数 $E$ 成反比

151. U 形件弯曲时，凸凹模间隙过大，则(　　)。

(A)弯曲力大，制件回弹大　(B)弯曲力大，制件回弹小

(C)弯曲力小，制件回弹大　(D)弯曲力小，制件回弹小

152. 下列属于是不可展面的是(　　)面。

(A)柱　(B)锥　(C)台　(D)球

153. 压力机的最小闭合高度指(　　)的滑块下平面与工作台平面的距离。
(A)滑块在上止点,连杆调节到最长时　(B)滑块在上止点,连杆调节到最短时
(C)滑块在下止点,连杆调节到最长时　(D)滑块在下止点,连杆调节到最短时
154. 下列适用于焊接一般普通碳钢为(　　)。
(A)中性焰内焰　(B)中性焰外焰　(C)氧化焰　(D)碳化焰
155. 铝材薄板焊后,用适当的方法锤击焊缝,可增强(　　)。
(A)强度　(B)刚性　(C)硬度　(D)塑性
156. 下列属于材料的物理性能的是(　　)。
(A)强度　(B)刚度　(C)热膨胀性　(D)氧化性
157. 下列属于材料的力学性能的是(　　)。
(A)强度　(B)密度　(C)导热性　(D)耐腐蚀性
158. 下列属于材料的化学性能的是(　　)。
(A)氧化性　(B)刚性　(C)弹性　(D)导电性
159. 下列属于材料的工艺性能的是(　　)。
(A)氧化性　(B)塑性　(C)磁性　(D)可焊性
160. 板料弯曲时,中心层(　　)。
(A)伸长　(B)缩短
(C)既不伸长也不缩短　(D)可能伸长、可能既不伸长也不缩短
161. 将钢加热到临界温度以上保温一段时间,然后放在空气中冷却的过程称为(　　)。
(A)退火　(B)正火　(C)淬火　(D)回火
162. 焊接 2 mm 钢板,焊炬倾角选用(　　)。
(A)20°　(B)30°　(C)40°　(D)50°
163. 铝板上的氧化薄膜(　　)。
(A)有利于铝板在大气中的耐蚀,有利于焊接
(B)有利于铝板在大气中的耐蚀,不利于焊接
(C)不利于铝板在大气中的耐蚀,有利于焊接
(D)不利于铝板在大气中的耐蚀,不利于焊接
164. 零件的工作应力不超过许用应力,零件就满足了(　　)条件。
(A)强度　(B)刚度　(C)挠度　(D)弯度
165. 有利于减少焊接变形是(　　)。
(A)焊缝集中,对称,靠近产品的重心　(B)焊缝分散,对称,靠近产品的重心
(C)焊缝分散,对称,远离产品的重心　(D)焊缝集中,对称,远离产品的重心
166. 下列增大钢的热脆性的杂质是(　　)。
(A)S　(B)P　(C)Si　(D)Mn
167. 碳素钢是含碳量小于(　　)的铁碳合金。
(A)0.77%　(B)2.11%　(C)4.3%　(D)0.25%
168. Q235-A 中,Q235 表示其(　　)为 235 MPa。
(A)机械强度　(B)抗拉强度　(C)屈服强度　(D)抗剪强度

## 三、多项选择题

1. 下列《环境保护法》的基本原则叙述正确的有(　　)。

(A)预防为主、防治结合　　(B)污染者治理、开发者保护

(C)政府对环境质量负责　　(D)环境保护与社会经济协调发展

2. 工业企业对环境污染的防治主要包括(　　)、积极开发防治污染新技术几个方面。

(A)防治大气污染　　(B)防治水体污染

(C)防治噪声污染　　(D)防治固体废弃物污染

3. 根据规定,以下(　　)适用我国《劳动法》。

(A)在我国境内的用人单位和与之形成劳动关系的劳动者

(B)国家机关、事业组织、社会团体实行劳动合同制度的劳动者

(C)公务员和比照实行公务员制度的事业组织和社会团体的工作人员

(D)按规定应实行劳动合同制度的工勤人员

4. 下列试用期的期限规定,符合劳动合同法规定的是(　　)。

(A)劳动合同期限三个月以上不满一年的,试用期不得超过一个月

(B)无固定期限劳动合同试用期,试用期限可超过一年

(C)劳动合同期限一年以上三年以下的,试用期不得超过两个月

(D)三年以上固定期限和无固定期限的劳动合同试用期不得超过六个月

5. 下列属于用人单位不得解除劳动合同的情况有(　　)。

(A)在本单位连续工作满十五年,且距法定退休年龄不足五年的

(B)女职工在孕期、产期、哺乳期的

(C)在本单位患职业病或者因工负伤并被确认丧失或者部分丧失劳动能力的

(D)患病或者非因工负伤,在规定的医疗期内的

6. 焊缝表面尺寸检验的主要项目有(　　)。

(A)焊缝外表形状高低不平　　(B)焊波宽窄

(C)焊缝宽窄尺寸　　(D)角焊缝焊角尺寸

7. 下列属于放样工具的有(　　)。

(A)粉线　　(B)划针　　(C)划规　　(D)样冲

8. 为尽可能减小管子的压缩变形,可在弯管时采取下列(　　)措施。

(A)在管子内塞满填充物后进行弯曲

(B)用带圆形槽的滚轮压在管子外面进行弯曲

(C)在自由状态下进行弯曲

(D)用特殊芯棒穿入管子进行弯曲

9. 滚弯圆筒时可能出现的缺陷有(　　)。

(A)中间鼓肚　　(B)歪扭　　(C)曲率不等　　(D)曲率过大

10. 干喷(抛)射除锈法可分为(　　)。

(A)敞开式干喷射　　(B)封闭式循环喷射

(C)封闭式循环抛射　　(D)防锈剂混合喷射

11. 锉削平面常用的方法有(　　)。

(A)直锉法　(B)交叉锉法　(C)顺向锉法　(D)推锉法

12. 下列说法正确的是(　　)。

(A)1 号纹的锉刀比 5 号纹的锉刀齿距大　(B)1 号纹的锉刀比 5 号纹的锉刀齿距小

(C)2 号纹的锉刀比 3 号纹的锉刀齿距大　(D)2 号纹的锉刀比 3 号纹的锉刀齿距小

13. 下列叙述符合安全用电措施的是(　　)。

(A)工人接触较多的机床照明灯,应选 36 V 以下的安全电压电源

(B)工作人员在操作各种机床、电气设备时,要采用各种安全操作保护用具

(C)火线可以不用接入开关

(D)电气设备的要采用保护接地或保护接零的安全措施

14. 下列属于设备常用电气的是(　　)。

(A)刀开关　(B)低压断路器　(C)转换开关　(D)热继电器

15. 常见的触电方式有(　　)。

(A)单相触电　(B)两相触电　(C)三相触电　(D)四相触电

16. 几何误差包括(　　)和表面微观形状误差——表面粗糙度。

(A)尺寸误差　(B)形状误差　(C)平面误差　(D)位置误差

17. 线性尺寸值包括(　　)和中心距等。

(A)直径　(B)半径　(C)宽度　(D)高度

18. 构成零件形体的(　　)称为零件的几何要素。

(A)点　(B)弧　(C)线　(D)面

19. 形状公差有(　　)。

(A)直线度　(B)平面度　(C)圆度　(D)圆柱度

20. 表面粗糙度高度参数应从(　　)中选取。

(A)轮廓算术平均偏差 $Ra$　(B)微观不平度十点高度 $Rz$

(C)轮廓最大高度 $Ry$　(D)轮廓最小高度 $Rc$

21. 螺纹要素包括(　　)、螺距、旋向等。

(A)螺旋线　(B)牙型　(C)螺纹直径　(D)线数

22. 麻花钻刃磨时,只磨两个后面,但应保证(　　)和横刃斜角都达到正确的角度。

(A)$\beta$ 角　(B)后角　(C)$\delta$ 角　(D)前角

23. 氧—乙炔焰气割的过程由(　　)这几个阶段组成。

(A)金属预热　(B)气割速度　(C)金属燃烧　(D)氧化物被吹出

24. (　　)都是手动的剪切工具。

(A)錾子　(B)克子　(C)剪床　(D)手剪

25. 等离子弧切割设备主要包括(　　)、割炬等,应保证各组成部分工作正常。

(A)电源　(B)控制箱　(C)水路系统　(D)气路系统

26. 手工热弯钢管包括下列工序:(　　)、质量检查和除砂。

(A)装砂　(B)划线　(C)加热　(D)弯曲

27. 铆工常用的压力机床有(　　)等。

(A)剪板机　(B)曲柄压力机　(C)摩擦压力机　(D)液压机

28. 滚板机的基本类型有(　　)。

(A)对称式三辊滚板机　(B)不对称式三辊滚板机

(C)四辊滚板机　(D)六辊滚板机

29. 液压弯管机主要由(　　)、油路控制阀等部分组成。

(A)顶胎　(B)管托　(C)液压缸　(D)加压扳手

30. 装配时常用的定位方法有(　　)。

(A)划线定位　(B)挡铁定位　(C)样板定位　(D)定位元件定位

31. 装配夹具对零件的紧固方式有(　　)。

(A)夹紧　(B)压紧　(C)拉紧　(D)顶紧

32. 手动夹具包括(　　)、偏心夹具等。

(A)螺旋夹具　(B)楔条夹具　(C)杠杆夹具　(D)磁力夹具

33. 非手动夹具包括(　　)等。

(A)气动夹具　(B)螺旋夹具　(C)液压夹具　(D)磁力夹具

34. 焊接用的保护气体主要有(　　)、二氧化碳气体等。

(A)氩气　(B)氦气　(C)氮气　(D)氢气

35. 氮气、氦气作为保护气体常用于(　　)等金属及其合金的焊接。

(A)钢　(B)铝　(C)镁　(D)钛

36. 二氧化碳气体作为保护气体目前主要用于(　　)的焊接。

(A)碳素钢　(B)铝　(C)低合金钢　(D)铜

37. 气体保护电弧焊按照焊接保护气体的种类可分为(　　)等方法。

(A)氩弧焊　(B)氦弧焊

(C)氢原子焊　(D)二氧化碳气体保护焊

38. 铆钉枪主要由(　　)等组成。

(A)手把　(B)枪体　(C)开关　(D)管接头

39. 液压铆接机是利用液压原理进行铆接的,它由机架、(　　)等部分组成。

(A)活塞　(B)窝头　(C)顶钉窝头　(D)缓冲弹簧

40. 铆钉排列的主要参数是指(　　)。

(A)铆钉距　(B)排距　(C)铆钉数　(D)边距

41. 实心铆钉按钉头形状有(　　)、平头等多种形式。

(A)半圆头　(B)沉头　(C)半沉头　(D)平锥头

42. 高强度结构铆接操作步骤主要有(　　)及质量检查。

(A)铆钉加热　(B)接钉与穿钉　(C)顶钉　(D)铆接

43. 螺纹连接的机械防松措施主要有(　　)。

(A)开口销防松　(B)止退垫圈防松　(C)止动垫圈防松　(D)平垫圈防松

44. 常见焊接缺陷有焊缝表面尺寸不符合要求、咬边、(　　)、夹渣、气孔。

(A)未焊透　(B)焊瘤　(C)凹坑　(D)烧穿

45. 支撑、(　　)是装配的三要素。

(A)划线　(B)定位　(C)夹紧　(D)焊接

46. 手工气割所用的设备及工具有氧气瓶、(　　)、割炬等。

(A)乙炔瓶　(B)氧气减压器　(C)压力表　(D)橡胶软管

47. 下列说法错误的是(　　)。
(A)若用冷镦方法制成的铆钉,必须要经过淬火处理
(B)若用冷镦方法制成的铆钉,必须要经过回火处理
(C)若用冷镦方法制成的铆钉,必须要经过正火处理
(D)若用冷镦方法制成的铆钉,必须要经过退火处理
48. 铆工放样作业时常要用到各种各样的样板。按使用性质可将样板分为(　　)。
(A)号料样板　(B)卡形样板　(C)号孔样板　(D)曲线样板
49. 常用的号料方法有(　　)。
(A)集中号料法　(B)套料法　(C)统计计算法　(D)余料统一号料法
50. 测绘零部件的方法和步骤包括(　　)。
(A)了解和分析测绘对象　(B)确定表达方案
(C)绘制零件或部件草图　(D)画出零部件上的制造缺陷
51. 绘制零件或部件草图包括(　　)。
(A)绘制图形　(B)标注尺寸
(C)提出技术要求　(D)根据零部件草图画出正式零、部件图
52. 拆绘结构件装配图的方法和步骤包括(　　)。
(A)了解拆绘对象　(B)拆卸结构件
(C)画零件草图　(D)画装配图和零件图
53. 国家标准对孔与轴公差带之间的相互位置关系,规定的配合制度是(　　)。
(A)过盈配合　(B)间隙配合　(C)基孔制　(D)基轴制
54. 形位公差可分为(　　)。
(A)尺寸公差　(B)形状公差　(C)位置公差　(D)形状或位置公差
55. 位置公差分为(　　)。
(A)定向公差　(B)定位公差　(C)平面度公差　(D)跳动公差
56. 定向公差包括(　　)。
(A)平行度　(B)垂直度　(C)倾斜度　(D)圆柱度
57. 定位公差包括(　　)。
(A)平面度　(B)同轴度　(C)对称度　(D)位置度
58. 跳动公差包括(　　)。
(A)倾斜度　(B)圆跳动　(C)球跳动　(D)全跳动
59. 形位公差的代号包括(　　)等。
(A)形位公差框格和指引线　(B)形位公差有关项目的符号
(C)形位公差数值和其他有关符号　(D)基准字母和其他有关符号
60. 在标注位置公差时,基准要用基准符号表示,基准符号是由(　　)组成。
(A)粗短线　(B)圆圈　(C)连线　(D)字母
61. 表面粗糙度的评定参数包括(　　)。
(A)高度参数　(B)不平度参数　(C)附加参数　(D)凹痕参数
62. 绘制技术图样时优先选用代号为 A0、A1、A2、(　　)的基本幅面。
(A)A3　(B)A4　(C)A5　(D)A6

63. 起重吊装常用的绳索有(　　)。

(A)麻绳　(B)线绳　(C)尼龙绳　(D)钢丝绳

64. 滑轮分为(　　)。

(A)传动滑轮　(B)定滑轮　(C)动滑轮　(D)组合滑轮

65. 常用的起重工具有(　　)等。

(A)滑轮　(B)千斤顶　(C)手动葫芦　(D)抱杆

66. 钢材因受到外力、加热等因素的影响,会使表面产生(　　)等变形缺陷。

(A)不平　(B)弯曲　(C)扭曲　(D)波浪

67. 备料包括金属材料的(　　)等工序。

(A)化验　(B)冲切　(C)剪切　(D)气割下料

68. 矫正实际上包括(　　)。

(A)钢材矫正　(B)零件矫正　(C)部件及产品矫正　(D)手工矫正

69. 按矫正时力的来源和性质分为(　　)。

(A)机械矫正　(B)手工矫正　(C)火焰矫正　(D)高频热点矫正

70. 机械矫正的机床有(　　)。

(A)多辊钢板校平机　(B)型钢矫直机　(C)板缝碾压机　(D)圆管矫直机

71. 降低冲裁力的方法,主要有(　　)。

(A)斜刃口冲裁　(B)阶梯式凸模冲裁　(C)平刃口冲裁　(D)加热冲裁

72. 弯曲时材料的变形过程为(　　)。

(A)自由弯曲阶段　(B)接触弯曲阶段　(C)矫正弯曲阶段　(D)中性层弯曲阶段

73. 按冲压的特征分类,可分为(　　)。

(A)弯曲工序　(B)分离工序　(C)成形工序　(D)复合工序

74. 冲裁时板料的分离过程大致可分为(　　)。

(A)弹性变形阶段　(B)拉伸阶段　(C)塑性变形阶段　(D)开裂分离阶段

75. 按冲裁模的结构,可以分为(　　)。

(A)阶梯刃口冲裁模　(B)简单冲裁模　(C)带导柱冲裁模　(D)复合冲裁模

76. 在钢结构中,由于连接方式不同,可分为(　　)。

(A)铆接结构　(B)焊接结构　(C)铆焊混合结构　(D)粘接结构

77. 对不需要展开的平面形零件的号料样板,其制造方法有(　　)。

(A)拼接法　(B)划样法　(C)过样法　(D)中心线法

78. 样板制出后,必须在上面注上(　　)及加工符号等。

(A)零件图号　(B)名称　(C)材料牌号　(D)规格

79. 旋转壳体包括(　　)。

(A)斜圆锥壳体　(B)球形壳体　(C)正圆锥壳体　(D)圆柱形壳体

80. 非旋转壳体包括(　　)。

(A)斜圆锥壳体　(B)椭圆形壳体　(C)正圆锥壳体　(D)不规则曲面壳体

81. 钢在回火中氧化色和温度的关系中,下列说法正确的是(　　)。

(A)回火中氧化色为亮黄色时,温度为 220 ℃

(B)回火中氧化色为灰色时,温度为 330 ℃

(C)回火中氧化色为青蓝色时,温度为 295 ℃
(D)回火中氧化色为亮蓝色时,温度为 240 ℃
82. 下列说法错误的为(　　)。
(A)局部加热矫正的温度一般取 700～1 000 ℃之间
(B)局部加热矫正的温度一般取 200～500 ℃之间
(C)局部加热矫正的温度一般取 500～800 ℃之间
(D)局部加热矫正的温度一般取 1 000～1 100 ℃之间
83. 扁钢变形分为(　　)。
(A)角变形　(B)平面弯曲　(C)立面弯曲　(D)扭曲
84. 角钢易产生的变形有(　　)。
(A)角变形　(B)扭曲　(C)弯曲　(D)旁弯
85. 下列说法正确的是(　　)。
(A)局部加热矫正时,厚度小于 8 mm 的钢板,加热后可以采取浇水急冷
(B)局部加热矫正时,厚度小于 8 mm 的钢板,加热后不宜采取浇水急冷
(C)局部加热矫正时,厚钢板加热后不宜采取浇水急冷
(D)局部加热矫正时,厚钢板加热后可以采取浇水急冷
86. 下列说法正确的是(　　)。
(A)局部加热矫正时,高碳钢加热后可以采取浇水急冷
(B)局部加热矫正时,高碳钢加热后不允许浇水急冷
(C)局部加热矫正时,高合金钢加热后可以采取浇水急冷
(D)局部加热矫正时,高合金钢加热后不允许浇水急冷
87. 实尺放样一般要经过的过程有(　　)。
(A)比例放样　(B)线型放样　(C)结构放样　(D)展开放样
88. 下列属于放样量具的有(　　)。
(A)木折尺　(B)钢直尺　(C)钢卷尺　(D)90°角尺
89. 錾子的热处理包括(　　)。
(A)淬火　(B)回火　(C)退火　(D)正火
90. 当被剪切的钢板厚度小于 25 mm 时,下列一般硬化区域宽度范围不正确的为(　　)。
(A)0.5～1.5 mm　(B)1.5～2.5 mm
(C)0.5～2 mm　(D)2.5～3.5 mm
91. 下列说法错误的是(　　)。
(A)斜口剪床上下剪刀片的剪切长度一般为 150～200 mm
(B)斜口剪床上下剪刀片的剪切长度一般为 200～250 mm
(C)斜口剪床上下剪刀片的剪切长度一般为 250～300 mm
(D)斜口剪床上下剪刀片的剪切长度一般为 300～350 mm
92. 下列说法错误的是(　　)。
(A)一般钢铆钉热铆时,铆钉的终铆温度应在 650～750℃之间
(B)一般钢铆钉热铆时,铆钉的终铆温度应在 450～600℃之间

(C)一般钢铆钉热铆时，铆钉的终铆温度应在1 000～1 100℃之间

(D)一般钢铆钉热铆时，铆钉的终铆温度应在900～1 000℃之间

93. 电焊过程中，下列说法正确的是(　　)。

(A)阳极部分位于焊条的末端　　(B)阴极部分位于焊件表面

(C)阴极部分位于焊条的末端　　(D)阳极部分位于焊件表面

94. 焊接时产生的缺陷可分为外部缺陷和内部缺陷两大类。内部缺陷有(　　)。

(A)未焊透　　(B)夹渣　　(C)气孔　　(D)裂纹

95. 手工电弧焊最易引起的事故是(　　)以及爆炸、火灾等。

(A)触电　　(B)眼睛被弧光伤害　　(C)烧伤或烫伤　　(D)有害气体的危害

96. 下列说法错误的是(　　)。

(A)在气焊过程中，焊丝与焊件表面倾斜角一般为40°～50°

(B)在气焊过程中，焊丝与焊件表面倾斜角一般为20°～30°

(C)在气焊过程中，焊丝与焊件表面倾斜角一般为25°～35°

(D)在气焊过程中，焊丝与焊件表面倾斜角一般为30°～40°

97. 气割的氧气压力要根据(　　)选定。

(A)气割速度　　(B)工件厚度　　(C)割炬嘴孔径　　(D)氧气纯度

98. 铆工装配常用的工艺基准有(　　)等。

(A)原始基准　　(B)定位基准　　(C)划线基准　　(D)辅助基准

99. 检验水平常用的量具和仪表有(　　)。

(A)水平尺　　(B)水准仪　　(C)吊线锤　　(D)水平软管

100. 经纬仪主要由(　　)等部分组成。

(A)望远镜　　(B)竖直度盘　　(C)水平度盘　　(D)基座

101. 用水平尺检验水平度时，下列说法正确的是(　　)。

(A)如果气泡偏左，说明被检验的制件表面左边偏高

(B)如果气泡偏左，说明被检验的制件表面右边偏高

(C)如果气泡偏右，说明被检验的制件表面右边偏高

(D)如果气泡偏右，说明被检验的制件表面左边偏高

102. 千斤顶按其结构及工作原理不同，有(　　)等多种。

(A)齿条式　　(B)螺旋式　　(C)液压式　　(D)液压分离式

103. 下列属于自锁夹具的有(　　)。

(A)螺旋夹具　　(B)楔条夹具　　(C)偏心夹具　　(D)杠杆夹具

104. 铆工常用的平台有(　　)等。

(A)铸铁平台　　(B)钢结构平台　　(C)导轨平台　　(D)水泥平台

105. 金属材料力学性能的基本指标有(　　)、冲击韧性等。

(A)强度　　(B)硬度　　(C)密度　　(D)塑性

106. 下列对钢Q235-A·F牌号说明正确的有(　　)。

(A)普碳钢　　(B)优质钢　　(C)沸腾钢　　(D)转炉钢

107. 常用的退火方法有(　　)。

(A)球化退火　　(B)完全退火　　(C)不完全退火　　(D)去应力退火

108. 常用的润滑油有(　　)。

(A)机械润滑油　(B)润滑脂　(C)固体润滑剂　(D)松香

109. 关于链传动，下列叙述正确的是(　　)。

(A)链传动不适合于高速　(B)链传动属于有中间扰性件的啮合传动

(C)保持平均传动比不变，传动效率高　(D)稳定性差，噪声大，不能保持恒定传动比

110. 常用标准件包括(　　)等。

(A)螺栓、螺钉、螺母　(B)垫圈、键、销

(C)滚动轴承　(D)齿轮、弹簧

111. 一张完整的图样应包括零件或构件的(　　)，还包括标题栏和明细表等。

(A)形状、尺寸　(B)作图比例

(C)加工形状、位置、公差、技术要求　(D)线条颜色

112. 主视图反映物体的(　　)。

(A)长度　(B)宽度　(C)高度　(D)实形

113. 由于轴和孔的实际尺寸不同，两个零件配合表现出不同的性质，根据配合表现出的不同性质，配合分为(　　)。

(A)间隙配合　(B)紧密配合　(C)过盈配合　(D)过渡配合

114. 螺纹连接的基本形式有(　　)。

(A)螺钉连接　(B)螺栓连接　(C)成形螺纹连接　(D)双头螺栓连接

115. 无论采用冷铆还是热铆，铆接方法都可分为(　　)。

(A)锤铆　(B)手工铆　(C)气动铆　(D)液压铆

116. 胀接的结构形式有(　　)。

(A)光孔胀接　(B)翻边胀接　(C)开槽胀接　(D)胀接加端面焊

117. 下列说法错误的是(　　)。

(A)对厚度在 2 mm 以下的金属薄板结构，通常用咬缝法连接

(B)对厚度在 1.5 mm 以下的金属薄板结构，通常用咬缝法连接

(C)对厚度在 1 mm 以下的金属薄板结构，通常用咬缝法连接

(D)对厚度在 3 mm 以下的金属薄板结构，通常用咬缝法连接

118. 最常用的无损探伤方法有(　　)和涡流检测等。

(A)射线探伤　(B)超声探伤　(C)磁粉探伤　(D)渗透探伤

119. 机械锯割通用锯割设备有(　　)。

(A)弓锯床　(B)圆盘锯　(C)摩擦锯　(D)手锯

120. 砂轮切割尤其适宜于切割(　　)等材料。

(A)不锈钢　(B)轴承钢　(C)合金钢　(D)淬火钢

121. 气割规范参数主要有(　　)。

(A)割炬的功率　(B)氧气压力　(C)气割速度　(D)预热火焰的能率

122. 下列说法错误的是(　　)。

(A)光电跟踪自动气割前，要先在钢板上划线

(B)光电跟踪自动气割前，不用在钢板上划线

(C)光电跟踪自动气割前，只需在钢板上划上中心线

(D)光电跟踪自动气割前，只需在钢板上划上定位点

123. 下列说法正确的是(　　)。

(A)用氧炔焰气割方法可以切割不锈钢　(B)用氧炔焰气割方法可以切割铝

(C)用等离子切割方法可以切割不锈钢　(D)用等离子切割方法可以切割铝

124. 等离子切割可用于切割(　　)等。

(A)不锈钢　(B)铝　(C)铜　(D)非金属材料

125. 金属材料在静载荷作业下，抵抗变形和破坏的能力称为强度。其常用衡量指标有(　　)。

(A)屈服点　(B)抗拉强度　(C)疲劳极限　(D)延伸率

126. 采用碳素工具钢制造的工具有(　　)。

(A)冲头、錾子　(B)手锯条　(C)锉刀、刮刀　(D)钻头

127. 下列属于销连接的连接件有(　　)。

(A)圆柱销　(B)圆锥销　(C)螺柱　(D)异形销

128. 零件的预加工包括(　　)等工作。

(A)边缘加工　(B)孔加工　(C)攻螺纹与套螺纹　(D)零件修整

129. 碳弧气刨的工艺参数主要是指(　　)、电弧长度等。

(A)电源极性　(B)电流与碳棒直径　(C)刨削速度　(D)压缩空气压力

130. 下列说法错误的是(　　)。

(A)碳弧刨削时，电弧的长度为 1～2 mm 为宜

(B)碳弧刨削时，电弧的长度为 2～3 mm 为宜

(C)碳弧刨削时，电弧的长度为 3～4 mm 为宜

(D)碳弧刨削时，电弧的长度为 4～5 mm 为宜

131. 行程开关的作用是，通过控制电路，使机械运动按一定的位置或行程，实现(　　)。

(A)自动停止　(B)反向运动　(C)变速运动　(D)自动往返

132. 板料卷弯时，关于中性层金属受力情况，叙述错误的是(　　)。

(A)受拉　(B)受压

(C)既不受拉也不受压　(D)既受拉又受压

133. 在进行深孔加工时，应注意解决以下(　　)主要问题。

(A)断屑与排屑　(B)冷却与润滑　(C)钻头的导向　(D)孔口撕破

134. 下列难以用氧—乙炔焰进行气割的金属材料有(　　)。

(A)铸铁　(B)纯铁　(C)铝　(D)铜

135. 下列易于用氧—乙炔焰进行气割的金属材料有(　　)。

(A)高碳钢　(B)低碳钢　(C)高合金钢　(D)普通低合金钢

136. 等离子弧切割的特点有(　　)。

(A)应用面很广　(B)切割速度快，生产效率高

(C)切口质量好　(D)成本较低

137. 下列说法错误的是(　　)。

(A)等离子弧切割内圆时，应在板材上预先钻出直径为 $\phi$12～16 mm 的孔，切割由孔开始

(B)等离子弧切割内圆时，应在板材上预先钻出直径为 $\phi$5～10 mm 的孔，切割由孔开始

(C)等离子弧切割内圆时,应在板材上预先钻出直径为 $\phi$15～20 mm 的孔,切割由孔开始
(D)等离子弧切割内圆时,应在板材上预先钻出直径为 $\phi$8～12 mm 的孔,切割由孔开始
138. 下列说法错误的是(　　)。
(A)光电跟踪仿形气割适合用于切割尺寸小于 2 m 的零件
(B)光电跟踪仿形气割适合用于切割尺寸小于 1.5 m 的零件
(C)光电跟踪仿形气割适合用于切割尺寸小于 1 m 的零件
(D)光电跟踪仿形气割适合用于切割尺寸小于 0.5 m 的零件
139. 下述关于剪板机工作原理,叙述正确的是(　　)。
(A)上刀片固定在刀架上,下刀架固定在下床面上
(B)液压压料筒用于压紧板料,以防止板料剪切变形
(C)床面上安装有托球,以便板料的送进移动
(D)后挡料板用于板料的定位,位置由调位销进行调节
140. 标注尺寸的符号"*R*"的含义,下列说法错误的是(　　)。
(A)直径　　(B)半径　　(C)球直径　　(D)球半径
141. 影响材料最小弯曲半径的因素有(　　)等。
(A)材料的力学性能　　(B)弯曲角 $\alpha$
(C)材料的方向性　　(D)材料的表面质量与剪断面质量
142. 当采用接触弯曲或校正弯曲时,制作压弯模应考虑(　　)。
(A)压弯模具工作部分尺寸确定　　(B)解决弹复的措施
(C)定位与防止偏移　　(D)斜面挡块
143. 下列属于不可展表面的是(　　)。
(A)球面　　(B)圆柱面　　(C)螺旋面　　(D)圆锥面
144. 下列说法错误的是(　　)。
(A)液压弯管机是利用两点弯曲的原理进行弯管的
(B)液压弯管机是利用三点弯曲的原理进行弯管的
(C)液压弯管机是利用四点弯曲的原理进行弯管的
(D)液压弯管机是利用五点弯曲的原理进行弯管的
145. 型钢弯曲机是一种专用于卷弯(　　)等各种异型钢材的高效加工设备。
(A)角钢　　(B)槽钢　　(C)工字钢　　(D)圆钢
146. 型钢弯曲机可一次上料完成型钢的(　　)工序。
(A)顶弯　　(B)卷圆　　(C)校直　　(D)校圆
147. 按装配时结构位置划分,金属结构件的装配主要有(　　)。
(A)斜装　　(B)正装　　(C)倒装　　(D)卧装
148. 桁架类构件的装配方法有(　　)。
(A)划线定位装配法　　(B)定位挡铁装配法
(C)仿形复制装配法　　(D)环缝装配法
149. 螺纹连接时,若扭力矩过大,易造成(　　)。
(A)螺栓拉长　　(B)螺栓拉断
(C)螺栓的螺纹损坏　　(D)螺母的螺纹损坏

150. 消除对称式三轴卷板机在滚弯过程中留下的直线段，可采取如下(　　)方法。
(A)压头预弯　(B)留工艺余量　(C)反向滚压　(D)加垫板预弯
151. 影响回弹的因素主要有(　　)。
(A)材料的力学性能　(B)变形程度
(C)弯曲件的形状　(D)弯曲的方式
152. 根据轴辊的排列位置，卷板机可分为(　　)。
(A)对称式三轴卷板机　(B)不对称式六轴卷板机
(C)四轴卷板机　(D)不对称式三轴卷板机
153. 计算铆钉直径时的板厚需按以下(　　)原则确定。
(A)厚度相差不大的板料铆接时，取较厚板料的厚度
(B)厚度相差较大的板料铆接时，取较薄板料的厚度
(C)钢板与型材铆接，取两者的平均厚度
(D)被连接件的总厚度，不应超过铆钉直径的五倍
154. 下列论述中正确的有(　　)。
(A)因为有了大批量生产，所以才有零件互换性，因为有互换性生产才制定公差制
(B)具有互换性的零件，其几何参数应是绝对准确的
(C)一个零件在经过调整后再进行装配，检验合格，可称为具有互换性的生产
(D)不完全互换不会降低使用性能，且经济效益较好
155. 桁架类的结构特点是(　　)。
(A)构件由各种型钢杆件构成　(B)尺寸通常较大
(C)基本组成零件是型钢杆件　(D)这些杆件通常不能出现弯曲
156. 软手锤有(　　)等。
(A)铜锤　(B)铝锤　(C)木锤　(D)硬橡皮锤
157. 普通锉分为(　　)和三角锉。
(A)平锉　(B)方锉　(C)圆锉　(D)半圆锉
158. 目前我国铁道车辆车体承载结构所用材料，主要有(　　)等金属材料。
(A)普通碳素钢　(B)耐候钢　(C)不锈钢　(D)铝合金

## 四、判 断 题

1. 在焊缝交叉处和焊缝方向急剧变化处不可进行定位焊，应离开 50 mm 左右进行定位焊。(　　)
2. 冷矫正适用于变形较小、塑性较好的钢材。(　　)
3. 对刚度低的构件，为防止运输中变形，焊后应保留刚性支撑。(　　)
4. 气割或机械剪切的零件，需要进行边缘加工时，其刨削量应大于 2.0 mm。(　　)
5. 火焰矫正适用于高合金钢、铸铁等脆性材料的矫正。(　　)
6. 用龙门剪床剪切尺寸相同而数量又较多的钢板时，可利用挡板定位。(　　)
7. 螺纹连接时，其拧紧力矩应根据螺栓直径大小确定。(　　)
8.《环境保护法》不包括依靠群众保护环境的原则。(　　)
9. 明细栏用来记载零件名称、序号、材料、数量及标准件的规格、标准代号等。(　　)

10. 企业的质量方针是企业的全面的质量宗旨和质量方向。(  )

11. 岗位质量要求是对各个岗位质量工作的具体要求。(  )

12. 岗位质量措施与责任要求,岗位工作要按工艺规程的规定进行。(  )

13. 公务员和比照实行公务员制度的事业组织和社会团体的工作人员,是不适用我国《劳动法》的人员。(  )

14. 用人单位自用工之日起超过一个月但不满一年未与劳动者订立书面劳动合同的,应当向劳动者支付两倍的月工资。(  )

15.《劳动合同法》规定的工作时间,是指劳动者实际进行本职工作的时间,不包括如停工待料时间、女工哺乳婴儿时间、工间休息时间等。(  )

16.《劳动合同法》规定,用人单位未按照劳动合同约定提供劳动保护或者劳动条件的;用人单位违章指挥、强令冒险作业危及劳动者人身安全的,劳动者可以立即解除劳动合同,不需事先告诉用人单位。(  )

17. 安全用电的原则是不接触低压带电体,不靠近高压带电体。(  )

18. 导线通过电流时不允许过热,所以导线的额定电流应比实际输电的电流要小些。(  )

19. 电伤是指人体内部受伤。(  )

20. 电对人体的伤害有电击和电伤两种。(  )

21. 符合用户要求的产品就是合格品。(  )

22. 公差只是对两个相结合的零件之间配合关系的要求所做出的统一规定。(  )

23. 最小弯曲半径是指用压弯的方法可以得到零件外边半径的最小值。(  )

24. 组装的三要素是支承、定位和夹紧。(  )

25. 焊接代号是由基本符号和数字组成的。(  )

26. 当物体被一平面所截,所得到的交线叫贯线。(  )

27. 圆环面是可展表面。(  )

28. 螺旋体是旋转体。(  )

29. 素线法适用于形体表面有平行素线的圆柱和有平行棱线的棱柱体的表面展开。(  )

30. 机件向投影面投影所得的图形称图样。(  )

31. 用内切球法求得的交线是直线型交线。(  )

32. 内切球法只适用于旋转体。(  )

33. 放样图就是一般图样。(  )

34. 视图中的线段都能反映实长。(  )

35. 一般位置线在各投影面上的投影,有时能反映实长,有时不能反映实长。(  )

36. 平面曲线在视图中是否反映实长,由该曲线所在平面的位置确定。(  )

37. 空间曲线在三视图中的投影不反映实长。(  )

38. 三视图中,当直线垂直于一个投影面时,它在另两个投影面上的投影不一定反映实长。(  )

39. 视图中反映实长的线段,至少平行于其中一个投影面。(  )

40. 各种形体均可用平行线展开法获得展开图。(  )

41. 三角展开法的关键是求出各素线的实长。（　）

42. 精确地作出相交形体表面的公共线，是相贯体展开时必须解决的问题。（　）

43. 旋转法求实长，就是把直线段绕一固定轴旋转成平行线，而求与之平行的投影面上的投影。（　）

44. 冲压用的材料必须具备有一定的弹性和塑性。（　）

45. 一般情况下，塑性越差的材料越硬。（　）

46. 降低冲裁力的方法，只有斜刃口冲裁。（　）

47. 只有将板材弯成所需角度或形状的加工方法才叫弯曲。（　）

48. 弯曲时，材料的变形过程只有一个阶段。（　）

49. 所有材料的弯曲，在计算下料时，都采用分段计算法。（　）

50. 材料的机械性能是影响拉深系数的唯一因素。（　）

51. 矫正时，加热圆点的大小与板材的厚度有关。（　）

52. 加热矫正时，线状加热的深度不应超过板厚。（　）

53. 第一次加热后，变形没有完全消除，可进行第二次加热。（　）

54. 矫正旁弯变形时，加热位置应选择外凸的一侧。（　）

55. 一般情况下，可选择变形严重的一种现象先进行矫正。（　）

56. 箱形梁的变形同时出现时，扭曲是主要的矛盾。（　）

57. 管材弯曲时，相对弯曲半径和相对壁厚值越大，变形就越大。（　）

58. 弯管机的形式很多，按传动方式可分为机械传动和齿轮传动两种。（　）

59. 通过旋转辊轴使坯料弯曲成形的方法称为滚弯。（　）

60. 液压弯管机的特点是传动平稳、可靠、噪声小、结构紧凑及能弯曲不同直径的管坯。（　）

61. 滚弯时，在常温下多次滚压，会使材料的机械性能恶化。（　）

62. 为了取出滚弯后的圆筒工件，上辊轴支承部分的两端都是活动的。（　）

63. 滚圆机滚弯坯料时，一般是加热后进行的。（　）

64. 三轴对称式滚圆机，弯曲过程中，工件两端会有直头，直头的长度一般约等于两个下滚轴中心距的一倍。（　）

65. 在小批或单件拼装 T 形梁时，一般采用划线拼装。（　）

66. 拼装焊接型钢时，采用模具装配可以进一步提高装配速度。（　）

67. 在滚轮架上拼装圆筒的环缝时，每一对滚轮的横向距离和高低位置不能相同，只有这样，圆筒才能同心。（　）

68. 如果两个圆筒直径存在偏差，在拼接时，应将直径较大的一节垫高，以使两筒保持同心。（　）

69. 钢板弯曲变形的大小，与焊缝收缩力的大小和焊缝离钢板中心轴的距离有关。（　）

70. 焊缝的纵向收缩量随焊缝长度的增加而减少。（　）

71. 焊件材料的线膨胀系数越大，焊后的焊缝收缩量也越大。（　）

72. 碳钢的焊后收缩量比不锈钢和铝的大。（　）

73. 用锤机焊缝法防止多层焊接变形时，应在第一层和最后一层锤击。（　）

74. 刚性固定法会使焊缝区域造成极大的内应力,因此它只适用于中碳钢和合金钢。( )

75. 桥式起重机的栏杆为桁架结构,其上拱度同主梁相同。( )

76. 箱形梁桥架要有一定的上拱度,其中部的上拱度应大于梁的允许挠度。( )

77. 由于桥架的自重及焊接变形的影响,箱形梁腹板的预制上拱度应大于主梁的上拱度。( )

78. 栽丝就是将双头螺柱的一端拧入工件的螺纹孔。( )

79. 在滚弯过程中,应经常用样板检查,曲率最好不要滚压过小。( )

80. 工作曲率的大小,取决于辊轴的距离。( )

81. 在自由状态下弯曲时,很容易发生压扁现象。( )

82. 铆钉枪的工作原理,是利用压缩空气,使配气活门上下形成压力差而进行锤击的。( )

83. 薄板中间凸起,说明钢板中间"紧",四周"松",矫正时锤击四周。( )

84. 结构刚性增加时,焊接残余应力增大。( )

85. T形梁角变形的矫正可用三角形加热法。( )

86. 如果钢结构存在焊接应力,就一定会产生变形。( )

87. 横向收缩是钢结构件产生内应力和引起变形的主要原因。( )

88. 采用刚性固定法后,焊件就不会产生残余变形了。( )

89. 咬缝连接适用于1.5 mm以上的薄板。( )

90. 复合角咬缝连接一般用于方管形制件的连接。( )

91. 车辆的方位规定以装人力制动机或制动缸活塞杆伸出方向的一端为一位端,与一位端相反的另一端为二位端。( )

92. 边距是指外排铆钉到工件边缘的距离。( )

93. 热铆是将铆件加热后再铆接。( )

94. 铆接是不需要铆接工具。( )

95. 冷铆与热铆相比较其优点是:铆钉孔填充的紧密,操作简便,节省燃料。( )

96. 只有铆钉直径较大时,才采用热铆,所以热铆时铆钉的加热温度取决于铆钉的直径。( )

97. 铆钉材质的塑性较差时,应采用热铆。( )

98. 用焦炭炉加热时,为保证安全,焦炭炉安放的位置尽可能远离铆接现场。( )

99. 铆接机本身具有顶钉和铆钉两种结构。( )

100. 铆钉一般用低碳钢制作。( )

101. 冷铆时,为保证连接强度,铆钉直径应比钉杆直径略大一些。( )

102. 铆接机和铆钉枪一样,利用液压或气压产生压力时钉杆变形并形成钉头。( )

103. 拉铆是冷铆的另一种铆接方法。( )

104. 局部加热矫正时对较厚的钢板温度要求要高一些,对较薄的钢板温度要低一些。( )

105. 焊接结构的主要缺点是很容易产生焊接变形及内应力因而会影响构件的质量。( )

106. 电弧焊时，电弧的最高温度产生在阳极部分。(　　)

107. 焊缝纵向收缩值一般都大于焊缝横向收缩值。(　　)

108. 局部加热矫正时，线状加热的特点是线的宽度方向收缩量小，长度方向收缩量大。(　　)

109. V形坡口的焊接变形要比U形坡口焊接变形小。(　　)

110. 板材可以不考虑滚圆直径大小都能进行冷滚。(　　)

111. 选择合理的焊接顺序是减少焊接应力及变形的有效方法。(　　)

112. 检查铆钉和板缝是否渗漏可采用水压试验的方法。(　　)

113. 油压千斤顶和螺旋千斤顶比较，前者是起重量较小，但行程较大，后者起重量较大，但行程较小。(　　)

114. 常用龙门剪板机的上剪刀片是斜刃，斜刃比平刃所需的剪切力要大的多。(　　)

115. 光电跟踪自动气割前，要先在钢板上划线。(　　)

116. 对型材进行的，诸如抛喷丸(或化学)除锈、除油脂、喷涂底漆、烘干等处理过程，称为型材预处理。(　　)

117. 金属材料分为有色金属和黑色金属两大类，其中铜、铝不锈钢属于有色金属。(　　)

118. 优质碳素钢和普通碳素钢比较，前者含硫、磷较多。(　　)

119. 弯曲时材料屈服极限越高，回弹越小。(　　)

120. 低碳钢与中碳钢比较，低碳钢内的铁素体较多，珠光体较少，所以低碳钢的抗拉强度和硬度都较低。(　　)

121. 含碳量0.4%以下的钢，氧切割性能不好，含碳量0.7%以上的钢切割性能良好。(　　)

122. 材料的薄厚对材料的最小弯曲半径没有影响。(　　)

123. 冲孔与钻孔相比较，冲孔的质量较好。(　　)

124. 扩孔应在冲孔和钻孔的后面进行。(　　)

125. 冲孔比钻孔的生产率高。(　　)

126. 扩出的孔的孔壁比原来的孔壁一般要粗糙。(　　)

127. 淬火的冷却介质中，油冷速度比水冷速度快。(　　)

128. 焊接时，焊接电流主要是根据焊条直径焊缝位置进行选择。(　　)

129. 滚筋不仅提高了板料的强度、刚度，而且还增加表面的美观。(　　)

130. 在弯曲过程中，一般弯曲角度应大于设计角度。(　　)

131. 不管板材的弯曲半径多大，板材的中性层总是与其中心层重合。(　　)

132. 为了防止压边起皱，一般采用压边圈的方法。(　　)

133. 封头的高度愈深愈尖，压延后，厚度减薄量就愈大。(　　)

134. 钢的热处理只是通过加热来实现。(　　)

135. 不同厚度的板材搭接时，以比较薄的板材确定铆钉直径。(　　)

136. 钢板弯曲时，接触弯曲阶段所得到的制件质量最好。(　　)

137. 弯管后管子有回弹现象，故弯管时转盘应多转3°～5°。(　　)

138. 一般情况下,用氧—乙炔焰可以切割高碳钢和不锈钢。(　　)

139. 压弯时工件的中性层以外受压应力,以内受拉应力。(　　)

140. 交流焊接机其极性是周期交替变化的,所以在焊接时需要选择极性接法。(　　)

141. 焊条使用电流既可以是交流电也可以是直流电。(　　)

142. 高合金钢采用水火矫正有淬硬渗碳的倾向、易产生裂纹等缺陷,故特殊钢结构工程规定不许浇水冷却。(　　)

143. 在构件装配中,由于加工误差常出现部分孔不同心,铆接前需用钻头修整钉孔。(　　)

144. 冷铆时,要求铆钉有良好的塑性,所以钢铆钉在冷铆前必须进行消除硬化,提高塑性的退火处理。(　　)

145. 被铆件的总厚度不应超过铆钉直径的 5 倍。(　　)

146. 双向螺旋顶,其两端螺杆的螺纹旋向相同。(　　)

147. 碱性低氢型焊条主要用来焊接高强度的低合金钢和重要的钢结构件。(　　)

148. 为消除焊接中产生的内应力,热处理应采用退火的方法。(　　)

149. 钢板滚制成的圆筒其下料展开长度按外径计算。(　　)

150. 在一个组装件上,有铆接和焊接两种联接方法,应先焊接后进行铆接。(　　)

151. 标准麻花钻的顶角愈小,可钻销的金属硬度愈高。(　　)

152. 钻孔时,钻头绕其旋转中心进行的连续旋转运动即钻孔切削运动。(　　)

153. 机车或车辆落车及所有组装项目完成后所进行的专门检查,叫分解检查。(　　)

154. 钢材在弯曲加热时,强度极限随温度升高而降低,塑性随之提高。(　　)

155. 錾子的楔角随被切削材料而定,材料越硬,楔角越小;材料越软,楔角越大。(　　)

156. 氧气乙炔焰温度可达 3 200 ℃左右。(　　)

157. 手工热煨角钢时,如为角钢内弯,则角钢的平面材料挤缩,其厚度增加。(　　)

158. 选择装配基准面时,钢结构的外形有平面,也有不平的面,应选择不平的面为装配基准面。(　　)

159. 由极限尺寸减去基本尺寸所得代数差称极限偏差。(　　)

160. 基本尺寸相同的孔和轴装在一起,其相互结合关系叫配合。(　　)

161. 位置度的符号是⌯。(　　)

162. 圆柱度的符号是⌭。(　　)

163. √ 表示表面粗糙度是用去除材料的方法获得。(　　)

164. 高级优质碳素钢中,硫、磷的含量均大于 0.040%。(　　)

165. 40Cr 是低合金钢。(　　)

166. 氮化是向钢的表层渗氮的过程。(　　)

167. 用直流电焊机焊接时,焊条接正极,工件接负极,属于正接法。(　　)

168. 用对称式三轴卷板机,只要将两根滚轴平行,上滚轴保持倾斜状态,即可滚成合格的锥形工件。(　　)

169. 拉弯与压弯一样,工件的外层受拉应力,内层受压应力。(　　)

170. 钢和灰口铸铁,攻同一尺寸的螺纹,攻丝前底孔直径尺寸相同。(　　)

171. 用两根吊索吊起一件重物，如两根吊索的夹角越大，则吊索受拉力愈小。(　　)

172. 划线基准是一些点、线、面，这些点、线、面能对其他的点、线、面的位置起决定作用。(　　)

173. 酸性焊条和碱性焊条主要是根据涂药熔化各熔渣的特性来分的。(　　)

## 五、简答题

1. 什么是机车车辆的互换修理？
2. 写出绘制装配图的步骤。
3. 压延件毛料的计算原则是什么？
4. 试述工件变形的原因和矫正方法。
5. 焊接应力对产品的质量有何影响？
6. 焊接应力是怎样产生的？
7. 调节焊接应力的工艺方法有哪些？
8. 消除残余应力的方法有哪些？
9. 什么是六点定位规则？
10. 什么是组装技术要领？它包括哪些内容？
11. 什么是组装夹具？试述组装夹具的分类。
12. 制造简易夹具的要点是什么？
13. 选择组装基准面的原则是什么？
14. 什么是自由组装法？什么情况下采用自由组装法？
15. 什么是板厚处理？板厚处理的原则是什么？
16. 怎样对容器进行液压试验？
17. 锅炉水压试验前应作好哪些准备工作？
18. 什么是机车车辆底架矫正？
19. 什么是机车车辆现车修理？
20. 简述液压弯管机的结构。
21. 什么是气动夹具？
22. 定位胎具设计的基本依据是什么？
23. 简述氧—乙炔焰气割的过程。
24. 机车车辆造、修过程中，落车的定义是什么？
25. 简述铁道车辆的含义。
26. 什么是复合工序？
27. 什么是最小弯曲半径？
28. 冲压工序有哪些优点？
29. 什么叫回弹？
30. 影响回弹的因素有哪些？
31. 什么叫内力？
32. 什么叫收缩变形？
33. 什么叫弯曲变形？

34. 简述机车车辆“现车选配”的含义。
35. 什么是钢结构件?
36. 简述机车车辆“检修周期”的含义。
37. 影响钢结构件焊接变形的因素有哪些?
38. 对钢结构件中薄板变形的矫正方法只能有哪种? 为什么?
39. 简述滚圆机滚弯坯料的过程。
40. 不对称式三锟轴滚圆机怎样消除起端直头?
41. 四锟滚圆机的优点是什么?
42. 弯曲管材时,如何减少横截面的椭圆度?
43. 机械传动式弯管机是如何传动的?
44. 辊圆锥的方法有哪几种?
45. 放样基准有哪几种类型?
46. 什么是拉铆?
47. 什么叫余料统一号料法?
48. 什么是反变形法?
49. 什么是刚性固定法?
50. 简述铆钉枪的工作原理。
51. 手工冷铆的操作工艺是什么?
52. 拉铆的操作工艺是什么?
53. 钢屋架为什么要起拱?
54. 简述钢屋架下弦起拱圆弧弯曲的几种方法。
55. 热铆的工艺过程有哪些?
56. 怎样解决对称式三辊滚圆机再滚压过程中产生的直头现象?
57. 钢结构变形的主要原因有哪些? 举例说明。
58. 焊接变形的基本规律是什么?
59. 什么叫拉伸系数?
60. 拉伸系数实质上代表什么意义?
61. 在焊接中,产生疲劳强度低的原因是什么?
62. 对角焊缝采取哪些构造措施可减少应力集中的影响?
63. 展开放样的具体过程有哪些?
64. 焊接接头有哪些形式?
65. 铆接有哪些优点?
66. 简述液压铆接机的构造。
67. 简述拆除半圆头铆钉的方法。
68. 计算铆钉直径时的板厚需按什么原则确定?
69. 等离子弧气割的特点是什么?
70. 氧气切割的条件是什么?

## 六、综 合 题

1. 将圆钢弯曲成如图 1 所示的 S 形，试求其展开长度。（注：图中长度单位均为 mm）

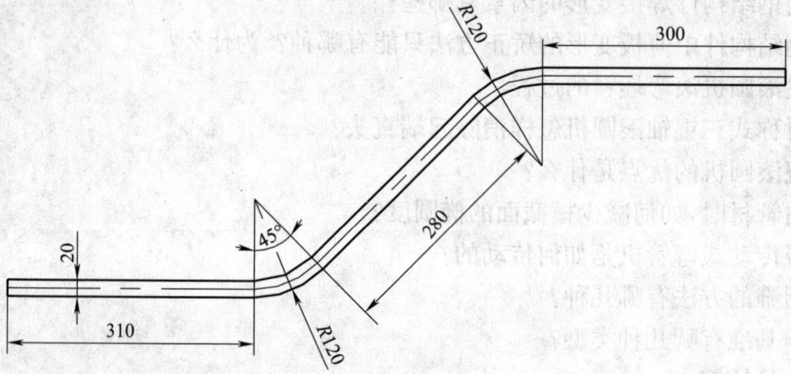


图 1

2. 在机车车辆造、修过程中，怎样用火焰法矫正车体外皮薄钢板的波浪变形？

3. 用平行线法展开如图 2 所示圆柱斜截侧表面。（注：图中长度单位均为 mm）

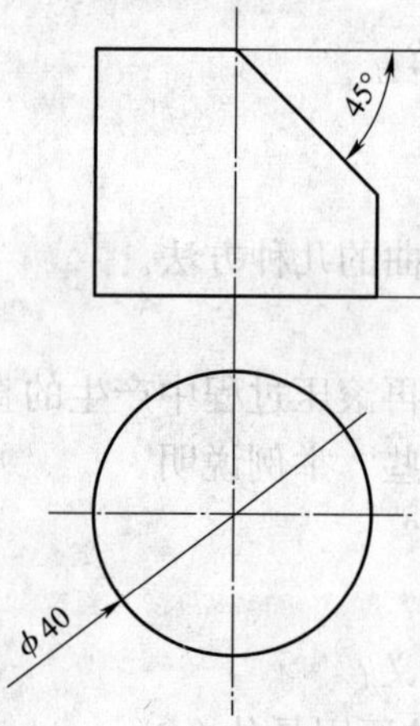


图 2

4. 已知线段 $AB$ 的两个投影 $ab$ 和 $a'b'$，用旋转法求作 $AB$ 的实长（图 3）。

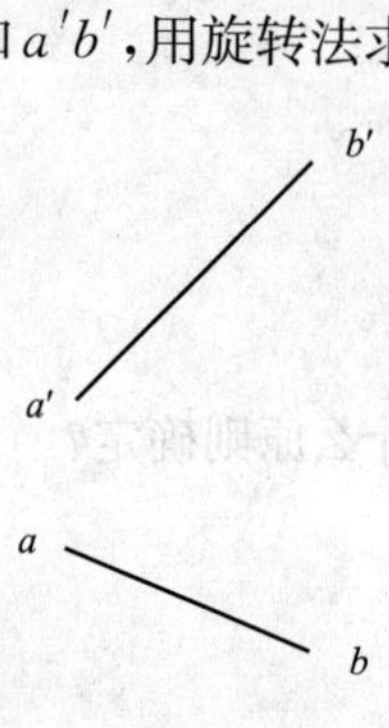


图 3

5. 用平行线法展开如图 4 所示方插管。(注:图中长度单位均为 mm)

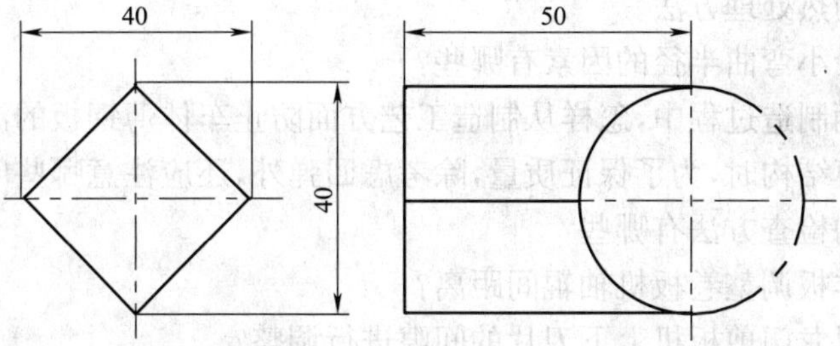


图 4

6. 打大锤有哪些注意事项?

7. 等离子切割的实质和特点是什么?

8. 矫正的基本原理是什么?

9. 计算用厚度为 20 mm 的钢板制作球罐罐体的质量,球罐外径为 6 m(暂不考虑球罐上的开孔,钢板的密度为 7.85 $kg/dm^3$)。

10. 机车车辆车体钢结构焊接变形的防止措施有哪些?

11. 一圆筒容器,用卷尺量外圆周长 $L$=6 384 mm。已知板厚 $t$=16 mm,求下料长是多少?(不考虑中性层)

12. 有 $\alpha = 180°$ U 型无缝钢管弯头,管子中心的弯管半径 $R$=450 mm,两端直段 $A$=200 mm,$B$=186 mm,管子规格 $\phi 50 \times 3$ mm,求此弯头展开料长 $L$ 为多少毫米?(保留整数)

13. 试述车体钢结构焊接变形的矫正方法。

14. 试述选择焊接坡口的原则是什么。

15. 补齐三视图(如图 5 所示)。

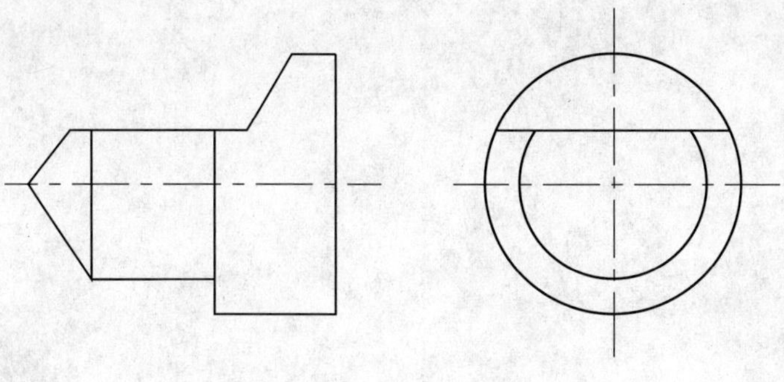

图 5

16. 一张完整的零件图包括哪些内容?

17. 铁道车辆车体钢结构所用材料,应符合哪些技术要求?

18. 简述手工弯管的工艺过程及操作要点。

19. 简述“一次装成”和“多次装成”的选取原则是什么。

20. 简述火焰矫正法的基本原理。

21. 减少弯曲回弹有哪些措施?

22. 常见的滚板机有哪几种结构形式？各有什么特点？
23. 简述錾子的热处理方法。
24. 影响金属最小弯曲半径的因素有哪些？
25. 在机车车辆制造过程中，怎样从制造工艺方面防止车体薄钢板的波浪变形？
26. 设计弯曲模结构时，为了保证质量，除考虑回弹外，还应注意哪些问题？
27. 铆接质量的检查方法有哪些？
28. 怎样使用样板调整卷板机轴辊间距离？
29. 为什么要对龙门剪板机上下刀片的间隙进行调整？
30. 试述焊条是如何进行分类的。
31. 在卷板机上卷制容器的筒体时，有时会出现鼓肚现象，是何原因？如何防止？
32. 怎样确定冲裁凸、凹模的间隙？
33. 什么叫压力机的闭合高度？其最大、最小值与冲模的闭合高度有什么关系？
34. 气焊熔剂的作用是什么？为什么要对焊缝进行焊后清洗？
35. 试述常见的电弧焊机有几种类型。各有什么特点？

# 机车车辆铆工(中级工)答案

## 一、填 空 题

| | | | |
|---|---|---|---|
| 1. 退火 | 2. 咬缝 | 3. 12～16 | 4. 1.5～2.5 |
| 5. 450～600 | 6. 板厚 | 7. 生存和发展 | 8. 传播途径 |
| 9. 最高管理者 | 10. 质量要求 | 11. 5 | 12. 基孔制 |
| 13. 基轴制 | 14. 1～2 | 15. 补强 | 16. Pa |
| 17. 型钢 | 18. 机械性能 | 19. 高温回火 | 20. 混合连接结构 |
| 21. 扭转 | 22. 剪裂变形 | 23. $1.25Lt\sigma_{cp}$ | 24. 焊接应力 |
| 25. 碳化焰 | 26. 夹紧 | 27. 内切球法 | 28. 鼓肚 |
| 29. 下轴辊中心距一半 | 30. 平行于 | 31. 平行 | 32. 小于 |
| 33. 直线 | 34. 一点 | 35. 空间曲线 | 36. 平行线 |
| 37. 放射线 | 38. 直角三角形法 | 39. 近似的 | 40. 封闭的 |
| 41. 相贯线 | 42. 3 | 43. 比值大小 | 44. 相贯线 |
| 45. 相贯体 | 46. 中性层 | 47. 平刃和斜刃 | 48. 越小 |
| 49. 分离 | 50. 较低 | 51. 厚度公差 | 52. 越小 |
| 53. 内应力 | 54. 纵和横 | 55. 内力 | 56. 矫正位置 |
| 57. 过烧 | 58. 梁柱 | 59. 收缩 | 60. 均匀一致 |
| 61. 两 | 62. 塑性 | 63. 局部变形和整体变形 | |
| 64. 手工矫正 | 65. 局部加热 | 66. 800℃ | 67. 厚度 |
| 68. 立式和卧式 | 69. 950～1 100 ℃ | 70. 等腰三角 | 71. 锥度 |
| 72. 压偏 | 73. 小口 | 74. 压应 | 75. 1.5 |
| 76. 滚弯 | 77. 径向推撑器 | 78. 辊筒式滚车 | 79. 退火处理 |
| 80. 空心铆钉和芯棒 | 81. 波浪 | 82. 收缩 | 83. 收缩 |
| 84. 20% | 85. $L/1000$ | 86. 2 m | 87. 1/6～1/12 |
| 88. 仿形法 | 89. 25 mm | 90. 8 mm | 91. K |
| 92. 670～700 ℃ | 93. 25% | 94. 1/500 | 95. 200 mm |
| 96. 大于 | 97. 中性层 | 98. 剪刃间隙 | 99. 冲裁力 |
| 100. 回弹 | 101. 应力 | 102. 2.11% | 103. 冶金 |
| 104. 工艺 | 105. 焊接 | 106. 密度 | 107. 重 |
| 108. 768 | 109. 侵蚀 | 110. 力学 | 111. 静 |
| 112. 伸长量 | 113. 冲击韧性 | 114. 交变 | 115. 流动 |
| 116. 垂直 | 117. 工艺 | 118. 垂直 | 119. 氧化退碳 |
| 120. 进给 | 121. 切削深度 | 122. 高速钢 | 123. 位置 |

124. 具有过载保护功能 125. 大于等于 120° 126. 1 000
127. 极限位置 128. 4 900 129. 拉弯 130. 填砂热弯
131. 被撕裂 132. 密封 133. 焊道层次 134. 碱性
135. 轨迹 136. 乙炔化合 137. 塑性 138. 曲率过大
139. 巧裁套料 140. 温度 141. 609.6
142. 下轴辊中心距的一半 143. 螺纹 144. 180°−α
145. 间隙 146. 1.5 mm 以上 147. 内半径 148. 大
149. 结构特点 150. 轨面 151. 止裂孔 152. 截面形状
153. 运输工序 154. 左边 155. 可拆 156. 严密性
157. 横断面 158. 窄而短 159. 窄而长 160. 爆炸
161. 扭曲变形 162. 安全 163. 比较低 164. 锤击焊缝法
165. 公差 166. 加工 167. 基本尺寸 168. 半径
169. 工艺性

## 二、单项选择题

1. D 2. A 3. C 4. B 5. A 6. C 7. A 8. B 9. B
10. C 11. B 12. D 13. A 14. B 15. C 16. D 17. B 18. A
19. A 20. B 21. A 22. C 23. A 24. C 25. B 26. B 27. B
28. C 29. A 30. B 31. A 32. A 33. A 34. A 35. B 36. C
37. A 38. B 39. A 40. B 41. A 42. C 43. A 44. B 45. C
46. A 47. B 48. C 49. A 50. C 51. A 52. B 53. A 54. C
55. B 56. C 57. A 58. C 59. A 60. B 61. B 62. C 63. C
64. C 65. A 66. B 67. A 68. A 69. B 70. A 71. C 72. A
73. A 74. B 75. B 76. A 77. C 78. A 79. B 80. A 81. C
82. A 83. A 84. A 85. A 86. B 87. D 88. D 89. A 90. C
91. A 92. A 93. C 94. B 95. A 96. C 97. D 98. A 99. D
100. B 101. B 102. C 103. C 104. A 105. C 106. B 107. A 108. C
109. C 110. B 111. C 112. B 113. A 114. A 115. A 116. B 117. A
118. A 119. B 120. A 121. B 122. C 123. C 124. B 125. A 126. B
127. B 128. A 129. A 130. B 131. D 132. C 133. B 134. C 135. C
136. B 137. C 138. A 139. B 140. D 141. C 142. A 143. B 144. B
145. B 146. A 147. B 148. C 149. D 150. B 151. C 152. D 153. C
154. A 155. A 156. C 157. A 158. A 159. D 160. D 161. B 162. B
163. B 164. A 165. B 166. A 167. B 168. C

## 三、多项选择题

1. ABCD 2. ABCD 3. ABD 4. ACD 5. ABCD 6. ABCD 7. ABCD
8. ABD 9. ABCD 10. ABC 11. ABCD 12. AC 13. ABD 14. ABCD
15. AB 16. ABD 17. ABCD 18. ACD 19. ABCD 20. ABC 21. BCD

22. BD　23. ACD　24. ABD　25. ABCD　26. ABCD　27. BCD　28. ABC
29. ABCD　30. ABCD　31. ABCD　32. ABC　33. ACD　34. ABCD　35. BCD
36. AC　37 ABCD　38. ABCD　39. ABCD　40. ABD　41. ABCD　42. ABCD
43. ABC　44. ABCD　45. BC　46. ABD　47. ABC　48. ABC　49. ABCD
50. ABC　51. ABCD　52. ABCD　53. CD　54. BCD　55. ABD　56. ABC
57. BCD　58. BD　59. ABCD　60. ABCD　61. AC　62. AB　63. ACD
64. BCD　65. ABCD　66. ABCD　67. BCD　68. ABC　69. ABCD　70. ABCD
71. ABD　72. ABC　73. BCD　74. ACD　75. BCD　76. ABC　77. BC
78. ABCD　79. BCD　80. ABD　81. ABC　82. ABD　83. BCD　84. ABC
85. AC　86. BD　87. BCD　88. ABCD　89. AB　90. ACD　91. ABD
92. ACD　93. CD　94. ABCD　95. ABCD　96. ABC　97. BCD　98. ABCD
99. ABD　100. ABCD　101. AC　102. ABCD　103. ABC　104. ABCD　105. ABD
106. AC　107. ABD　108. ABC　109. ABCD　110. ABCD　111. ABC　112. AC
113. ACD　114. ABD　115. BCD　116. ABCD　117. ABD　118. ABCD　119. ABC
120. ABCD　121. ABCD　122. ACD　123. CD　124. ABCD　125. ABC　126. ABC
127. ABD　128. ABCD　129. ABCD　130. BCD　131. ABCD　132. ABD　133. ABC
134. AC　135. BD　136. ABCD　137. BCD　138. ABD　139. ACD　140. ACD
141. ABCD　142. ABC　143. AC　144. ACD　145. ABCD　146. ABD　147. BCD
148. ABC　149. ABCD　150. ABD　151. ABCD　152. ACD　153. ABCD　154. ACD
155. ABCD　156. ABCD　157. ABCD　158. ABCD

## 四、判 断 题

1. √　2. √　3. √　4. ×　5. ×　6. √　7. √　8. ×　9. √
10. ×　11. ×　12. ×　13. √　14. ×　15. ×　16. √　17. √　18. ×
19. ×　20. √　21. ×　22. ×　23. ×　24. √　25. ×　26. ×　27. ×
28. ×　29. √　30. ×　31. √　32. √　33. ×　34. ×　35. ×　36. √
37. √　38. ×　39. √　40. ×　41. √　42. √　43. ×　44. √　45. √
46. ×　47. ×　48. ×　49. √　50. ×　51. √　52. √　53. √　54. √
55. √　56. √　57. ×　58. ×　59. √　60. √　61. √　62. ×　63. ×
64. ×　65. √　66. ×　67. ×　68. ×　69. √　70. ×　71. √　72. ×
73. ×　74. ×　75. √　76. ×　77. ×　78. √　79. ×　80. √　81. √
82. √　83. ×　84. √　85. √　86. ×　87. √　88. ×　89. ×　90. √
91. √　92. √　93. √　94. ×　95. √　96. ×　97. √　98. ×　99. √
100. √　101. ×　102. √　103. √　104. √　105. ×　106. ×　107. ×　108. ×
109. ×　110. ×　111. √　112. √　113. ×　114. ×　115. ×　116. √　117. ×
118. ×　119. ×　120. √　121. ×　122. ×　123. ×　124. √　125. √　126. ×
127. ×　128. √　129. √　130. √　131. ×　132. √　133. √　134. ×　135. ×
136. ×　137. √　138. ×　139. ×　140. ×　141. √　142. √　143. ×　144. √
145. √　146. ×　147. √　148. √　149. ×　150. √　151. √　152. √　153. ×

154. √　155. ×　156. √　157. √　158. ×　159. √　160. √　161. ×　162. √
163. √　164. ×　165. √　166. √　167. ×　168. ×　169. ×　170. ×　171. ×
172. √　173. √

## 五、简 答 题

1. 答:机车车辆互换修理是指从待修车上分解下来的零部件(1分),修理后可组装到同车型的任何检修车上(2分),而并非一定装于原车的修理方式(2分)。

2. 答:(1)了解部件(1分);(2)选择表达方案(1分);(3)绘制视图(1分);(4)整理,注尺寸,画剖面线,给零件编号,填写明细表和技术要求,并检查和修改,最后加深线型(2分)。

3. 答:当材料厚度不变时,可采用等面积法计算毛料(2分)。当材料厚度减薄时,可采用等体积法计算毛料(2分)。当压延件需要切边时,计算毛料时应增加切边的工艺余量(1分)。

4. 答:工件变形的原因有两种。一是受外力后产生变形(1分),这类变形可用机械方法和火焰矫正方法来矫正(1.5分)。二是由于内应力引起的变形(1分),这种变形可用消除内应力的办法来解决,如锤击焊缝区、加热等(1.5分)。

5. 答:焊接应力使产品的强度降低(1.5分),冲击韧性降低(1.5分),容易导致焊接裂纹的产生(1分),造成焊件形状、尺寸的不稳定(1分)。

6. 答:焊接应力是在施焊过程中,焊件经受一场不均匀的加热和冷却而产生的内应力(1.5分)。按应力的性质又分热应力和组织应力(1.5分)。热应力是由热胀引起的(1分),组织应力又叫相变应力,是由焊缝金属组织内部发生变化引起的(1分)。

7. 答:(1)采用合理的焊接顺序和方向(0.5分)。

①先焊错开的短焊缝,后焊直通的长焊缝(0.5分)。

②先焊受力较大的焊缝,使内应力合理分布(0.5分)。

③先焊收缩量较大的焊缝,使焊缝能自由的收缩(0.5分)。

(2)降低接头的刚度(1分)。

(3)局部加热造成反变形(1分)。

(4)锤击焊缝(1分)。

8. 答:有整体高温回火和局部高温回火(2分);整体结构加载法(1分);时效处理和低温处理等(2分)。

9. 答:在三个相互垂直的基准面上,设置六个支撑点(1分),在六点构成的范围里放置一个零件,同时施加三个夹紧力 $W_x$、$W_y$、$W_z$(1分),使零件与六个自由度很好地接触(1.5分),此时,这一零件的六个自由度全部被约束(1.5分),从而达到了定位。这就是六点定位规则。

10. 答:在组装钢结构产品的时候,采取怎样的措施来保证各项技术要求得以实现,这就是组装技术要领(2.5分)。它包括:中心线(0.5分)、对角线(0.5分)、水平度(0.5分)、垂直度(0.5分)、挠度(0.5分)等。

11. 答:在组装过程中,凡用来对零件、部件进行定位、夹紧与支撑的设备统称组装夹具(1分)。组装夹具按作用力分有压紧、拉紧、夹紧和顶紧四种夹具(1分)。按用途分有专用夹具和通用夹具(1分)。按动力分有风动、液压、磁铁和手动四类夹具(1分)。手动夹具又分螺旋、杠杆、楔条和偏心等夹具(1分)。

12. 答:(1)夹具要与产品的形状相适应(1分)。

(2)夹具的尺寸要适当(1分)。

(3)夹具应作得坚固,以免变形(1分)。

(4)按不同情况改变夹具的结构,使夹具具有适应性(0.5分)、简易性(0.5分)、轻便性(0.5分)和灵活性(0.5分)。

13. 答:当钢结构的外形有平面、也有不平的面时,应以平面作为组装基准面(1.5分);在工件上有若干个平面的情况下,应选择较大的平面作为组装基准面(1.5分);根据产品的用途,选择最重要的面作为组装基准面(1分);选择的组装基准面要使组装过程中最容易对零件施行定位和夹紧(1分)。

14. 答:不用胎型的组装方法叫自由组装法(1分)。自由组装法在下列情况下采用:

(1)单位生产或数量很少的生产(1分)。

(2)钢结构产品的试制和修理(如截换、补强等)(1分)。

(3)制造某些圆筒形工件(如大型油罐)(1分)。

(4)大型结构件的总组装(1分)。

15. 答:在展开下料时,解决由于材料厚度带来的问题的过程叫板厚处理(2分)。处理的原则是:

(1)保证零件的基本尺寸(1分)。

(2)保证零件与其他零件的装配尺寸(1分)。

(3)保证零件的功能(1分)。

16. 答:先在容器内充满液体(在容器最高处设排气口,将空气排净)(1分),待容器壁温与液体温度相同时(1分),才能缓慢升压到规定试验压力(1分),根据容积大小保持10~30分钟(1分),然后将压力降到设计压力至少30分钟,同时进行检查(1分)。

17. 答:锅炉水压试验前应作好以下准备工作:

(1)进行所试验部分的内部清理和表面检查(1分)。

(2)检查管子有无堵塞(1分)。

(3)装设校验合格的压力表(不应少于2只)(1.5分)。

(4)装设排水管道和放空气阀(1.5分)。

18. 答:底架矫正指采用火焰矫正或机械矫正,消除底架焊接变形(2分),并获得一定的预变形(1分),使其几何形状和尺寸符合技术要求的规定(2分)。

19. 答:指待修车上的零部件(1分),经过修理消除其缺陷后(2分),仍装于原车上而不进行零部件互换的修理方式(2分)。

20. 答:液压弯管机主要由顶胎(1分)、管托(1分)、液压缸(1分)、加压扳手(1分)、油路控制阀(1分)等部分组成。

21. 答:气动夹具就是利用压缩空气的压力(1.5分),通过机械运动施加夹紧力的夹紧装置(1.5分)。它的结构主要由气缸(1分)和夹具(1分)两部分组成。

22. 答:(1)产品图样。这是设计定位胎具的重要依据,它决定着定位胎具的主要结构(2.5分)。

(2)定位胎具设计任务。提出定位胎具应具有的功能以及在装配焊接中所占的地位和作用(2.5分)。

23. 答:氧—乙炔焰气割的过程是由金属的预热(1.5 分)、金属的燃烧(1.5 分)和金属的氧化物被吹出(1.5 分)三个阶段组成的(0.5 分)。

24. 答:落车是指将基本组装好的机车或车辆上部座在转向架上(上、下心盘对准)或轮对上(2 分),实现机车或车辆上部与下部联接的一种组装过程(3 分)。

25. 答:铁道车辆是指借机车牵引或本身动力(2 分),在铁路线上用于运送旅客、货物和为此服务的或原则上编组在旅客列车、货物列车中使用的单元载运工具(3 分)。(在不会产生误解的情况下,"铁道车辆"可简称为"车辆"。)

26. 答:将两个或两个以上基本工序合并一起(1 分),在压力机的一次行程中完成,称为复合工序(4 分)。

27. 答:材料弯曲时(1 分),不致产生破坏(1 分)与折断(1 分)的弯曲半径的最小极限值(2 分),称为该种材料的最小弯曲半径。

28. 答:冲压工序的主要优点有:

(1)生产效率高(1 分)。

(2)原材料利用率高(1 分)。

(3)同一种产品的形状和尺寸一致(2 分)。

(4)操作简单,便于实现机械化和自动化生产(1 分)。

29. 答:去除外力后(1 分),工件由于材料的弹性而产生回复(1 分),使弯曲件的弯曲角(1 分)和弯曲半径(1 分)发生改变的现象(1 分),称为回弹。

30. 答:(1)材料的机械性能(2 分)。

(2)弯曲件的弯曲程度(1 分)。

(3)弯曲件的弯曲角(1 分)。

(4)其他因素,如材料的表面质量、模具的质量以及工作尺寸(1 分)。

31. 答:在物体受到外力作用发生变形的同时(1 分),在其内部会出现一种抵抗变形的力,这种力就叫内力(4 分)。

32. 答:收缩变形是变形的基本形式之一(1 分)。多是指物体经加热→冷却后(1 分),尺寸发生缩短变化的变形(3 分)。

33. 答:弯曲变形是变形的基本形式之一(1 分)。物体的长度没有改变(1 分),但其直线度超出工差要求的变形(3 分)。

34. 答:现车选配指根据现车实际需要(2 分),对零部件形状和尺寸进行选择和修配后装于现车的一种组装方法(3 分)。

35. 答:将多种零件通过焊接(1 分)、铆接(1 分)或用栓接(1 分)等多种方式连成一体,这些零件互相联系,又互相制约,形成一个有机的整体,通常叫钢结构件(2 分)。

36. 答:检修周期指两次同级检修的时间间隔(期限)(3 分)。对机车车辆而言,检修周期(大修、厂修、段修)一般指走行公里或使用期限(2 分)。

37. 答:主要是设计和工艺两方面(2 分)。设计方面指设计的合理性(0.5 分),焊缝的位置(0.5 分),焊接坡口的形式等(0.5 分)。工艺方面指合理的焊接工艺规程(0.5 分)、焊接顺序(0.5 分),各种反变形和防变形方法的采用(0.5 分),以及采取的消除应力措施等(0.5 分)。

38. 答:针对钢结构中的薄板变形,只能采用局部加热(而且是点状加热)的方法进行矫正(2 分)。原因是,由于有框架而无法使用矫正机(1 分);用手工锤展法会使板材面积扩大,但在钢结构件上的薄钢板,由于受框架的限制而无法向四周扩展(1 分);如果强制某一部分的扩展,只会导致变形加剧(1分),因此,只能采用局部加热的矫正方法。

39. 答:滚弯时,坯料置于滚圆机上、下轴辊之间(1分),由于轴辊的转动,并通过上、下轴辊与坯料之间的摩擦力作用,使坯料移动,从而不断地形成弯曲(4分)。

40. 答:不对称式三辊轴滚圆机,滚压出来的工件仅仅是起端有直头(1分),只要在第一次滚完后,将工件倒过头再滚一次(3分),两端的直头都可以消除(1分)。

41. 答:四辊滚圆机的优点是可以使板料两端都能被滚压着(1分),从而消除两端直头(1分),比三辊滚圆机简化了工艺过程(1分),减少了工作量(1分),提高了生产效率(1分)。

42. 答:在弯曲管材时,为了减少横截面的椭圆度,在生产过程中,常采用管材内加填充物(2分),或用圆形槽的滚轮压在管材外面(1.5分),或用芯棒穿入管材内部的方法进行弯曲(1.5分)。

43. 答:机械传动式弯管机,是由电动机(1分)经过齿轮轴(1分)、减速机构(1分)、蜗轮蜗杆传动(1分),带动弯管模转动的(1分)。

44. 答:(1)分区卷制法(2分)。

(2)矩形送料法(1分)。

(3)旋转送料法(1分)。

(4)小口减速法等(1分)。

45. 答:放样基准一般有三种类型:以两个互相垂直的平面(或线)为基准(2分);以两条中心线为基准(1.5分);以一个平面和一条中心线为基准(1.5分)。

46. 答:拉铆是冷铆的另一种铆接方法(3分)。它利用手工或压缩空气为动力(1分),通过专用工具使铆钉与被铆件铆合(1分)。

47. 答:将一定形状和长度大小不同的余料(1分)按厚度、规格与形状基本相同的集中在一起(3分),把较小的零件放在余料上进行号料的方法(1分)。

48. 答:分析焊件焊接后可能产生的变形方向和大小(1分),在焊接前应使被焊件作大小相同(1分)、方向相反的变形(1分),以抵消或补偿焊接后发生的变形(1分),使之达到防止焊接后变形的目的,这种方法称为反变形法(1分)。

49. 答:利用装配夹具(1分)或临时性支撑(1分),将焊接件的相互位置固定(1分),用以防止焊接后变形的方法(2分),叫刚性固定法。

50. 答:铆钉枪的工作原理是利用压缩空气进入(1分),使配气活塞上、下形成压力差(1分)。由于压力差的作用(1分),使气缸活门上、下运动而改变了气路(1分),从而使活塞上、下运动进行锤击(1分)。

51. 答:手工冷铆时,先将铆钉穿过钉孔(1分),用顶模顶住(1分),将板料压紧后用手锤锤击镦粗钉杆(1分),再用手锤的球形头部锤击(1分),使其成为半球状,最后用罩模罩在钉头上,沿各方向倾斜转动(0.5分),并用手锤均匀锤击,这样能获得半球形铆钉头(0.5分)。

52. 答:拉铆过程就是利用风动拉铆枪,将抽芯铆钉的芯棒夹住(1分),同时,枪端顶住铆钉头部(1分),依靠压缩空气产生向后的拉力(1分),芯棒的凸肩部分对铆钉产生压缩变形(1分),形成铆钉头,同时芯棒的缩颈处受拉而被拉出(1分)。

53. 答:钢屋架起拱的目的,是使屋架除承受本身的重量外,还能承受外力载荷(1分)。跨度较大而中间悬空的钢结构,就易于产生塌腰而向下弯曲(1分),以抵抗外力的作用,防止向下弯曲(1分),因此屋架及其他中间悬空的钢结构,按设计要求,在装配时,一定按跨度尺寸比例进行起拱(2分)。

54. 答:一共有四种方法:

(1)装配前,应用冷热方法加工出下弦零件的起拱圆弧(1分)。

(2)装配时,将直下弦两端固定,采用顶力工具、楔具、夹具等外力,强制冷拱曲加工圆弧(1分)。

(3)在焊接时,借助焊接的热量,有目的地使直下弦反变形(1分),或用工具附加顶、拉外力,获得起拱圆弧(1分)。

(4)利用氧—乙炔焰逐段烘烤加热,并用样板为基准,加工出起拱圆弧(1分)。

55. 答:热铆时,先用顶模把铆钉顶住(1分),然后用铆钉上罩模对准铆钉杆击打(1分),开始时风门要小,待钉杆镦粗后再加大风门(0.5分),先把钉杆打成蘑菇形(0.5分),然后逐渐打成钉头形状(0.5分),最后将铆钉枪上罩横模(0.5分),绕着钉头转一周击打(0.5分),使铆钉头周围与连接件表面密贴,但不许过分倾斜,否则会将构件表面打出压痕(0.5分)。

56. 答:可以根据具体情况,采用预弯(1分)、两端留出余量(1分),较薄板料滚圆时,将板料滚弯后两端的直头焊接在一起(1分),然后在滚圆机上滚压对接部分(1分),从而获得与其他部位相同的曲率(1分)。

57. 答:主要原因有三种。一种是受外力作用引起的变形(1分)。如:车辆在运行一段后,底部的车梁产生向下的弯曲(1分);构件制成后,在吊装、运输、安装等过程中受意外碰撞而引起的变形(1分)。另一种是由内应力作用引起的变形(1分),如常见的钢结构件焊接后产生的收缩变形等(1分)。

58. 答:不论何种形式的焊接变形,都遵循同一规律:焊缝冷却后,在焊缝区域内产生收缩,而使焊件内产生内应力(2.5分)。当焊件本身的刚度不能克服焊缝的收缩作用时,便使焊件产生变形(2.5分)。

59. 答:在拉伸工序中,工件每次拉伸后的断面积与拉伸前的断面积之比,称为该次拉伸的拉伸系数(5分)。

60. 答:拉伸系数实质上表现了拉伸件变形程度的大小。拉伸系数越小,表示拉伸件变形程度越大(5分)。

61. 答:产生疲劳强度低的原因是:焊缝表面及焊口两旁凸凹不平(2分)或者焊缝中出现裂纹(1分)、夹渣(1分)、气泡(1分)等缺陷。

62. 答:采用凹形焊缝断面(1分),以及将焊缝表面和棱角用砂轮磨平(1分),将连接板的厚度逐渐削薄(1分)和将板的两边缘逐渐减小等(1分),都是简单有效的办法(1分)。

63. 答:(1)板厚处理(2分)。

(2)展开作图(1.5分)。

(3)根据作出的展开图,制作号料样板或绘制号料草图(1.5分)。

64. 答:焊接接头形式有对接接头(2分)、T字接头(1分)、角接接头(1分)和搭接接头(1分)。

65. 答:铆焊结构件虽然大部分或绝大部分都采用焊接连接形式,但有时必须采用铆接,其优点是:韧性和塑性比焊接好(1分)、变形也小(1分),便于检验和维修(1分),在承受冲击和振动载荷的构件连接,某些异种金属的连接,以及焊接性能较差的金属构件的连接中,都得到广泛的应用(2分)。

66. 答:液压铆接机是利用液压原理进行铆接的(1.5分)。它由机架(0.5分)、液压缸(0.5分)、活塞(0.5分)、密封垫(0.5分)、窝头(0.5分)、顶钉窝头(0.5分)和缓冲弹簧(0.5

分)等部分组成。

67. 答:拆除半圆头铆钉时,应先用克子或气割切掉铆钉头(2 分),或将半圆头铆钉用手砂轮磨平(1 分),用平顶钻头轻轻划掉铆钉头(1 分),再用冲子冲出钉杆部分(1 分)。

68. 答:(1)厚度相差不大的板料铆接时,取较厚板料的厚度(1 分)。

(2)厚度相差较大的板料铆接时,取较薄板料的厚度(1 分)。

(3)钢板与型材铆接,取两者的平均厚度(1 分)。

(4)被连接件的总厚度,不应超过铆钉直径的 5 倍(2 分)。

69. 答:(1)应用面很广(1 分)。它能切割各种高熔点金属(1 分)及其他切割方法不能切割的金属,还能切割各种非导电材料(1 分)。

(2)切割速度快,生产效率高(1 分)。

(3)切口质量好(1 分)。

70. 答:金属材料只有满足下列条件才能进行气割:

(1)金属材料的燃点必须低于熔点(2 分)。

(2)燃烧生成的金属氧化物熔点应低于金属本身的熔点,同时流动性要好(1.5 分)。

(3)金属燃烧时,应能放出大量的热,而且金属本身的导热性要低(1.5 分)。

## 六、综 合 题

1. 解:直段长 $L_1 = 310+280+300 = 890$ mm(3 分)

圆弧段长 $L_2=\pi/2\times(120-10)=\pi/2\times110\approx172.7$ mm(3 分)

总长 $L=L_1+L_2=890+172.7=1\,062.7$ mm(2 分)

答:圆钢的展开总长为 1 062.7 mm(2 分)。

2. 答:通常,薄钢板的波浪变形都是在凸弯处进行点状加热,同时浇水以加速冷却(2 分)。加热点的直径可根据板厚而定,厚板要大些,薄板可小些,一般不小于 15 mm(1 分)。根据结构特点和变形情况,可加热一点和多点(1 分)。此外,孔板火焰矫正法应用也很普遍(1 分)。该方法是先将薄板用孔板压紧在平台上,然后用气体火焰从孔眼处对钢板进行加热,同时浇水速冷(1 分)。变形严重时,按次序逐点加热(1 分);变形不严重时,可以隔 1~2 孔加热一点,加热点的分布尽可能匀称(1 分)。对于组装在车体上的侧墙板,由于无法将其压在平台上,因此采用一块 30 mm 厚的平板放在侧墙里面(1 分),外面的孔板和里面的平板一起用夹具夹紧,然后进行加热矫正(1 分)。

3. 答:展开图见图 1。

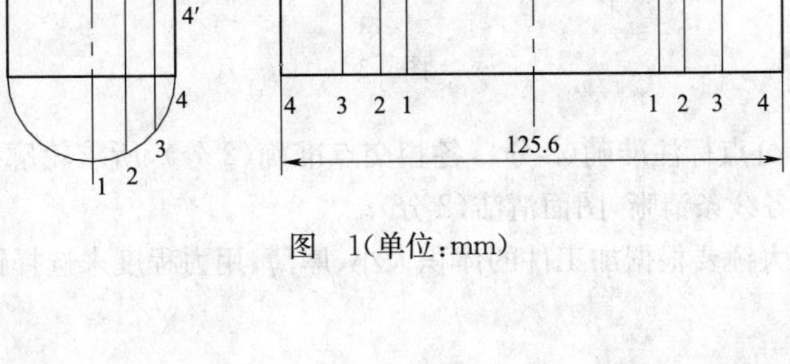


图 1(单位:mm)

评分标准：各等分点标注清晰准确(2分)，各相交点准确清晰(2分)，标注出$\phi 40$(1分)，标注出125.6(2分)，所求轮廓线准确清晰(2分)，作图过程线准确清晰(1分)。

4. 答：如图2所示：

(1)将水平投影$ab$绕$b$点旋转至与主投影面平行($b_1$点)(2分)。

(2)过$b_1$点向上引垂线交于$a_1'$(2分)。

(3)连接$a_1'b'$，则$a_1'b'=AB$(实长)(2分)。(线条清楚准确得4分)

或，同理，$ab_2=AB$(实长)。(评分标准同上)

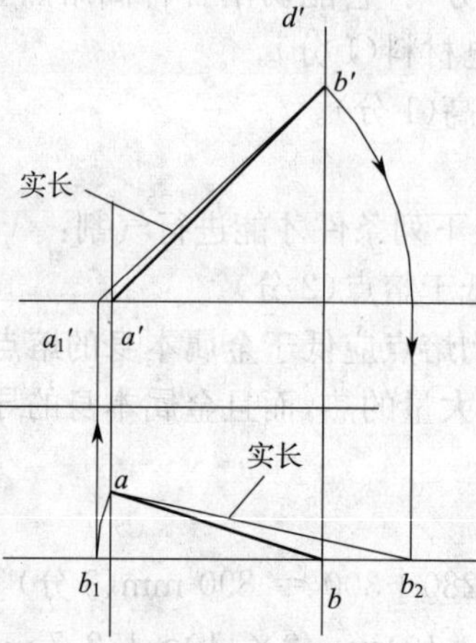


图 2

5. 答：展开图见图3。

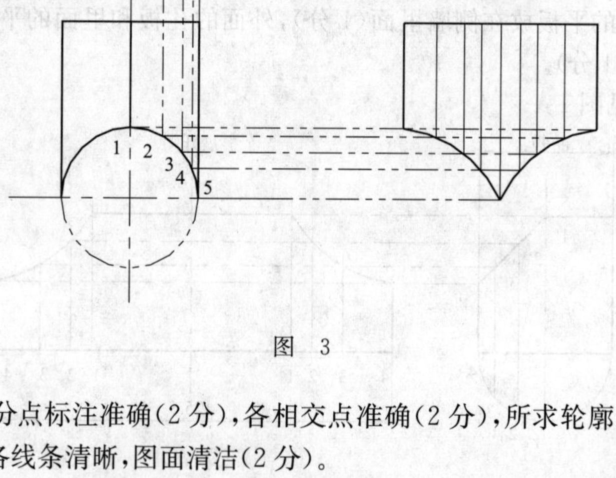


图 3

评分标准：各等分点标注准确(2分)，各相交点准确(2分)，所求轮廓线准确(2分)，作图过程线准确(2分)，各线条清晰，图面清洁(2分)。

6. 答：(1)使用大锤要根据加工件的体积大小、厚薄、用力程度来选择锤的大小(1.5分)。

(2)操作前应检查裂纹或翻边(1.5分)。

(3)检查锤柄有无裂纹或锤楔固定情况(1.5分)。

(4)打大锤应观察周围是否有障碍物或行人(1.5分)。

(5)打大锤应禁止戴手表,以防脱手伤人,打锤人应是一定角度错开,不能站在同一直线上(1.5分)。

(6)两人以上打锤时,应按先后有节奏进行,不能抱打,以防发生顶锤(1.5分)。

(7)打锤要平打在工件上,防止留下锤痕(1分)。

7. 答:它的实质和特点就是利用高温高速等离子流(2分),将切口金属及其氧化物熔化(2分),并将其吹走而完成(2分)。这和氧气气割有本质上的不同,所以任何高熔点的氧化物都被熔化并吹走(2分),因此能切割任何金属。目前主要切割不锈钢、铝镍、铜及其合金等金属和非金属,还部分代替氧—乙炔焰来切割碳钢(2分)。

8. 答:矫正的原理就是利用金属的塑性(2分),通过外力或局部加热的作用(2分),迫使钣焊结构件上钢材变形的紧缩区域内较短的纤维伸长,或使疏松区域内较长的纤维缩短(2分),最后使钢材各层纤维的长度接近相等而平直(2分)。其实质就是通过对钢材变形的反变形来达到矫正钣焊结构件的目的(2分)。

9. 解:球罐罐体钢板的体积为(1分):

$\frac{4}{3}\times 3.1416\times 3^3-\frac{4}{3}\times 3.1416\times 2.98^3\approx 2.2469\ \mathrm{m}^3\approx 2246.9\ \mathrm{dm}^3$(3分)

球罐罐体的质量为(1分):

$2246.9\ \mathrm{dm}^3\times 7.85\ \mathrm{kg/dm}^3\approx 17638.2\ \mathrm{kg}$(3分)

答:球罐罐体钢板的质量约为17 638.2 kg(2分)。

10. 答:防止车体钢结构的焊接变形,要根据不同变形情况采取相应的措施。

(1)防止尺寸误差(1分)。尺寸误差主要是焊缝纵向和横向收缩而造成的工件缩短。因此,一般都在焊前下料时放长或放宽尺寸(1分)。

(2)防止弯曲变形(1分)。在设计时,尽量选用对称的结构、截面和焊缝位置;尽可能地减少焊缝的数量、断面尺寸和长度;尽可能采用整体压型结构。在制造时,采用反变形法预制挠度;正确选择装配—焊接次序;利用焊接方向对变形的影响;利用装配—焊接夹具防止变形(3分)。

(3)防止波浪变形(1分)。在钢板上压筋;采用型钢、压型件加强薄板周边;选择正确的焊接方法及合理的施焊顺序;采用刚性固定法(3分)。

11. 解:(1分)

$L_{外}=\pi D_{外}=6384\ \mathrm{mm}$(2分)

$D_{外}=L_{外}/\pi=6384/3.14\approx 2032.1(\mathrm{mm})$(2分)

下料长 $L=\pi(D_{外}-t)$(2分)

$=3.1416\times(2032.1-16)$

$=3.1416\times 2016.1$

$=6333.8(\mathrm{mm})$(2分)

答:圆筒的下料长度为6 333.8 mm(1分)。

12. 解:(1分)

无缝钢管弯头展开料长(2 分):

$L=A+B+(\pi R/180)\times\alpha$(3 分)

$=200+186+(3.1416\times450/180)\times180°$

$=386+1413.72$

$=1799.72\approx1800$(mm)(2 分)

答:展开料长为 1 800 mm(2 分)。

13. 答:消除及矫正车体钢结构的焊接变形,通常采用机械矫正法和火焰矫正法(2 分)。机械矫正是用机械外力产生新的变形来消除结构的变形,一般使用大锤、千斤顶和油压机等设备进行矫正(2 分)。火焰矫正一般采用氧—乙炔火焰作热源(1 分)。通常,薄板的波浪变形都是在凸弯处进行点状加热,同时浇水以加速冷却(1 分)。加热点的直径可根据板厚而定,厚板要大些,薄板可小些,一般不小于 15 mm(1 分)。根据结构特点和变形情况,可加热一点和多点(1 分)。梁、柱的焊接变形,一般有上挠、旁弯和角变形三种,可用压力机或调梁机矫正,也可用火焰矫正(2 分)。

14. 答:在接头形式确定以后,焊接坡口的选择原则是(2 分):

(1)保证焊件的焊接质量(2 分)。

(2)坡口的形状容易加工(2 分)。

(3)尽可能的减少金属填充量(2 分)。

(4)构件的焊后变形尽可能的小(2 分)。

15. 答:三视图见图 4。

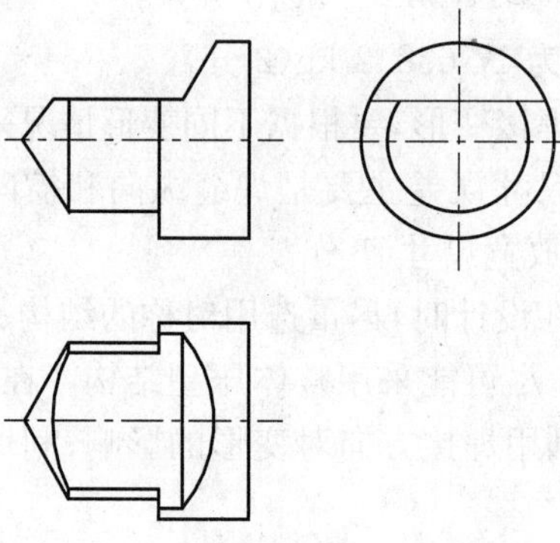

图 4

评分标准:各线条线型准确(3 分),各相交点准确(3 分),所求轮廓线准确(3 分),各线条清晰,图面清洁(1 分)。

16. 答:(1)一组图形:用必要的视图、剖视、剖面及其他规定画法,正确、完整、清晰地表达零件各部分结构的内外形状(3 分)。

(2)一套完整、正确、清晰、合理的尺寸,以满足零件制造和检验时的全部需要(2 分)。

(3)必要的技术要求,通过符号标注或文字说明,表达制造、检验和装配过程中应达到的一些技术要求,如尺寸公差、形状位置公差、表面粗糙度、热处理和表面处理等(3 分)。

(4)标题栏应写明零件的名称、图号、材料、数量、比例等各项内容(2 分)。

17. 答:铁道车辆车体钢结构所用材料,一般应符合下述技术要求:在满足力学性能的前提下,尽量减轻自重(2 分);具有良好的耐大气腐蚀性能(2 分);具有抗振特性,材质疲劳裂纹的传播速度要小(2 分);对应力集中的敏感性要小(2 分);有较好的冲压和焊接工艺性,便于制造和修理(2 分)。

18. 答:手工弯管的工艺过程及操作要点如下(2 分):

(1)灌砂:砂子要清洁、干燥、粗细适度,不宜过紧过松,用塞子堵牢(2 分)。

(2)划线:标出弯曲部分的中线位置和加热长度(2 分)。

(3)加热:(冷弯除外)注意加热部位,加热要均匀,保温热透,一次弯成(2 分)。

(4)弯曲:用适当的工具,在指定位置,按要求弯曲成形(2 分)。

19. 答:对某些复杂的构件,如箱形立体构架等,可以一次装成,也可以多次装成,其选取的原则是(2 分):

(1)某些构件的焊缝可能被零件覆盖,如一次装成,内部焊缝就无法施焊,这样的构件应多次装成(2 分)。

(2)有构件尺寸和余量超过了制造车间的加工和起吊设备能力范围,如一次装成,一定造成以后的工序无法进行或组装困难(2 分)。

(3)对刚性大、结构复杂、受力较大的部件,为防止焊缝裂纹和便于检查,可分别先组装并焊成若干部分,将诸分部件热处理后,再装焊一起(2 分)。

(4)一般构件应尽量一次装成,其优点是可以减少焊接变形,容易校正。减少现场施工周转,缩短生产周期,提高生产效率(2 分)。

20. 答:原理是将矫正的部位经火焰加热,使受热区产生膨胀(1 分),但是加热区以外的金属相对温度低(1 分),阻止金属向外膨胀(1 分),只能是加热区周围的金属变厚(1 分)。这是因为加热区产生压应力(1 分),这个压应力足够超过热态金属屈服强度,经变厚的金属来释放掉压力(1 分)。停止加热后,随温度降低(1 分),受热区金属开始产生收缩力(1 分)。这个力也要受周围冷金属的牵制,使受热区产生拉应力(1 分),这个应力超过正在冷却的热态金属的屈服强度,使不平处拉直,达到矫正的目的(1 分)。

21. 答:(1)在设计模具时预先留出回弹量,使制件回弹后等于所需的角度(2 分)。

(2)在弯曲终了时再进行矫正(2 分)。

(3)缩小凸模与凹模的间隙(2 分)。

(4)采用拉弯工艺(1.5 分)。

(5)采用加热弯曲(1.5 分)。

(6)改进制件的结构设计(1 分)。

22. 答:常见的滚板机有三种结构形式(1 分):

(1)对称式三轴滚板机(1 分),三轴辊呈品字形对称排列,下面两个轴辊为主动,下面两个轴辊为主动,上面一个轴辊从动。对称式三轴滚板机结构简单,操作简便,但工件两端无法滚曲,留有直边(2 分)。

(2)不对称式三轴滚板机(1 分),两个主动轴辊上下垂直排列,从动轴辊安置在一侧不对称式三轴滚板机的结构相对复杂一些,可以消除一端的直边。在消除另一端的直边时,需要将工件掉头(2 分)。

(3)四轴滚板机(1 分),两个主动轴辊上下垂直排列,两侧各有一个从动轴辊。四轴滚板机的结构比较复杂,操作起来也比较麻烦。滚板时不用掉头便可消除两端的质变(2 分)。

23. 答:錾子的热处理方法包括淬火和回火两个过程(2 分)。

(1)淬火。将錾子刃口部分约 20 mm 长度加热到一定温度(45 钢的錾子约至 830 ℃,T8 钢的錾子约至 780 ℃,呈樱红色)(1 分),然后迅速将錾子垂直浸入水中冷却(1 分),刃口的浸水深度约为 5～6 mm(0.5 分),并在水中微微移动(0.5 分)。

(2)回火。当錾子露出水面的部分变成黑色时,应将錾子从水中捞出(1 分),利用錾子上部的余热逐渐传到刃口部分,使其温度升高(0.5 分),从而提高錾子刃口处的切削性能(0.5 分)。

回火温度的高低一般根据刃口氧化颜色的变化来判别(1 分)。回火温度越低,錾子刃口的硬度越高(1 分);反之则低。当錾子刃口温度达到回火温度时,要迅速将整个錾子浸入水中冷却(1 分)。

24. 答:影响最小弯曲半径的因素有:

(1)材料的力学性能:塑性好的材料允许有较小的弯曲半径(2 分)。

(2)材料厚度:材料厚度增大,最小弯曲半径值应增大(2 分)。

(3)弯曲角的大小:当弯曲角 $\alpha>90°$ 时,对最小弯曲半径影响不大;而当 $\alpha<90°$ 时,最小弯曲半径也应随之增大(2 分)。

(4)弯曲线方向:弯曲线垂直于钢材轧制方向,则允许有最小弯曲半径;若平行于轧制方向,则最小弯曲半径值应增大(2 分)。

(5)材料表面与侧面的质量:质量粗劣、粗糙度高、有毛刺等,最小弯曲半径值应加大(2 分)。

25. 答:在制造工艺方面防止薄板波浪变形的方法有:

(1)正确选择焊接方法(2 分)。如 $CO_2$ 焊代替手弧焊,可以减少薄板结构的变形(1 分)。

(2)合理的施焊顺序(2 分)。一般在拼接大面积平板时,合理的焊接顺序为:先焊短的横向焊缝,后焊长的纵向焊缝(1 分)。

(3)刚性固定法(2 分)。将焊件暂时夹固在平台上焊接是简单易行的方法,但对于厚度为 2～3 mm 的薄板,仅仅在薄板边缘夹固是不够的,应在焊缝两侧压紧固定,固定的位置应该尽量接近焊缝。同时,在薄板的边缘点固定,这样才会取得好的效果(2 分)。

26. 答:还应注意以下两个问题:

(1)模具结构应能保证毛坯弯曲时不产生偏移和窜动,为此应尽量利用工件上的孔用销钉定位,或用定位尖、顶杆及压料板等定位。对非对称零件,设计双弯模,弯后再切开(5 分)。

(2)模具结构不应妨碍和阻止毛坯在合模过程中产生的转动和位移,以至影响零件的形状和尺寸,同时模具结构也应保证合模过程中只在零件确定的弯曲线位置上进行弯曲(5 分)。

27. 答:铆接质量的检查方法一般用目测、小锤敲打、样板、塞尺和粉线等(4 分)。

(1)用目测法主要检查铆钉表面缺陷,如铆钉镦头过大或过小、裂纹、歪头和表面刻伤等(2 分)。

(2)用小锤轻轻敲打铆钉头,凭声音或手感确定铆钉铆接的紧密程度是否合格(2 分)。

(3)用样板、塞尺、粉线作外观尺寸检查(2 分)。

28. 答:使用样板调整上、下轴之间的距离,决定滚圆曲率的大小是有一定困难的。调整不当,滚出的圆度往往不符合要求,曲率会或大或小(2 分)。为了掌握曲率的大小,在滚圆一开始就要用样板检查,随之调整上、下轴之间的距离直到圆弧曲率合适为止(2 分)。这时,如果机身有刻度标尺的可以记下数据(2 分),反之可以在机身上用粉笔作一标记(2 分),以便滚下个圆筒时作为参考,这样就能准确迅速地调整上、下轴之间的距离(2 分)。

29. 答:龙门剪板机上、下刀片之间的间隙是很重要的参数(2 分),在实际生产中,由于间隙不变而剪不同厚度的钢板刀片会很快损坏(2 分)。间隙小时,剪厚板会使剪床负荷增加容易使刀片刃部局部碎裂(2 分);间隙大时,剪薄板常容易把钢板压入上下刀片的间隙中而剪不下来(2 分)。因此必须因被剪切的板料厚度不同而调整上、下刀片的间隙(2 分)。

30. 答:焊条可以按用途进行分类(2 分),如:碳钢焊条、低合金焊条、不锈钢焊条、铸铁焊条、镍及镍合金焊条、铝及铝合金焊条及特殊用途焊条等(2 分)。还可按药皮成分的类型分类(2 分),如:氧化钛型、氧化钛钙型、低氢型等(1 分)。也可根据焊条药皮熔化后形成熔渣的化学性质分类(2 分),如:可酸性焊条和碱性焊条(1 分)。

31. 答:这种现象可能是由于设备本身引起的(2 分),也可能是操作不当引起的(2 分)。例如:滚板机轴辊受力过大产生变形,圆筒之间出现鼓肚现象(1 分)。又如:在操作过程中,一端压得过紧,工件也会出现喇叭状,从而形成鼓肚(1 分)。解决的方法是在圆筒初步滚好后,在鼓肚位置放一块垫板一起滚压(2 分)。垫板的厚度视情况而定,一般为 2~6 mm(2 分)。

32. 答:(1)以零件质量为准,确定凹、凸模的合理间隙(2 分)。

(2)合理间隙主要与材料和板厚有关(2 分)。

(3)常用板材的合理间隙可查资料得到,也可用经验公式计算得到(2 分)。

(4)合理间隙有一个适当的范围,考虑到工作磨损、新模具制造,应采用最小的合理间隙(2 分)。

(5)对精度不高的零件,可采用大一些的间隙(2 分)。

33. 答:滑块在下止点位置时,滑块下平面与工作台平面的距离称为压力机的闭合高度(2 分)。

连杆调节到最短时,闭合高度达最大值(2 分);连杆调节到最长时,闭合高度达最小值(2 分)。为使模具正确安装在压力机上并能使冲裁正常进行,压力机最大闭合高度必须略大于冲模的闭合高度(2 分),最小闭合高度必小于冲模的闭合高度(2 分)。

34. 答:焊接铝、铝合金等薄板时,要使用气焊熔剂(2 分),其作用是除去气焊时在熔池中形成的氧化物等杂质(2 分),并以熔渣覆盖在熔池的表面,将熔池内金属与空气隔绝,防止熔池内金属的氧化,并增加熔池内金属的流动性(2 分)。但是,气焊熔剂中氯化盐和氟化盐对铝有很强的腐蚀作用(2 分),所以焊后必须清洗(2 分)。

35. 答:常见的电弧焊机有两大类:直流弧焊机和交流弧焊机(2 分)。直流弧焊机又有弧焊发电机和弧焊整流器两种形式(2 分)。

(1)直流弧焊机是通过将交流电转变为直流电,或经过变压、整流后获得直流焊接电源的电弧焊机(1 分)。直流电源引弧容易、电弧稳定、焊接质量好,特别适用于碱性焊条。自动焊通常都采用直流电源(2 分)。

(2)交流弧焊机也称弧焊变压器,直接将动力电通过变压获得交流焊接电源(1 分)。交流弧焊机结构简单,使用灵活,大多用作手工电弧焊电源(2 分)。

# 机车车辆铆工(高级工)习题

## 一、填 空 题

1. 一个完整的装配焊接夹具，一般由定位元件、(　　)和夹具体三部分组成。

2. 剪床上铭牌所标示的最大剪切厚度，通常是以(　　)钢的强度极限为依据计算的。

3. 产生铆钉头不成半圆形的原因可能为：开始铆接时钉杆弯曲或(　　)。

4.《劳动法》中所称的(　　)是劳动力所有者(劳动者)与劳动力使用者(用人单位)之间在实现劳动过程中发生的社会关系。

5.《劳动合同法》要求，用人单位与劳动者应当自用工之日起(　　)内订立书面劳动合同。

6.《劳动合同法》规定，劳动者拒绝用人单位管理人员违章指挥、强令冒险作业的，不视为违反(　　)。

7. 环境是指影响人类(　　)的各种天然的和经过人工改造的自然因素的总体。

8. 噪声的控制一般从声源、(　　)、接受者三方面考虑。

9. 企业的质量方针是企业的(　　)正式发布的企业的质量宗旨和质量方向。

10. 各项质量记录不属于岗位(　　)的内容。

11. 氧气瓶距离乙炔瓶、乙炔发生器、明火或热源应大于(　　)m，气瓶应直立使用，并有防止倾倒措施。

12. 安全用电的原则是不接触低压带电体，不靠近(　　)带电体。

13. 导线通过电流时不允许过热，所以导线的(　　)电流应比实际输电的电流要大些。

14. 电伤是指人体(　　)受伤。

15. 电对人体的伤害有(　　)两种。

16. 铁道车辆型号是用于标明车辆种类和(　　)的代号。

17. 铸铁是含碳量(　　)并含有较多 Si(硅)、Mn(锰)、S(硫)、P(磷)杂质的铁碳合金。

18. 黄铜是(　　)的合金。

19. 青铜是(　　)的合金。

20. 淬火的目的是提高钢的(　　)。

21. 车钩中心线高是指空车时，车钩中心线至(　　)的垂直距离。

22. 钢结构按设计的要求分有按强度计算设计的、按刚度要求设计的和按(　　)设计的。

23. 冲裁的变形过程分弹性阶段、塑性阶段和(　　)阶段。

24. 钢结构工业厂房施工图中，标高符号应以(　　)表示。

25. 球罐的制造主要包括球瓣制造、(　　)、球罐装配与焊接四个方面。

26. 工装系数是(　　)所占有的工装数量。

27. 研究平面与立体表面相交的主要目的是求(　　)。

28. 等径蛇形弯管构件与一般圆径管构件的区别在于,所有相交的等径圆管的(　　)不能都在同一平面上。

29. 对不可展曲面,我们虽然不能百分之百地展开,但是我们可以把它(　　)展开。

30. 圆锥螺旋线的母线回转一周,其动点沿圆锥轴线方向移动的距离称为(　　)。

31. 球体顶部展开为圆板,其直径是以(　　)为半径的圆。

32. 在一个导程内,圆柱螺旋线的长度等于(　　)。

33. 冲压件的质量包括形状、尺寸、精度、(　　)和外观等。

34. 模具在设计时充分考虑在强度、刚性和(　　)等方面应具有足够的耐用度。

35. 模具零件需要热处理时,应避免热处理引起裂纹和(　　)。

36. 模具零件的制造精度和表面粗糙度,直接影响冲压件的质量和模具的(　　)。

37. 设计模具时,必须使模具的压力中心与压力机(　　)重合。

38. 铆钉杆受剪切力的同时,还伴随着(　　)等变形。

39. 当铆钉接件的强度大于铆钉的强度时,在外力作用下,铆钉被拉长,则会出现铆钉(　　),或出现掉钉头和中间被剪断等现象。

40. 用小锤击打铆钉,发出的声音有重音,说明铆钉出现(　　)现象。

41. 钢结构受力的设计是根据(　　)的原则,然而设计上的钢结构受力应大于实际受力,这主要考虑安全系数。

42. 在钢结构件的修理过程中,由于换铆钉比换钢材连接容易,同时成本也低,所以钢材连接的强度应(　　)铆钉的受力强度。

43. 铆钉的强度一般是与铆钉的直径和数量成(　　)。

44. 通常铆钉铆在连接件上,不是直接受剪切力,而是通过铆紧的连接件产生一种摩擦力来抵抗作用力,直到受力超过了(　　)力,才开始使铆钉上受力。

45. 当连接件承受载荷时,作用力主要是依靠钢板之间的(　　)来传递的。

46. 当外力逐渐增大到克服了连接件之间的摩擦阻力后,构件之间发生(　　),使钉杆压紧孔壁而承受剪力作用。

47. 手工冷铆时,铆钉直径常在(　　)mm 以下。

48. 热铆时温度过高韧性降低,因而不能很好地填满钉孔。热铆时不允许在(　　)温度下继续进行打铆,以防脆裂。

49. 热铆冷缩后,铆钉长度方向受钢板的阻力,使钉杆产生很大的内拉应力,使连接件十分紧密,使其接触面产生很大的(　　)阻力,因而提高了连接性能。

50. 钢板厚度在 6～30 mm 时,可采用 V 形坡口;钢板厚度在 12～60 mm 时,可采用(　　)形坡口。

51. 钢板厚度不同的对接,应按(　　)的坡度,使焊缝逐渐削薄。

52. 斜焊缝疲劳度较直焊缝高,所以缺陷对斜焊缝壁影响要(　　)。

53. 搭接接头的角焊缝,在连接处断面变化急剧,应力集中现象(　　),因此,疲劳强度比较低。

54. 埋弧自动焊的(　　)大,焊波又能减薄,强度还能提高,因此,T 字焊接手工焊不如埋弧自动焊优越。

55. 根据容器工作压力的高低,可分为低压、中压、高压、(　　)四种压力容器。

56. 封头的材料如拼接时，拼缝离封头中心的距离不应超过(　　)。

57. 直径较大且长度较短的容器装配时，为防止筒体自重产生椭圆变形，多数采用(　　)的方法。

58. 直径较小且长度较长的容器筒体，装配时多数采用(　　)的方法。

59. 球瓣展开放样的方法很多，常用的是展开图法或(　　)法。

60. 把钢结构局部腐蚀或严重变形的部位挖去，并焊或铆上一块新钢材的修理方法叫(　　)。

61. 将机车或车辆分解成零部件的过程叫(　　)。

62. 确检是指按照机车或车辆检修规程限度及技术要求，确定(　　)和检修方法。

63. 机车或车辆落车及所有组装项目完成后所进行的专门检查叫(　　)。

64. 在零部件结构有缺陷部位，焊上或铆上适当的钢材以增强零部件的强度和刚度的方法叫(　　)。

65. 储风缸水压试验是指对储风缸缸体充以压力水，检查其结构的(　　)性能和强度、刚度的试验。

66. 非铸造容器水压试验的压力应是其设计压力的(　　)倍。

67. 技术履历簿是记录车辆自制造落成起至报废止，整个过程中的技术状态和(　　)情况的记录簿。

68. 数控气割可省去(　　)等工序而直接切割。

69. 数控就是指用于控制机床或设备的操作指令，以(　　)来控制运转和操作的一种方式。

70. 数控气割机的组成与工作过程，是由数控装置和(　　)机构两大部分组成的。

71. 等离子弧实际上就是一种(　　)的电弧。

72. 等离子切割，目前主要用于切割(　　)和铝、镍、铜及其合金等金属和非金属。

73. 等离子切割的气体，用的最广的是(　　)气。

74. 常用于碳钢、低合金钢、高强度钢、不锈钢及耐热钢焊接的是(　　)气体保护焊。

75. 气体保护电弧焊，是利用气体作为(　　)的一种电弧熔焊方法。

76. 在展开图上，所有线都是构件表面上对应部分的(　　)。

77. 当直线平行于某一投影面而倾斜于另两投影面时，则该线在所(　　)的投影面上的投影反映实长。

78. 一般位置直线的投影小于实长；曲线的实长多用展示法；相贯线在空间总是(　　)。

79. 直线的投影一般仍为(　　)，特殊情况时积聚为一点。

80. 三角形展开法，对曲面是一种(　　)展开法。

81. 斜刃剪切所需的剪切力比平刃剪切所需的剪切力(　　)。

82. 剪切角越大，剪切刃和钢板接触的部位越少，所需的剪切力(　　)。

83. 板材越厚，材料的抗剪强度越高，剪刃间隙就应(　　)一些。

84. 剪刃后角的作用是减少刀刃和板料之间的(　　)。

85. 在常温下进行的冲压称为冷冲压；将材料加热后进行的冲压称为(　　)。

86. 焊接过程，对金属结构件来说是一种(　　)和冷却过程，是造成构件产生内应力而引起变形的主要原因。

87. 多根梁柱组成的构件矫正时，要充分考虑(　　)之间的连带关系。

88. 正确地(　　)矫正位置，是保质保量完成矫正工作的前提。

89. 在常温下对钢结构进行矫正时要防止钢材的冷作硬化；在加热矫正钢结构件时，要掌握好(　　)。

90. 分析构件变形原因时，要分清是由外力引起的变形，还是由(　　)引起的变形。

91. 矫正钢结构中的薄板变形，因有框架而无法使用矫正机时，大多是采用(　　)矫正变形的方法。

92. 局部加热矫平薄钢板变形时，有时辅以(　　)，目的是加速凸起部位的收缩。

93. 点状加热的加热点与板材的(　　)有关，加热点之间的距离要均匀一致。

94. 工字梁的变形有拱变形、角变形、(　　)三种。

95. 箱形梁的变形有拱变形和(　　)两种。

96. 在弯曲过程中，依靠调整上、下辊轴的(　　)，可以将坯料弯曲成小于上辊曲率的任意曲率。

97. 在常温下，滚弯成形的允许弯曲半径 $R$，通常取 $R \geqslant 20t$；当 $R < 20t$ 时，则应采取(　　)滚弯。

98. 加热弯曲时，应将板料加热到(　　)℃，同时加热要均匀，操作要迅速，终了温度不应低于 700℃。

99. 三轴卷板机按结构形式可分为(　　)两种。

100. 有的大型滚圆机在轴辊上可以加工出纵向的沟槽，它可便于工件的(　　)等。

101. 对称式三轴滚圆机，其三个轴辊的轴心成(　　)，一般两个下辊轴为主动轴，因此，它的位置是固定的。上辊轴是从动轴，能在垂直方向上下调整。

102. 管材弯曲时，由于截面为圆环形及刚度不足，因此在自由状态下弯曲时很容易发生(　　)变形。

103. 当弯管的弯曲半径大于管坯直径的(　　)倍时，一般都采用无芯弯管。

104. 当弯曲有缝管坯时，管缝尽量位于(　　)位置上。

105. 管材弯曲是靠中性层内侧的材料受压应力作用，使管壁增厚；管材弯曲时，靠中性层外的材料受(　　)力，使管壁减薄。

106. 板料在滚圆筒时，调整辊轴的距离一定保持辊轴的中心互相(　　)，否则使圆筒工件产生锥度。

107. 常采用径向推撑器来调整薄壁圆筒出现的椭圆度；常采用(　　)装配圆筒的纵缝，以提高装配效率。

108. 细长的圆筒对接时，用(　　)进行装配，可保证整个筒体不发生弯曲。

109. 立装对接的圆筒环对接时，利用(　　)来夹紧和对齐环缝，可取得较好的效果，同时还能获得所需要的间隙。

110. 立装搭接的圆筒环缝时，用(　　)定位，最后用圆锥形楔条夹紧。

111. 铆钉枪主要由手把、枪体、板机、(　　)四部分组成。

112. 冷铆前，为消除硬化提高材料的塑性，铆钉必须进行(　　)。

113. 抽芯铆钉是由(　　)组成。

114. 桥式起重机的主梁拱度一般为(　　)。

115. 桥式起重机由桥架、运动机构、(　　)三部分组成。

116. 根据用途和需要，钢屋架的种类、形状是多种多样的，一般有三角形、梯形、网形、(　　)四种屋架。

117. 双桥梁式起重机箱形梁腹板下料时，需放(　　)的余量，在离中心 2 m 处不能有接头。

118. 三角形屋架，一般高度是跨度的 1/4～1/5；梯形屋架一般高度为跨度的(　　)。

119. 钢屋架多数采用(　　)法进行装配。

120. 焊接强度的计算，就是计算焊接接头的强度和(　　)的大小。

121. 原材料的质量复核项目包括化学成分分析、力学性能和(　　)等。

122. 检查样板分内样板、外样板和(　　)三种。

123. 冷作构件常见缺陷有尺寸误差、形状误差和(　　)。

124. 材料性能检查的手段有化学成分分析、光谱分析、强度性能试验、(　　)和晶间腐蚀倾向试验。

125. 压力试验有水压试验和(　　)两种。

126. 水压试验既可检验产品的耐压强度又可检验产品的(　　)。

127. 致密性试验的方法有气密性试验、煤油渗透试验、(　　)等。

128. 压力试验的水压试验、气压试验、气密性试验的压力分别为产品工作压力的 1.25～1.5 倍、1.15 倍、(　　)倍。

129. 常用无损探伤方法有射线探伤、超声波探伤和(　　)。

130. 无损探伤除了能检验材料的内在质量和表面质量外，更多地用来检验(　　)中的缺陷。

131. 作用线(或其延长线)不在一条直线上的两力相加，应满足(　　)法则。

132. 工程中常见的约束有柔体约束、光滑面约束、铰链约束和(　　)。

133. 构件在工程中的四种基本变形是拉压变形、剪切变形、扭转变形和(　　)。

134. 凸轮机构是由凸轮、从动杆和(　　)三个基本构件组成的高副机构。

135. 带传动的传动比估计式是(　　)。

136. 螺旋传动可以把主动件的旋转运动，转变为从动件的(　　)运动。

137. 螺纹连接主要有螺栓连接、双头螺栓连接、(　　)三种形式。

138. 销连接的主要作用有定位和(　　)。

139. 根据轴所受的载荷不同，可将轴分为心轴、转轴和(　　)三类。

140. 滚动轴承主要由内圈、外圈、保持架和(　　)四部分组成。

141. 弹簧的主要作用有缓冲及吸振、控制运动、储存能量和(　　)。

142. 提高生产效率的主要措施是：减少作业时间，缩短(　　)时间。

143. 数控气割机的控制装置，在割炬每移动一步后，都进行偏差判断、割炬进给、偏差计算和(　　)四项工作。

144. 等离子弧切割是用机械压缩、热压缩和(　　)的方法将电弧压缩为等离子弧。

145. 圆柱形容器的受力不均匀，根据受力分析，环向焊缝所受的应力要比纵向焊缝力(　　)。

146. 千斤顶按其结构及工作原理不同有齿条式、螺旋式、(　　)和液压分离式等多种。

147. 焊接应力按其形成原因可分为热应力、组织应力、冷压缩应力、拘束应力、(　　)。

148. 在容器制造中常用非破坏性检验方法有几何尺寸检查、超声波检查、(　　)、煤油渗漏试验、渗透探伤、氨渗漏试验、磁粉探伤等。

149. 煤油渗漏原理是利用煤油的黏度小,表面张力小,渗透性(　　),具有透过极小缺陷的贯穿性能力。

150. 对于储存和输送有毒介质与易燃、(　　)介质以及设计要求不允许介质有微量泄漏的容器和管线,常要进行气密性试验。

151. 在钢结构中,由于连接方式不同,可分为铆接结构、焊接结构、(　　)结构和螺栓联接结构。

152. 铆接构件受力时,铆钉要受到三种作用力,它们是剪切力、受铆钉与铆钉孔的挤压力、(　　)。

153. 将薄板的边缘相互折扣合压紧的连接方法叫咬缝,咬缝的结构区分有挂扣、单扣、(　　)。

154. 模具的结构形式和精度是根据冲压件的数量、精度、(　　)要求来确定的,模具的寿命要求则是根据数量、批量的大小确定的。

155. 对焊接结构的装配,常用的方法有画线装配法、仿形装配法、(　　)、平放装配法、立装法、倒装法等。

156. 金属结构的装配工作,无论是采用什么方法,进行何种零件的装配,其装配过程都有三个要求即支承、定位、(　　)。

157. 当板厚大于(　　)mm 时,画展开图必须考虑板厚的影响。

158. 手工弯管一般采用装砂加热进行弯曲,其主要工序有装砂、划线、(　　)和弯曲。

159. 角钢变形的矫正正确的顺序是先矫正扭曲,后矫正弯曲,最后矫正(　　)。

160. 对模具的材料要求有韧性、强度和耐磨性,以及红硬性和(　　)性能等。

161. 金属材料的塑性指标常用延伸率和(　　)来表示。

162. 钢材的工艺性能是指钢材是否易于加工成型的性能,一般包括铸造性、锻压性、可焊性、(　　)和切削加工性能。

163. 钢铁材质的简易鉴别方法有火花鉴别法、(　　)鉴别法。

164. 氧—乙炔切割工艺方法不适用于铸铁、高铬钢和铬镍不锈钢的切割,因为它们的燃点高于熔点,熔融氧化物的流动性(　　)。

165. 设计部门通过装配图来表达装配体的工作原理、构造、性能和作用;同时,又根据装配图来画出(　　)工作图,以便指导加工制造。

166. 表示公差带大小和(　　)的符号叫公差带代号。

167. 常见的退火方法有:完全退火、球化退火、扩散退火、去应力退火和(　　)退火。

168. 在搭接连接中,搭接长度不得小于焊件较薄厚度的(　　)倍。

169. 降低冲裁力的方法有:斜刃口冲裁、阶梯式凸模冲裁、(　　)。

170. 按照检验方式的不同,成型样板分为卡形样板和(　　)样板两类。

171. 成形件的曲率或角度主要利用(　　)样板来检测。

172. 滚弯件常见的质量问题包括外形缺陷、表面压伤、(　　)。

173. 机车车辆的方位规定以装(　　)或制动缸活塞杆伸出方向的一端为一位端,与一位端相反的另一端为二位端。

174. 中碳钢含碳量在(　　)之间。

175. 观察者位于一位端，面向车辆站立时，观察者(　　)的一侧为一位侧，相反的另一侧为二位侧。

176. 低合金钢，合金元素总含量小于(　　)。

177. 中合金钢，合金元素总含量在(　　)范围内。

178. 底架是车体的基础，是重要的承载部件，一般由各种(　　)、横向梁、辅助梁和地板等组成。

179. 复杂桁架结构图常采用平面图、立面图和(　　)等方式进行表达。

180. 一张完整的工业厂房施工图是由图线、汉字、数字、(　　)等组成的。

181. 厂房施工图的实体元素一般反映厂房组成部分的(　　)，如墙体、门窗、房间等。

182. 定位轴线应用(　　)线绘制。

183. 定位轴线的编号应注写在轴线端部的圆内，圆的直径为(　　)mm。

184. 定位轴线的编号应注写在轴线端部的圆内，圆应用(　　)线绘制。

185. 施工图上定位轴线的编号一般应标注在图样的下方与(　　)侧。

186. 横向编号应用阿拉伯数字，按(　　)的顺序编写。

187. 竖向编号应用大写拉丁字母，按(　　)的顺序编写。

188. 根据装配图样拆绘结构件或零件图的方法有熟悉装配图样、确定拆绘对象、分析拆绘对象、(　　)。

189. 对于板厚在 20 mm 以下的直线型零件，大多采用(　　)的下料方法。

190. 标高数字应以(　　)为单位，注写到小数点以后第三位。

191. 用龙门剪床剪切尺寸相同而数量又较多的钢板时，可利用(　　)定位。

192. 材料剪断面具有明显的区域性特征，可以明显地分为(　　)、光亮带、剪裂带、毛刺四个部分。

193. 弯曲模的类型主要根据弯曲件的形状、(　　)要求来选择。

194. 数控切割机是自动化的高效(　　)切割设备。

195. 焊接过程中，熔化金属自坡口背面流出，形成(　　)的缺陷叫烧穿。

196. 胀接接头过胀的原因是胀管器直径与(　　)不匹配。

197. 校正弯曲时不需要考虑弯曲半径的回弹，只需考虑(　　)的回弹值。

## 二、单项选择题

1. 企业的质量方针不是(　　)。

(A)企业的最高管理者正式发布的　　(B)企业的质量宗旨

(C)企业的质量方向　　(D)市场需求走势

2.《环境保护法》的基本任务不包括(　　)。

(A)促进农业开发　　(B)保障人民健康

(C)维护生态平衡　　(D)合理利用自然资源

3. 工业企业对环境污染的防治不包括(　　)。

(A)防治大气污染　　(B)防治水体污染

(C)防治水土流失　　(D)防治噪声污染

4. 不属于岗位质量工作要求的内容是(　　)。

(A)对各个岗位质量工作的具体要求　　(B)各项质量记录

(C)操作程序　　(D)市场需求

5. 不属于岗位质量措施与责任的是(　　)。

(A)岗位的质量责任即岗位的质量要求

(B)岗位工作要求按工艺规程的规定进行

(C)明确不同班次之间相应的质量问题的责任

(D)明确岗位工作的质量标准

6.《劳动合同法》的立法宗旨是:完善劳动合同制度,明确劳动合同双方当事人的权利和义务,保护(　　)的合法权益,构建和发展和谐稳定的劳动关系。

(A)企业　　(B)用人单位

(C)劳动者　　(D)用人单位和劳动者

7. 用人单位自(　　)起即与劳动者建立劳动关系。

(A)用工之日　　(B)签订合同之日

(C)上级批准设立之日　　(D)劳动者领取工资之日

8. 已经建立劳动关系,未同时订立书面劳动合同的,应当自用工之日起(　　)内订立书面劳动合同。

(A)十五日　　(B)一个月　　(C)两个月　　(D)三个月

9. 变更劳动合同应当采用(　　)形式。

(A)口头　　(B)书面　　(C)书面或口头　　(D)书面和口头

10. 降低冲裁力的方法,不包括(　　)。

(A)斜刃口冲裁　　(B)阶梯式凸模冲裁　　(C)平刃口冲裁　　(D)加热冲裁

11. 冲裁变形过程一般不包括(　　)。

(A)弹性变形阶段　　(B)拉伸阶段　　(C)塑性变形阶段　　(D)断裂分离阶段

12. 下列可以用气割方法下料的材料是(　　)。

(A)不锈钢　　(B)铸铁　　(C)低碳钢　　(D)有色金属

13. 在冲裁过程中,冲裁力是随凸模进入板料的深度而变化的,下列说法正确的是(　　)。

(A)通常,冲裁力是指凸模冲穿板料过程中所需的压力的平均值

(B)通常,冲裁力是指冲裁过程中的材料分离阶段所需的压力

(C)通常,冲裁力是指凸模冲穿板料过程中所需的压力的最小值

(D)通常,冲裁力是指凸模冲穿板料过程中所需的压力的最大值

14. 平刃冲裁模的冲裁力计算时,一般系数 $K$ 的取值,下列说法正确的是(　　)。

(A)$K=1$　　(B)$K=1.3$　　(C)$K=1.5$　　(D)$K=0.8$

15. 滚弯件常见的质量问题不包括(　　)。

(A)外形缺陷　　(B)表面压伤　　(C)毛刺　　(D)卷裂

16. 铆钉头周围有过大帽缘不可能是由于(　　)产生的。

(A)钉杆过长　　(B)铆钉枪窝头太小　　(C)铆接时间过长　　(D)铆接时间过短

17. 对于工人接触较多的机床照明灯，应选择(　　)以下的安全电压电源供电。

(A)6 V　(B)36 V　(C)42 V　(D)220 V

18. 电流对人体的伤害主要取决于电流流过的途径，如果人体触电时是(　　)，则电流经过心脏、中枢神经系统和呼吸系统等，危害性最大。

(A)右手至右脚　(B)右手至左脚　(C)左手至右脚　(D)左手至左脚

19. 电流对人体的危害程度主要取决于流经人体电流的大小，当电流达(　　)时就有致命的危险。

(A)5～10 mA　(B)10～20 mA　(C)10～30 mA　(D)20～50 mA

20. 正旋面是母线一端作(　　)运动，并且母线始终保持垂直于轴线而形成的曲面。

(A)圆柱螺旋线　(B)圆柱　(C)螺旋线　(D)旋转

21. 斜螺旋面是母线的一端沿着圆柱螺旋线运动，并且母线始终保持与轴线(　　)成一定的角度而形成的曲面。

(A)正交　(B)斜交　(C)相交　(D)不相交

22. 按螺旋线形成规律，当母线形成一周时，点沿着轴线方向要移动一段距离，这段距离称为螺旋线的(　　)。

(A)导程　(B)行程　(C)高程　(D)升程

23. 一平面(例如三角形、正方形、梯形等)绕一圆柱作螺旋运动则得到(　　)。

(A)回转体　(B)螺旋体　(C)圆柱体　(D)旋转体

24. 钢结构工业厂房施工图中，标高符号应以(　　)表示。

(A)直角三角形　(B)正方形　(C)矩形　(D)等腰三角形

25. 截交线是立体表面与截平面的(　　)。

(A)共有线　(B)特有线　(C)分割线　(D)分界线

26. 如果两个或两个以上的形体在空间相交，则这几个形体叫相交形体，由相交形体组成的构件叫(　　)。

(A)相交构件　(B)组合件　(C)空间构件　(D)相关件

27. 两个形体相交后，在相交形体的表面，一定存在着两形体的一系列公共点，这些公共点就叫作相交形体的(　　)。

(A)共有点　(B)结合点　(C)分界点　(D)边界点

28. 处于棱锥的侧面上，且过锥顶点的直线也叫(　　)。

(A)辅助线　(B)实线　(C)素线　(D)延长线

29. 碳弧刨削时，电弧的长度为(　　)为宜。

(A)1～2 mm　(B)2～3 mm　(C)3～4 mm　(D)4～5 mm

30. 用以确定公差相对于零线位置的一个极限偏差叫(　　)。

(A)公差　(B)公差带　(C)基本偏差　(D)公称偏差

31. 仅画出断面的图是(　　)。

(A)剖视图　(B)剖面图　(C)视图　(D)向视图

32. 形位公差中，表示同轴度的符号是(　　)。

(A)○　(B)⌖　(C)◎　(D)⌭

33. 利用高频率音波在金属内部传播，发生反射和折射的原理来检查金属内部缺陷的检验方法是(　　)。这种方法灵敏度较高,使用灵活简便且对人体无害,但对工件表面要求较高,反应缺陷不直观。

(A)X 光探伤　(B)着色检查　(C)超声波探伤　(D)音频检测

34. 将被检部位充磁,通过观察撒在被检部位表面磁粉形成的磁痕来判断缺陷的大小和位置的检验方法是(　　)。这种方法操作简便,结果也比较可靠,但这限于铁磁材料使用。

(A)磁粉探伤　(B)着色检查　(C)超声波检查　(D)磁粉检测

35. 下列说法正确的是(　　)。

(A)计算平口剪床的剪切力时,折算系数 $K$ 通常取 $K=0.5\sim0.7$

(B)计算平口剪床的剪切力时,折算系数 $K$ 通常取 $K=0.8\sim1.0$

(C)计算平口剪床的剪切力时,折算系数 $K$ 通常取 $K=1.2\sim1.3$

(D)计算平口剪床的剪切力时,折算系数 $K$ 通常取 $K=1.5\sim1.6$

36. 应用较广,但只能检查受检部位的表面缺陷的为(　　)。

(A)超声波探伤　(B)射线探伤　(C)磁粉探伤　(D)着色检查

37. 属于致密性检查的一种方法的是(　　)。

(A)着色探伤　(B)磁粉探伤　(C)煤油渗漏试验　(D)超声波探伤

38. 为了减少剪切而将上下剪刃呈一定角度排列,这种剪切方式称为(　　)。

(A)斜刃间隙　(B)平刃剪切　(C)角度剪切　(D)斜度剪切

39. 为了防止上下剪刃碰撞和减少剪切力而使上下剪刃间留取的适当间隙叫(　　)。

(A)剪切间隙　(B)刃口间隙　(C)间隙　(D)预留间隙

40. 利用飞轮和摩擦盘接触,借助螺杆与螺母相对运动的原理而工作的一种压力机是(　　)。

(A)液压机　(B)机械压力机　(C)摩擦压力机　(D)旋转压力机

41. 利用压力机和相应的模具,对毛坯进行变形加工,制成所需的几何形状,一般称这种加工为(　　)。

(A)冲压成形　(B)冷冲压　(C)热压　(D)挤压成形

42. 在常温下进行的冲压加工称为(　　)。

(A)常温冲压　(B)冷冲压　(C)热压　(D)机械冲压

43. 由于某种原因,对毛坯料进行加热后再进行冲压加工,称为(　　)。

(A)常温冲压　(B)冷冲压　(C)热压　(D)特殊冲压

44. 金属材料受力后,应力超过材料的强度极限,使材料发生剪裂,并沿一定的轮廓分离的加工工序,叫(　　),如落料、切口、冲孔等。

(A)分离工序　(B)切割工序　(C)冲压工序　(D)剪切工序

45. 金属材料受力后,应力超过材料的强度极限,使材料在不受破坏的条件下产生塑性变形,制成所需要的几何形状的加工方法,叫(　　),如弯曲、拉伸、挤压成形等。

(A)冲压工序　(B)成型工序　(C)分离工序　(D)变形工序

46. 冲裁时,材料对模具的最大抵抗力称为(　　)。

(A)压力　(B)压强　(C)冲裁力　(D)反作用力

47. 材料在弯曲过程中,弯曲外层受拉伸,内层受挤压,其断面上既不受拉又不受压、应力为零的过渡层,称为材料的(　　)。

(A)中性层 (B)中心层 (C)不变层 (D)特性层

48. 弯曲过程中，当外力解除后，工件由于材料的弹性而产生的回复，使弯曲角和弯曲半径发生改变的现象叫(　　)。

(A)回弹 (B)弹性现象 (C)复原现象 (D)塑性现象

49. 在物体受到外力作用发生变形的同时，在其内部会出现一种抵抗变形的力，这种力就叫作(　　)。

(A)内力 (B)内应力 (C)应力 (D)反作用力

50. 物体受外力作用时，在单位截面积上出现的内力叫(　　)。

(A)内力 (B)内应力 (C)应力 (D)应变

51. 当没有外力作用时，物体内部所存在的应力叫作(　　)。

(A)内力 (B)内应力 (C)应力 (D)原存力

52. 焊缝和焊缝附近的金属，沿焊缝长度方向的收缩，称为(　　)。

(A)纵向收缩 (B)横向收缩 (C)收缩变形 (D)焊接变形

53. 焊缝和焊缝附近的金属，垂直于焊缝长度方向的收缩，称为(　　)。

(A)纵向收缩 (B)横向收缩 (C)收缩变形 (D)焊接变形

54. 构件的某一部分发生变形，称为(　　)。

(A)局部变形 (B)整体变形 (C)收缩变形 (D)突出变形

55. 整个结构的形状和尺寸发生变化，称为(　　)。

(A)局部变形 (B)整体变形 (C)收缩变形 (D)全体变形

56. 物体经加热→冷却后，尺寸发生缩短变化的变形称为(　　)。

(A)局部变形 (B)收缩变形 (C)弯曲变形 (D)冷缩变形

57. 物体长度没有改变，但其直线度超出公差的变形，称为(　　)。

(A)收缩变形 (B)角变形 (C)弯曲变形 (D)扭曲变形

58. 物体的直线度、平面度以及棱边的平行度、垂直度等都有不同程度超差的变形，称为(　　)。

(A)扭曲变形 (B)弯曲变形 (C)角变形 (D)整体变形

59. 零部件之间构成的角度发生改变而超出公差，称为(　　)。

(A)扭曲变形 (B)弯曲变形 (C)角变形 (D)整体变形

60. 对钢结构施加矫正手段的位置，称为(　　)。

(A)矫正部位 (B)变形区 (C)矫正点 (D)变形区

61. 将多种零件通过焊接、铆接或用螺栓连接等多种方式连成一体，这些零件互相联系，又互相制约形成一有机的整体，通常叫(　　)。

(A)钢结构件 (B)框架 (C)机体 (D)机械装置

62. 铆钉在常温状态下的铆接称为(　　)。

(A)冷铆 (B)热铆 (C)拉铆 (D)压力铆

63. 铆钉在加热后的铆接称为(　　)。

(A)冷铆 (B)热铆 (C)拉铆 (D)压力铆

64. 分析焊件焊后可能产生的变形方向和大小，在焊接前应使被焊件作大小相同、方向相反的变形，以抵消或补偿焊接后发生的变形，使之达到防止焊接后变形的目的，这种方法称为(  )。

(A)反变形法 (B)刚性固定法 (C)散热法 (D)预应力法

65. 利用装配夹具或临时支撑,将焊接件的相互位置固定,用以防止焊接后边形的方法,叫(  )。

(A)反变形法 (B)刚性固定法 (C)应力扩散法 (D)预应力法

66. 机械性能试验,化学分析,金属组织检验及晶间腐蚀试验等是(  )的主要方法。

(A)无损检验 (B)有损检验 (C)外观检验 (D)科学检验

67. 保证压力容器或其他重要铆焊结构制造质量的手段之一,也称破坏性检验的是(  )。

(A)无损检验 (B)有损检验 (C)外观检验 (D)切片分解检验

68. 在保证模具各个零件的使用性能和质量的前提下其结构形状、表面质量及制造材料等诸方面,可满足以最少的工序、最少的工时来完成模具制造工艺的性能的是(  )。

(A)模具的结构工艺性 (B)模具的工艺性

(C)工艺性 (D)模具性能

69. 模具在工作时,被冲压材料对冲压的诸反力的合力作用点及模具在工作时所受合力的作用点,称为(  )。

(A)模具的中心 (B)模具的压力中心 (C)中心压力 (D)合力中心

70. 模具制造完毕交付生产使用前,实行的使用和调整称为(  )。

(A)试生产 (B)试模 (C)试机 (D)最后调试

71. 凡属用来对零部件施加外力,使其获得正确定位,或定位后夹紧固定不致位移的工艺装备,统称为(  )。

(A)夹具 (B)胎具 (C)靠模 (D)工装

72. 在装配工序中,针对批量生产的零部件装配,自制的一些保证零件定位并固定夹紧的工艺装备,称为(  )。

(A)夹具 (B)胎具 (C)装配模具 (D)胎型

73. 以压缩空气为动力,推动活塞带动活塞杆做功的一种夹具,称为(  )。

(A)电动夹具 (B)气动夹具 (C)手动夹具 (D)气压夹具

74. 杠杆夹具、螺旋夹具等,是以(  )来施加外力的工具。

(A)电动 (B)手动 (C)液压 (D)气压

75. 下列(  )是无噪声、无污染、工作较为可靠的夹具,但被夹工件表面质量要求较高,如平面不平度、表面清洁度等。

(A)液压夹具 (B)气动夹具 (C)电磁夹具 (D)手工夹具

76. 下列(  )是一种典型的简易冲模,结构简单、零件数量少、制造容易、成本低廉,但生产效率不高、寿命低,而且冲压件的厚度受到限制,适用于单件或小批量生产。

(A)夹板模 (B)凸凹模 (C)复合模 (D)弹性模

77. 当平行于圆锥轴线的平面截切圆锥体时,其截面的实际形状为(  )。

(A)三角形 (B)双曲线 (C)椭圆形 (D)抛物线形

78. 圆柱被平面所截,其截交线为平行两直线,则截平面与圆柱轴线(  )。

(A)垂直 (B)平行 (C)倾斜 (D)相交

79. 一个乒乓球表面可以近似地展开,其展开方法可用(　　)。

(A)平行线法　(B)放射线法　(C)三角形法　(D)分瓣展开法

80. 常见焊缝内在缺陷有气孔和(　　)等。

(A)裂纹　(B)弧坑　(C)夹渣　(D)烧穿

81. 常见焊缝表面缺陷有未熔合和(　　)等。

(A)未焊透　(B)裂纹　(C)气孔　(D)咬边

82. 对盛装易燃、易爆、有毒或强挥发性介质的容器,应做(　　)来检查其密封性。

(A)水压试验　(B)气压试验　(C)气密性试验　(D)渗透试验

83. 当被剪切的钢板厚度小于 25 mm 时,下列一般硬化区域宽度范围正确的为(　　)。

(A)0.5～1.5 mm　(B)1.5～2.5 mm　(C)0.5～2 mm　(D)2.5～3.5 mm

84. 下列说法正确的是(　　)。

(A)若用冷镦方法制成的铆钉,必须要经过淬火处理

(B)若用冷镦方法制成的铆钉,必须要经过回火处理

(C)若用冷镦方法制成的铆钉,必须要经过正火处理

(D)若用冷镦方法制成的铆钉,必须要经过退火处理

85. 能保证瞬时传动比稳定的传动方式是(　　)。

(A)带传动　(B)链传动　(C)齿轮传动　(D)杠杆传动

86. 可获得较大传动比的传动方式是(　　)。

(A)带传动　(B)齿轮传动　(C)蜗轮蜗杆传动　(D)杠杆传动

87. 只受弯曲作用而不传递力的是(　　)。

(A)转轴　(B)心轴　(C)传动轴　(D)惰性轴

88. 下列电器元件属控制电器的是(　　)。

(A)热继电器　(B)按钮　(C)熔断器　(D)热敏电阻

89. 晶体二极管对电流具有(　　)性。

(A)正向导通　(B)反向导通　(C)放大　(D)衰变

90. Q215 表示(　　)为 215 MPa 的普通碳素钢。

(A)抗拉强度　(B)屈服强度　(C)抗剪强度　(D)极限强度

91. 按板材厚度规定,薄板厚度在(　　)之间。

(A)0.2～2 mm　(B)0.5～3 mm　(C)0.2～4 mm　(D)0.2～5 mm

92. 延伸率和收缩率其数值越大则(　　)越好。

(A)弹性　(B)塑性　(C)强度　(D)硬度

93. 冷弯试验的目的主要是检验焊接接头的(　　)。

(A)塑性　(B)韧性　(C)强度　(D)刚度

94. 构件的表面能全部平整摊在一个平面上,这种表面称为(　　)。

(A)不可展平面　(B)可展平面　(C)两个都不是　(D)理想平面

95. 材料在外力作用下抵抗变形和破坏的能力叫(　　)。

(A)塑性　(B)强度　(C)弹性　(D)冲击韧性

96. 在工件焊接前,对它进行与焊接后变形方向相反的加工处理,使其反变形抵消变形量,这种方法叫(　　)。

(A)顺序法 (B)反变形法 (C)刚性固定法 (D)锤击法

97. 正方形对角线应是边长的(　　)。

(A)$\sqrt{3}$倍 (B)2倍 (C)1倍 (D)$\sqrt{2}$倍

98. 焊缝最危险的缺陷是(　　)。

(A)气孔 (B)夹渣 (C)未焊透 (D)裂纹

99. 弯曲时,当弯曲半径 $R$ 与板厚 $t$ 的比值大于(　　)时,中性层基本上处于材料的断面中心层。

(A)3 (B)6 (C)4 (D)5

100. 某钢结构上的薄板发生了变形,矫平的方法是(　　)。

(A)用手锤展法

(B)用多轴钢板矫正机进行矫平

(C)在凸起部位进行点状加热,辅以木锤锤击和浇水急冷

(D)用电磁铁吸着并用手锤打

101. 在常温下多次滚压会使弯曲件产生冷作硬化现象,使材料的机械性能恶化。因此,在常温下滚压成形的允许弯曲半径为(　　)。(注:$t$ 代表板厚)

(A)$R \geqslant 15t$ (B)$R \geqslant 20t$ (C)$R < 20t$ (D)$R < 15t$

102. 滚制圆筒形工件,在调整轴辊的距离上,上轴辊的升降应该是两端相同的,如果不相同,被调整的轴辊就不能与其他轴辊互相平行而产生倾斜,从而使滚制的圆筒产生(　　)。

(A)歪扭 (B)曲率不等 (C)曲率过大 (D)中间鼓形

103. 铆钉在常温状态下铆接时,为了提高材料的塑性,铆钉必须进行(　　)。

(A)正火处理 (B)退火处理 (C)回火处理 (D)调质处理

104. 板料弯曲时,当弯曲半径与板厚的比值小于5时,中性层(　　)。

(A)向弯曲件的内层移动 (B)基本上处于材料的端面中心层

(C)向弯曲件的外层移动 (D)不稳定

105. 热铆时,铆钉的终铆温度在(　　)。

(A)450～600 ℃ (B)300～450 ℃ (C)650～670 ℃ (D)723 ℃以上

106. 一般焊接接头由于晶粒粗化,因此与母材相比其(　　)。

(A)韧性低而抗拉强度降低 (B)韧性低而抗拉强度不降低

(C)韧性高而抗拉强度不降低 (D)韧性高而抗拉强度升高

107. 采用火焰矫正钢结构上的薄板应选用(　　)。

(A)点状加热 (B)线状加热 (C)三角形加热 (D)片加热

108. 回火属于(　　)。

(A)普通热处理 (B)表面热处理 (C)化学热处理 (D)表面淬火

109. 火焰矫正的最高温度应严格控制,一般不得超过(　　)℃。

(A)1 000 (B)800 (C)650 (D)1 100

110. 手工矫正扁钢变形正确顺序是(　　)。

(A)平弯→立弯→扭曲 (B)平弯→扭曲→立弯

(C)立弯→平弯→扭曲 (D)扭曲→平弯→立弯

111. 滚圆时,板料在上下轴辊之间的位置必须校正,使板料上的素线与轴辊中心线严格

保持平行，否则滚出来的工件会出现(　　)。

(A)曲率不等　(B)曲率过大　(C)歪扭　(D)鼓肚

112. 将有缺陷或磨耗到限的配件更换为新配件的修理方式称作(　　)。

(A)换件修　(B)互换修理　(C)现车修理　(D)拼修

113. 钢结构工业厂房施工图中，标高数字应以(　　)为单位。

(A)毫米　(B)厘米　(C)分米　(D)米

114. 延伸率和收缩率其数值越小，则(　　)越差。

(A)弹性　(B)硬度　(C)强度　(D)塑性

115. 铁和碳形成的稳定化合物(　　)叫渗碳体。

(A)$Fe_2C$　(B)$Fe_3C_2$　(C)$Fe_3C$　(D)FeC

116. 热煨时，经常靠观察火色来判断温度的高低，从暗处观察钢加热到 770～800℃时呈(　　)。

(A)金黄色　(B)红色　(C)深红色　(D)樱红色

117. 采用火焰矫正厚钢板的弯曲变形选用(　　)。

(A)点状加热　(B)线状加热　(C)三角形加热　(D)片状加热

118. 全加热矫正的加热温度一般在(　　)之间。

(A)550～700 ℃　(B)750～900 ℃　(C)1 100～1 300 ℃　(D)723 ℃以上

119. 桥梁铆接采用的铆接种类是(　　)。

(A)密固铆接　(B)强固铆接　(C)紧密铆接　(D)超强铆接

120. 手工冷铆时，铆钉最大直径不能超过(　　)。

(A)7 mm　(B)13 mm　(C)8 mm　(D)6 mm

121. 在弯曲过程中，当材料厚度一定时，弯曲半径 $R$ 越小，则材料外层金属所受拉应力(　　)。

(A)越大　(B)越小　(C)没有变化　(D)为零

122. 板料弯曲过程中，当弯曲半径 $R$ 与板厚 $t$ 的比值大于 5 时，中性层(　　)。

(A)基本上处于材料的断面中性层　(B)向弯曲件的内层移动

(C)向弯曲件的外层移动　(D)未变化

123. 装配工作中，预防焊接变形常用的(　　)存在的焊接应力最大。

(A)顺序法　(B)反变形法　(C)刚性固定法　(D)预应力法

124. 碳素钢是含碳量小于(　　)的铁碳合金。

(A)2.5％　(B)3.0％　(C)2.0％　(D)2.9％

125. 低碳钢的含碳量在(　　)以下。

(A)0.25％　(B)0.2％　(C)0.1％　(D)0.3％

126. 下列构件不可展开表面是(　　)。

(A)柱面　(B)锥面　(C)圆球面　(D)棱柱面

127. 构件展开的基本方法之一是(　　)。

(A)旋转法　(B)三角形法　(C)内切球法　(D)对称法

128. 相贯线的求法有辅助球面法、辅助平面法和(　　)。

(A)支线法　(B)平行线法　(C)取点法　(D)射线法

129. 对螺栓孔的检验，主要检测其(　　)。

(A)孔径误差　(B)位置度　(C)尺寸误差　(D)齿形误差

130. 对焊缝内部缺陷的检验可选用(　　)。

(A)超声探伤　(B)磁粉探伤　(C)水压试验　(D)着色

131. 使用夹板冲模冲压有色金属其厚度一般为(　　)。

(A)3 mm　(B)2 mm　(C)1 mm　(D)0.5 mm

132. 使用夹板冲模冲压黑色金属其厚度一般在(　　)以下。

(A)3 mm　(B)2 mm　(C)1 mm　(D)0.5 mm

133. 选用铲子(凿子)楔角时，要根据被切削的材料而定，若被切削材料是碳素钢、软铸铁时，楔角 $\beta$ 选 60°；若被切削材料是硬钢时，楔角 $\beta$ 选(　　)。

(A)35°　(B)45°　(C)60°　(D)65°～70°

134. 结构简单，操作方便但对毛料端部的弯曲有一定局限性的是(　　)滚板机。

(A)对称三轴式　(B)不对称三轴式　(C)四轴式　(D)多轴式

135. 回弹是弯曲过程中有害现象，往往降低弯曲件质量，直接影响零件的尺寸精度，其中回弹角 $\alpha$ 与材料的屈服极限 $\sigma_s$(　　)。

(A)无关系　(B)成反比　(C)成正比　(D)成抛物线

136. 通常被认为是钢材中的有害元素的是(　　)。

(A)硼　(B)磷　(C)硅　(D)Mn

137. 冬季氧气瓶阀冻结后用(　　)解冻。

(A)烧热金属烤　(B)木棒敲　(C)蒸汽　(D)瓦斯烤

138. 下列材料中，(　　)的焊缝可作磁粉检验。

(A)碳钢　(B)铜　(C)奥氏体不锈钢　(D)铝

139. 下列检验方法中，(　　)属于破坏检验。

(A)水压试验　(B)X 射线检验　(C)拉伸试验　(D)超声波检验

140. 不能用于检验水平的器具有(　　)。

(A)水平尺　(B)水准仪　(C)吊线锤　(D)水平软管

141. 下列不属于形位公差的是(　　)。

(A)尺寸公差　(B)形状公差　(C)位置公差　(D)形状或位置公差

142. 下列不属于位置公差的是(　　)。

(A)定向公差　(B)定位公差　(C)平面度公差　(D)跳动公差

143. 下列不属于定向公差的是(　　)。

(A)平行度　(B)垂直度　(C)倾斜度　(D)圆柱度

144. 下列不属于定位公差的是(　　)。

(A)平面度　(B)同轴度　(C)对称度　(D)位置度

145. 下列说法正确的为(　　)。

(A)局部加热矫正的温度一般取 700～1 000 ℃之间

(B)局部加热矫正的温度一般取 200～500 ℃之间

(C)局部加热矫正的温度一般取 500～800 ℃之间

(D)局部加热矫正的温度一般取 1 000～1 100 ℃之间

146. 扁钢变形形式不包括(　　)。

(A)角变形　(B)平面弯曲　(C)立面弯曲　(D)扭曲

147. 下列说法正确的是(　　)。

(A)在气焊过程中,焊丝与焊件表面倾斜角一般为 40°～50°

(B)在气焊过程中,焊丝与焊件表面倾斜角一般为 20°～30°

(C)在气焊过程中,焊丝与焊件表面倾斜角一般为 25°～35°

(D)在气焊过程中,焊丝与焊件表面倾斜角一般为 30°～40°

148. 气割的氧气压力不需要根据(　　)选定。

(A)气割速度　(B)工件厚度　(C)割炬嘴孔径　(D)氧气纯度

149. 下列不属于自锁夹具的是(　　)。

(A)螺旋夹具　(B)楔条夹具　(C)偏心夹具　(D)杠杆夹具

150. 下列说法正确的是(　　)。

(A)对厚度在 2 mm 以下的金属薄板结构,通常用咬缝法连接

(B)对厚度在 1.5 mm 以下的金属薄板结构,通常用咬缝法连接

(C)对厚度在 1 mm 以下的金属薄板结构,通常用咬缝法连接

(D)对厚度在 3 mm 以下的金属薄板结构,通常用咬缝法连接

151. 下列说法正确的是(　　)。

(A)碳弧刨削时,电弧的长度为 1～2 mm 为宜

(B)碳弧刨削时,电弧的长度为 2～3 mm 为宜

(C)碳弧刨削时,电弧的长度为 3～4 mm 为宜

(D)碳弧刨削时,电弧的长度为 4～5 mm 为宜

152. 斜齿轮的端面指的是(　　)于斜齿轮轴线的平面。

(A)平行　(B)垂直　(C)相交　(D)倾斜

153. 斜齿轮的法向指的是与斜齿(　　)的方向。

(A)平行　(B)垂直　(C)相交　(D)倾斜

154. 增大螺旋角,不仅增加重迭系数,使传动平稳,而且提高齿轮的承载能力,但是(　　)力却随之增大。

(A)径向　(B)轴向　(C)圆周　(D)法向

155. 因为加工时刀具是顺着斜齿轮的齿槽进行的,所以(　　)模数是标准值。

(A)端面　(B)法向　(C)径向　(D)圆周

156. 在(　　)截面内,蜗轮齿廓是渐开线。

(A)法向　(B)中心　(C)所有　(D)径向

157. 在带传动中,当传递的功率一定时,若带速降低,则所传递的圆周力就(　　),就越容易打滑。

(A)减小　(B)增大　(C)明显地减小　(D)不稳定

158. 带轮的直径 $d$ 是指带轮上通过三角带横截面(　　)处的直径。

(A)外沿　(B)中心　(C)内沿　(D)任意

159. 为了保证变形后的传动带的侧面与轮槽能很好地贴合,轮槽夹角必须比 40°(　　)。

(A)稍大些　(B)稍小些　(C)大得多　(D)小得多

160. 链传动的瞬时传动比是(　　)的。

(A)恒定　(B)不变　(C)变化　(D)为零

161. 被联接机件不太厚,并能从联接两边进行装配时,可采用(　　)联接。

(A)螺栓　(B)双头螺柱　(C)螺钉　(D)铆钉

162. 在同一轴线上,两轴之间转矩和运动的传递,如要求随时能使主、从动轴接合或分开时,应选用(　　)。

(A)套筒联轴器　(B)凸缘联轴器　(C)离合器　(D)法兰联轴器

163. 与合金钢相比较,碳钢对应力集中的敏感性(　　)。

(A)较高　(B)较低　(C)极高　(D)不明显

164. 弹性挡圈所承受的轴向力(　　)。

(A)很大　(B)较小　(C)较大　(D)很小

165. 轴向固定滚动轴承的轴肩高度应(　　)于轴承内圈高度。

(A)高　(B)低　(C)齿侧　(D)等

166. Q235-A 相当旧牌号的(　　)。

(A)A3　(B)B2　(C)C3　(D)T3

167. HT200 中,200 表示(　　)为 200 MPa。

(A)抗拉强度　(B)最低抗拉强度　(C)抗剪强度　(D)抗疲劳强度

168. KTH300-06 中,06 表示(　　)为 6%。

(A)最低延伸率　(B)最高延伸率　(C)断面收缩率　(D)冲击值

169. 可锻铸铁以(　　)加两组数字表示。

(A)HT　(B)QT　(C)KT　(D)MT

170. 当被剪切的钢板厚度小于 25 mm 时,一般硬化区域宽度范围在(　　)之间。

(A)0.5～1.5 mm　(B)1.5～2.5 mm　(C)0.5～2 mm　(D)2.5～3.5 mm

171. 洛氏硬度的符号是(　　)。

(A)HB　(B)HR　(C)HV　(D)HS

172. 铸钢的牌号是(　　)加两组数字来表示。

(A)ZG　(B)KT　(C)QT　(D)MT

173. 青铜是铜和(　　)的合金。

(A)锡　(B)锌　(C)铅　(D)Mn

174. 增大钢的热脆性的杂质是(　　)。

(A)S　(B)P　(C)Si　(D)Mn

175. 棱柱面应用(　　)法作展开图。

(A)平行线　(B)放射线　(C)三角形　(D)直角梯形法

176. 圆环表面(　　)可展表面。

(A)是　(B)不是　(C)近似　(D)对称于

177. 斜圆锥表面(　　)可展表面。

(A)是　(B)不是　(C)近似　(D)不对称于

178. 斜圆锥体(　　)旋转体。

(A)是　(B)不是　(C)近似　(D)不对称于

179. 棱柱体(　　)旋转体。

(A)是　　(B)不是　　(C)近似　　(D)特殊于

180. 母线作螺旋运动形成的曲面,称为(　　)。

(A)螺旋线　　(B)螺旋面　　(C)螺旋台　　(D)螺旋锥

181. 下列不属于复杂桁架结构图表达方式的是(　　)。

(A)平面图　　(B)立面图　　(C)节点详图　　(D)常规视图

182. 下列说法正确的是(　　)。

(A)定位轴线应用粗实线绘制　　(B)定位轴线应用细实线绘制

(C)定位轴线应用粗点画线绘制　　(D)定位轴线应用细点画线绘制

183. 下列说法正确的是(　　)。

(A)定位轴线的编号应注写在轴线端部的圆内,圆的直径为4～6 mm

(B)定位轴线的编号应注写在轴线端部的圆内,圆的直径为6～8 mm

(C)定位轴线的编号应注写在轴线端部的圆内,圆的直径为8～10 mm

(D)定位轴线的编号应注写在轴线端部的圆内,圆的直径为10～12 mm

184. 说法正确的是(　　)。

(A)定位轴线的编号应注写在轴线端部的圆内,圆应用粗实线绘制

(B)定位轴线的编号应注写在轴线端部的圆内,圆应用细实线绘制

(C)定位轴线的编号应注写在轴线端部的圆内,圆应用细点画线绘制

(D)定位轴线的编号应注写在轴线端部的圆内,圆应用细虚线绘制

185. 施工图上定位轴线的编号一般应标注在图样的(　　)。

(A)下方与左侧　　(B)下方与右侧　　(C)上方与左侧　　(D)上方与右侧

186. 施工图上定位轴线的横向编号应用阿拉伯数字,按(　　)的顺序编写。

(A)从上至下　　(B)从左至右　　(C)从右至左　　(D)从下至上

187. 施工图上定位轴线的竖向编号应用大写拉丁字母,按(　　)的顺序编写。

(A)从上至下　　(B)从左至右　　(C)从右至左　　(D)从下至上

188. 下列放样划线时预留加工余量的方法中,叙述正确的是(　　)。

(A)剪切后进行车削加工的一般每边加上4～5 mm

(B)剪切后进行铣削加工的一般每边加上4～5 mm

(C)气割后进行车削加工的一般每边加上4～5 mm

(D)气割后进行铣削加工的一般每边加上4～5 mm

189. 下列机架结构放样的主要内容中,不包括(　　)。

(A)组成机架结构各板件之间的接口处理

(B)形状复杂板件的号料样板制作

(C)记录各板件的尺寸规格及一些必要的数据

(D)展开放样

190. 下列不属于绘制相贯构件展开图基本步骤的有(　　)。

(A)样板制作　　(B)对相交的两形体进行分析

(C)求相贯线　　(D)绘制展开图

191. 下列属于不可展表面的是(　　)。

(A)球面　(B)圆柱面　(C)棱柱面　(D)圆锥面

192. 下列说法正确的是(　　)。

(A)剪床上铭牌所标示的最大剪切厚度,通常是以 45 钢的强度极限为依据计算的

(B)剪床上铭牌所标示的最大剪切厚度,通常是以 20～30 钢的强度极限为依据计算的

(C)剪床上铭牌所标示的最大剪切厚度,通常是以 50～60 钢的强度极限为依据计算的

(D)剪床上铭牌所标示的最大剪切厚度,通常是以 65Mn 钢的强度极限为依据计算的

193. 车钩中心线高是指空车时,车钩中心线至(　　)的垂直距离。

(A)地板面　(B)水平地面　(C)轨面　(D)下心盘上表面

## 三、多项选择题

1. 下列《环境保护法》的基本原则叙述正确的有(　　)。

(A)预防为主、防治结合　(B)污染者治理、开发者保护

(C)政府对环境质量负责　(D)环境保护与社会经济协调发展

2. 工业企业对环境污染的防治主要包括(　　)积极开发防治污染新技术几个方面。

(A)防治大气污染　(B)防治水体污染

(C)防治噪声污染　(D)防治固体废弃物污染

3. 根据规定,以下(　　)适用我国《劳动法》。

(A)在我国境内的用人单位和与之形成劳动关系的劳动者

(B)国家机关、事业组织、社会团体实行劳动合同制度的劳动者

(C)公务员和比照实行公务员制度的事业组织和社会团体的工作人员

(D)按规定应实行劳动合同制度的工勤人员

4. 下列试用期的期限规定,符合《劳动合同法》规定的是(　　)。

(A)劳动合同期限三个月以上不满一年的,试用期不得超过一个月

(B)无固定期限劳动合同试用期,试用期限可超过一年

(C)劳动合同期限一年以上三年以下的,试用期不得超过两个月

(D)三年以上固定期限和无固定期限的劳动合同试用期不得超过六个月

5. 下列属于用人单位不得解除劳动合同的情况有(　　)。

(A)在本单位连续工作满十五年,且距法定退休年龄不足五年的

(B)女职工在孕期、产期、哺乳期的

(C)在本单位患职业病或者因工负伤并被确认丧失或者部分丧失劳动能力的

(D)患病或者非因工负伤,在规定的医疗期内的

6. 弯曲模工作部分尺寸计算主要是确定(　　)。

(A)凸、凹模工作部分的圆角半径　(B)凹模深度

(C)凸、凹模间隙　(D)横向尺寸公差

7. 常见的弯曲模结构类型有(　　)等。

(A)单工序弯曲模　(B)级进弯曲模　(C)复合弯曲模　(D)通用弯曲模

8. 弯曲件的工艺性是指弯曲件的(　　)等是否符合弯曲加工的工艺要求。

(A)结构形状　(B)尺寸　(C)精度　(D)材料及技术要求

9. 阶梯冲模凸模间的高度差 $H$ 与板料厚度 $t$ 的关系中正确的是(　　)。

(A)料厚 $t<3$ mm 时，$H=0.5t$　　(B)料厚 $t<3$ mm 时，$H=t$

(C)料厚 $t>3$ mm 时，$H=0.5t$　　(D)料厚 $t>3$ mm 时，$H=t$

10. 平刃冲裁模的冲裁力计算时，一般系数 $K$ 的取值，下列说法错误的是(　　)。

(A)$K=1$　　(B)$K=1.3$　　(C)$K=1.5$　　(D)$K=0.8$

11. 在冲裁过程中，冲裁力是随凸模进入板料的深度而变化的，下列说法错误的是(　　)。

(A)通常，冲裁力是指凸模冲穿板料过程中所需的压力的平均值

(B)通常，冲裁力是指冲裁过程中的材料分离阶段所需的压力

(C)通常，冲裁力是指凸模冲穿板料过程中所需的压力的最小值

(D)通常，冲裁力是指凸模冲穿板料过程中所需的压力的最大值

12. 影响冲裁力的主要因素是(　　)等。

(A)材料的力学性能　　(B)厚度

(C)冲件轮廓周长及冲裁间隙　　(D)刃口锋利程度与表面粗糙度

13. 下列叙述符合安全用电措施的是(　　)。

(A)工人接触较多的机床照明灯，应选 36 V 以下的安全电压电源

(B)工作人员在操作各种机床、电气设备时，要采用各种安全操作保护用具

(C)火线可以不用接入开关

(D)电气设备的要采用保护接地或保护接零的安全措施

14. 下列属于设备常用电气的是(　　)。

(A)刀开关　　(B)低压断路器　　(C)转换开关　　(D)热继电器

15. 铆钉头周围有过大帽缘的产生原因有(　　)。

(A)钉杆过长　　(B)铆钉枪窝头太小

(C)铆接时间过长　　(D)铆接时间过短

16. 常见的触电方式有(　　)。

(A)单相触电　　(B)两相触电　　(C)三相触电　　(D)四相触电

17. 为保证人触及漏电设备的金属外壳时不会触电，通常采用(　　)的安全措施。

(A)保护接地　　(B)戴好绝缘手套　　(C)保护接零　　(D)戴好安全帽

18. 复杂桁架结构图常采用(　　)等方式进行表达。

(A)常规视图　　(B)平面图　　(C)立面图　　(D)节点详图

19. 几何误差包括(　　)和表面微观形状误差——表面粗糙度。

(A)尺寸误差　　(B)形状误差　　(C)平面误差　　(D)位置误差

20. 线性尺寸值包括(　　)和中心距等。

(A)直径　　(B)半径　　(C)宽度　　(D)高度

21. 构成零件形体的(　　)称为零件的几何要素。

(A)点　　(B)弧　　(C)线　　(D)面

22. 形状公差包括(　　)、线轮廓度和面轮廓度。

(A)直线度　　(B)平面度　　(C)圆度　　(D)圆柱度

23. 表面粗糙度高度参数应从(　　)中选取。

(A)轮廓算术平均偏差 $Ra$　　(B)微观不平度十点高度 $Rz$

(C)轮廓最大高度 $Ry$　　(D)轮廓最小高度 $Rc$

24. 螺纹要素包括(　　)、螺距、旋向等。

(A)螺旋线　　(B)牙型　　(C)螺纹直径　　(D)线数

25. 麻花钻刃磨时,只磨两个后面,但应保证(　　)和横刃斜角都达到正确的角度。

(A)$\beta$角　　(B)后角　　(C)$\delta$角　　(D)前角

26. 氧—乙炔焰气割的过程由(　　)这几个阶段组成。

(A)金属预热　　(B)气割速度　　(C)金属燃烧　　(D)氧化物被吹出

27. (　　)都是手动的剪切工具。

(A)錾子　　(B)克子　　(C)剪床　　(D)手剪

28. 等离子弧切割设备主要包括(　　)、割炬等,应保证各组成部分工作正常。

(A)电源　　(B)控制箱　　(C)水路系统　　(D)气路系统

29. 手工热弯钢管包括下列工序:(　　)、质量检查和除砂。

(A)装砂　　(B)划线　　(C)加热　　(D)弯曲

30. 铆工常用的压力机床有(　　)等。

(A)剪板机　　(B)曲柄压力机　　(C)摩擦压力机　　(D)液压机

31. 滚板机的基本类型有(　　)。

(A)对称式三辊滚板机　　(B)不对称式三辊滚板机

(C)四辊滚板机　　(D)六辊滚板机

32. 液压弯管机主要由(　　)油路控制阀等部分组成。

(A)顶胎　　(B)管托　　(C)液压缸　　(D)加压扳手

33. 手动夹具包括(　　)、偏心夹具等。

(A)螺旋夹具　　(B)楔条夹具　　(C)杠杆夹具　　(D)磁力夹具

34. 非手动夹具包括(　　)等。

(A)气动夹具　　(B)螺旋夹具　　(C)液压夹具　　(D)磁力夹具

35. 焊接用的保护气体主要有(　　)、二氧化碳气体等。

(A)氩气　　(B)氦气　　(C)氮气　　(D)氢气

36. 氮气、氦气作为保护气体常用于(　　)等金属及其合金的焊接。

(A)钢　　(B)铝　　(C)镁　　(D)钛

37. 二氧化碳气体作为保护气体目前主要用于(　　)的焊接。

(A)碳素钢　　(B)铝　　(C)低合金钢　　(D)铜

38. 气体保护电弧焊按照焊接保护气体的种类可分为(　　)等方法。

(A)氩弧焊　　(B)氦弧焊

(C)氢原子焊　　(D)二氧化碳气体保护焊

39. 铆钉枪主要由(　　)等组成。

(A)手把　　(B)枪体　　(C)开关　　(D)管接头

40. 液压铆接机是利用液压原理进行铆接的,它由机架、(　　)等部分组成。

(A)活塞　　(B)窝头　　(C)顶钉窝头　　(D)缓冲弹簧

41. 铆钉排列的主要参数是指(　　)。

(A)铆钉距　　(B)排距　　(C)铆钉数　　(D)边距

42. 实心铆钉按钉头形状有(　　)、平头等多种形式。
(A)半圆头　(B)沉头　(C)半沉头　(D)平锥头
43. 高强度结构铆接操作步骤主要有(　　)及质量检查。
(A)铆钉加热　(B)接钉与穿钉　(C)顶钉　(D)铆接
44. 螺纹连接的机械防松措施主要有(　　)。
(A)开口销防松　(B)止退垫圈防松　(C)止动垫圈防松　(D)平垫圈防松
45. 常见焊接缺陷有焊缝表面尺寸不符合要求、咬边、(　　)、夹渣、气孔。
(A)未焊透　(B)焊瘤　(C)凹坑　(D)烧穿
46. 支撑、(　　)是装配的三要素。
(A)划线　(B)定位　(C)夹紧　(D)焊接
47. 手工气割所用的设备及工具有氧气瓶、(　　)、割炬等。
(A)乙炔瓶　(B)氧气减压器　(C)压力表　(D)橡胶软管
48. 下列说法错误的是(　　)
(A)若用冷镦方法制成的铆钉,必须要经过淬火处理
(B)若用冷镦方法制成的铆钉,必须要经过回火处理
(C)若用冷镦方法制成的铆钉,必须要经过正火处理
(D)若用冷镦方法制成的铆钉,必须要经过退火处理
49. 铆工放样作业时常要用到各种各样的样板。按使用性质可将样板分为(　　)。
(A)号料样板　(B)卡形样板　(C)号孔样板　(D)曲线样板
50. 常用的号料方法有(　　)。
(A)集中号料法　(B)套料法　(C)统计计算法　(D)余料统一号料法
51. 测绘零部件的方法和步骤包括(　　)。
(A)了解和分析测绘对象　(B)确定表达方案
(C)绘制零件或部件草图　(D)画出零部件上的制造缺陷
52. 绘制零件或部件草图包括(　　)。
(A)绘制图形　(B)标注尺寸
(C)提出技术要求　(D)根据零部件草图画出正式零、部件图
53. 拆绘结构件装配图的方法和步骤包括(　　)。
(A)了解拆绘对象　(B)拆卸结构件
(C)画零件草图　(D)画装配图和零件图
54. 国家标准对孔与轴公差带之间的相互位置关系,规定的配合制度是(　　)。
(A)过盈配合　(B)间隙配合　(C)基孔制　(D)基轴制
55. 形位公差可分为(　　)。
(A)尺寸公差　(B)形状公差　(C)位置公差　(D)形状或位置公差
56. 位置公差分为(　　)。
(A)定向公差　(B)定位公差　(C)平面度公差　(D)跳动公差
57. 定向公差包括(　　)。
(A)平行度　(B)垂直度　(C)倾斜度　(D)圆柱度
58. 定位公差包括(　　)。

(A)平面度　(B)同轴度　(C)对称度　(D)位置度

59. 跳动公差包括(　　)。

(A)倾斜度　(B)圆跳动　(C)球跳动　(D)全跳动

60. 形位公差的代号包括(　　)等。

(A)形位公差框格和指引线　(B)形位公差有关项目的符号

(C)形位公差数值和其他有关符号　(D)基准字母和其他有关符号

61. 在标注位置公差时,基准要用基准符号表示,基准符号是由(　　)组成。

(A)粗短线　(B)圆圈　(C)连线　(D)字母

62. 表面粗糙度的评定参数包括(　　)。

(A)高度参数　(B)不平度参数　(C)附加参数　(D)凹痕参数

63. 绘制技术图样时优先选用代号为 A0、A1、A2、(　　)的基本幅面。

(A)A3　(B)A4　(C)A5　(D)A6

64. 起重吊装常用的绳索有(　　)。

(A)麻绳　(B)线绳　(C)尼龙绳　(D)钢丝绳

65. 滑轮分为(　　)。

(A)传动滑轮　(B)定滑轮　(C)动滑轮　(D)组合滑轮

66. 常用的起重工具有(　　)等。

(A)滑轮　(B)千斤顶　(C)手动葫芦　(D)抱杆

67. 钢材因受到外力、加热等因素的影响,会使表面产生(　　)等变形缺陷。

(A)不平　(B)弯曲　(C)扭曲　(D)波浪

68. 备料包括金属材料的(　　)等工序。

(A)化验　(B)冲切　(C)剪切　(D)气割下料

69. 矫正实际上包括(　　)。

(A)钢材矫正　(B)零件矫正　(C)部件及产品矫正　(D)手工矫正

70. 按矫正时力的来源和性质分为(　　)。

(A)机械矫正　(B)手工矫正　(C)火焰矫正　(D)高频热点矫正

71. 机械矫正的机床有(　　)。

(A)多辊钢板校平机　(B)型钢矫直机　(C)板缝碾压机　(D)圆管矫直机

72. 降低冲裁力的方法,主要有(　　)。

(A)斜刃口冲裁　(B)阶梯式凸模冲裁　(C)平刃口冲裁　(D)加热冲裁

73. 弯曲时材料的变形过程为(　　)。

(A)自由弯曲阶段　(B)接触弯曲阶段　(C)矫正弯曲阶段　(D)中性层弯曲阶段

74. 按冲压的特征分类,可分为(　　)。

(A)弯曲工序　(B)分离工序　(C)成形工序　(D)复合工序

75. 冲裁时板料的分离过程大致可分为(　　)。

(A)弹性变形阶段　(B)拉伸阶段　(C)塑性变形阶段　(D)开裂分离阶段

76. 按冲裁模的结构,可以分为(　　)。

(A)阶梯刃口冲裁模　(B)简单冲裁模　(C)带导柱冲裁模　(D)复合冲裁模

77. 在钢结构中,由于连接方式不同,可分为(　　)。

(A)铆接结构 (B)焊接结构 (C)铆焊混合结构 (D)粘接结构

78. 对不需要展开的平面形零件的号料样板,其制造方法有(　　)。

(A)拼接法 (B)划样法 (C)过样法 (D)中心线法

79. 样板制出后,必须在上面注上(　　)及加工符号等。

(A)零件图号 (B)名称 (C)材料牌号 (D)规格

80. 旋转壳体包括(　　)。

(A)斜圆锥壳体 (B)球形壳体 (C)正圆锥壳体 (D)圆柱形壳体

81. 非旋转壳体包括(　　)。

(A)斜圆锥壳体 (B)椭圆形壳体 (C)正圆锥壳体 (D)不规则曲面壳体

82. 钢在回火中氧化色和温度的关系中,下列说法正确的是(　　)。

(A)回火中氧化色为亮黄色时,温度为 220 ℃

(B)回火中氧化色为灰色时,温度为 330 ℃

(C)回火中氧化色为青蓝色时,温度为 295 ℃

(D)回火中氧化色为亮蓝色时,温度为 240 ℃

83. 下列说法错误的为(　　)。

(A)局部加热矫正的温度一般取 700～1 000 ℃之间

(B)局部加热矫正的温度一般取 200～500 ℃之间

(C)局部加热矫正的温度一般取 500～800 ℃之间

(D)局部加热矫正的温度一般取 1 000～1 100 ℃之间

84. 扁钢变形分为(　　)。

(A)角变形 (B)平面弯曲 (C)立面弯曲 (D)扭曲

85. 角钢易产生的变形有(　　)。

(A)角变形 (B)扭曲 (C)弯曲 (D)旁弯

86. 下列说法正确的是(　　)。

(A)局部加热矫正时,厚度小于 8 mm 的钢板,加热后可以采取浇水急冷

(B)局部加热矫正时,厚度小于 8 mm 的钢板,加热后不宜采取浇水急冷

(C)局部加热矫正时,厚钢板加热后不宜采取浇水急冷

(D)局部加热矫正时,厚钢板加热后可以采取浇水急冷

87. 下列说法正确的是(　　)。

(A)局部加热矫正时,高碳钢加热后可以采取浇水急冷

(B)局部加热矫正时,高碳钢加热后不允许浇水急冷

(C)局部加热矫正时,高合金钢加热后可以采取浇水急冷

(D)局部加热矫正时,高合金钢加热后不允许浇水急冷

88. 实尺放样一般要经过的过程有(　　)。

(A)比例放样 (B)线型放样 (C)结构放样 (D)展开放样

89. 下列属于放样量具的有(　　)。

(A)木折尺 (B)钢直尺 (C)钢卷尺 (D)90°角尺

90. 錾子的热处理包括(　　)。

(A)淬火 (B)回火 (C)退火 (D)正火

91. 当被剪切的钢板厚度小于 25 mm 时，下列一般硬化区域宽度范围不正确的为(　　)。

(A)在 0.5～1.5 mm 之间　　(B)在 1.5～2.5 mm 之间

(C)在 0.5～2 mm 之间　　(D)在 2.5～3.5 mm 之间

92. 下列说法错误的是(　　)。

(A)斜口剪床上下剪刀片的剪切长度一般为 150～200 mm

(B)斜口剪床上下剪刀片的剪切长度一般为 200～250 mm

(C)斜口剪床上下剪刀片的剪切长度一般为 250～300 mm

(D)斜口剪床上下剪刀片的剪切长度一般为 300～350 mm

93. 下列说法错误的是(　　)。

(A)一般钢铆钉热铆时，铆钉的终铆温度应在 650～750 ℃之间

(B)一般钢铆钉热铆时，铆钉的终铆温度应在 450～600 ℃之间

(C)一般钢铆钉热铆时，铆钉的终铆温度应在 1 000～1 100 ℃之间

(D)一般钢铆钉热铆时，铆钉的终铆温度应在 900～1 000 ℃之间

94. 电焊过程中，下列说法正确的是(　　)。

(A)阳极部分位于焊条的末端　　(B)阴极部分位于焊件表面

(C)阴极部分位于焊条的末端　　(D)阳极部分位于焊件表面

95. 焊接时产生的缺陷可分为外部缺陷和内部缺陷两大类。内部缺陷有(　　)。

(A)未焊透　　(B)夹渣　　(C)气孔　　(D)裂纹

96. 手工电弧焊最易引起的事故是(　　)以及爆炸、火灾等。

(A)触电　　(B)眼睛被弧光伤害　　(C)烧伤或烫伤　　(D)有害气体的危害

97. 下列说法错误的是(　　)。

(A)在气焊过程中，焊丝与焊件表面倾斜角一般为 40°～50°

(B)在气焊过程中，焊丝与焊件表面倾斜角一般为 20°～30°

(C)在气焊过程中，焊丝与焊件表面倾斜角一般为 25°～35°

(D)在气焊过程中，焊丝与焊件表面倾斜角一般为 30°～40°

98. 气割的氧气压力要根据(　　)选定。

(A)气割速度　　(B)工件厚度　　(C)割炬嘴孔径　　(D)氧气纯度

99. 铆工装配常用的工艺基准有(　　)等。

(A)原始基准　　(B)定位基准　　(C)划线基准　　(D)辅助基准

100. 检验水平常用的量具和仪表有(　　)。

(A)水平尺　　(B)水准仪　　(C)吊线锤　　(D)水平软管

101. 经纬仪主要由(　　)等部分组成。

(A)望远镜　　(B)竖直度盘　　(C)水平度盘　　(D)基座

102. 用水平尺检验水平度时，下列说法正确的是(　　)。

(A)如果气泡偏左，说明被检验的制件表面左边偏高

(B)如果气泡偏左，说明被检验的制件表面右边偏高

(C)如果气泡偏右，说明被检验的制件表面右边偏高

(D)如果气泡偏右，说明被检验的制件表面左边偏高

103. 千斤顶按其结构及工作原理不同，有(　　)等多种。

(A)齿条式　(B)螺旋式　(C)液压式　(D)液压分离式

104. 下列属于自锁夹具的有(　　)。

(A)螺旋夹具　(B)楔条夹具　(C)偏心夹具　(D)杠杆夹具

105. 铆工常用的平台有(　　)等。

(A)铸铁平台　(B)钢结构平台　(C)导轨平台　(D)水泥平台

106. 金属材料力学性能的基本指标有(　　)、冲击韧性等。

(A)强度　(B)硬度　(C)密度　(D)塑性

107. 下列对钢 Q235-A・F 牌号说明正确的有(　　)。

(A)普碳钢　(B)优质钢　(C)沸腾钢　(D)转炉钢

108. 常用的退火方法有(　　)。

(A)球化退火　(B)完全退火　(C)不完全退火　(D)去应力退火

109. 常用的润滑油有(　　)。

(A)机械润滑油　(B)润滑脂　(C)固体润滑剂　(D)松香

110. 关于链传动，下列叙述正确的是(　　)。

(A)链传动不适合于高速

(B)链传动属于有中间扰性件的啮合传动

(C)保持平均传动比不变，传动效率高

(D)稳定性差，噪声大，不能保持恒定传动比

111. 常用标准件包括(　　)等。

(A)螺栓、螺钉、螺母　(B)垫圈、键、销

(C)滚动轴承　(D)齿轮、弹簧

112. 一张完整的图样应包括零件或构件的(　　)，还包括标题栏和明细表等。

(A)形状、尺寸　(B)作图比例

(C)加工形状、位置、公差、技术要求　(D)线条颜色

113. 成形件整体形状检测主要包括整个弯曲件的(　　)等方面。

(A)尺寸　(B)角度和弯曲曲率　(C)平行度　(D)平面度

114. 由于轴和孔的实际尺寸不同，两个零件配合表现出不同的性质，根据配合表现出的不同性质，配合分为(　　)。

(A)间隙配合　(B)紧密配合　(C)过盈配合　(D)过渡配合

115. 螺纹连接的基本形式有(　　)。

(A)螺钉连接　(B)螺栓连接　(C)成形螺纹连接　(D)双头螺栓连接

116. 无论采用冷铆还是热铆，铆接方法都可分为(　　)。

(A)锤铆　(B)手工铆　(C)气动铆　(D)液压铆

117. 胀接的结构形式有(　　)。

(A)光孔胀接　(B)翻边胀接　(C)开槽胀接　(D)胀接加端面焊

118. 下列说法错误的是(　　)。

(A)对厚度在 2 mm 以下的金属薄板结构，通常用咬缝法连接

(B)对厚度在 1.5 mm 以下的金属薄板结构，通常用咬缝法连接

(C)对厚度在1 mm以下的金属薄板结构,通常用咬缝法连接

(D)对厚度在3 mm以下的金属薄板结构,通常用咬缝法连接

119. 最常用的无损探伤方法有(　　)和涡流检测等。

(A)射线探伤　(B)超声探伤　(C)磁粉探伤　(D)渗透探伤

120. 机械锯割通用锯割设备有(　　)。

(A)弓锯床　(B)圆盘锯　(C)摩擦锯　(D)手锯

121. 砂轮切割尤其适宜于切割(　　)等材料。

(A)不锈钢　(B)轴承钢　(C)合金钢　(D)淬火钢

122. 气割规范参数主要有(　　)。

(A)割炬的功率　(B)氧气压力　(C)气割速度　(D)预热火焰的能率

123. 下列说法错误的是(　　)。

(A)光电跟踪自动气割前,要先在钢板上划线

(B)光电跟踪自动气割前,不用在钢板上划线

(C)光电跟踪自动气割前,只需在钢板上划上中心线

(D)光电跟踪自动气割前,只需在钢板上划上定位点

124. 下列说法正确的是(　　)。

(A)用氧炔焰气割方法可以切割不锈钢　(B)用氧炔焰气割方法可以切割铝

(C)用等离子切割方法可以切割不锈钢　(D)用等离子切割方法可以切割铝

125. 等离子切割可用于切割(　　)等。

(A)不锈钢　(B)铝　(C)铜　(D)非金属材料

126. 金属材料在静载荷作业下,抵抗变形和破坏的能力称为强度。其常用衡量指标有(　　)。

(A)屈服点　(B)抗拉强度　(C)疲劳极限　(D)延伸率

127. 球罐的制造主要包括(　　)。

(A)球瓣制造　(B)支柱制造　(C)球罐装配　(D)焊接

128. 下列属于销连接的连接件有(　　)。

(A)圆柱销　(B)圆锥销　(C)螺柱　(D)异形销

129. 焊接凹坑的防止措施为(　　)。

(A)短弧焊接　(B)焊后填满弧坑

(C)选用正确的运条角度　(D)装配间隙要适宜

130. 碳弧气刨的工艺参数主要是指(　　)、电弧长度等。

(A)电源极性　(B)电流与碳棒直径　(C)刨削速度　(D)压缩空气压力

131. 下列说法错误的是(　　)。

(A)碳弧刨削时,电弧的长度为1～2 mm为宜

(B)碳弧刨削时,电弧的长度为2～3 mm为宜

(C)碳弧刨削时,电弧的长度为3～4 mm为宜

(D)碳弧刨削时,电弧的长度为4～5 mm为宜

132. 行程开关的作用是,通过控制电路,使机械运动按一定的位置或行程,实现(　　)。

(A)自动停止　(B)反向运动　(C)变速运动　(D)自动往返

133. 板料卷弯时，关于中性层金属受力情况，叙述错误的是(　　)。

(A)受拉　　(B)受压

(C)既不受拉也不受压　　(D)既受拉又受压

134. 在进行深孔加工时，应注意解决以下(　　)主要问题。

(A)断屑与排屑　　(B)冷却与润滑　　(C)钻头的导向　　(D)孔口撕破

135. 下列难以用氧-乙炔焰进行气割的金属材料有(　　)。

(A)铸铁　　(B)纯铁　　(C)铝　　(D)铜

136. 下列易于用氧-乙炔焰进行气割的金属材料有(　　)。

(A)高碳钢　　(B)低碳钢　　(C)高合金钢　　(D)普通低合金钢

137. 等离子弧切割的特点有(　　)。

(A)应用面很广　　(B)切割速度快，生产效率高

(C)切口质量好　　(D)成本较低

138. 下列说法错误的是(　　)。

(A)等离子弧切割内圆时，应在板材上预先钻出直径为 $\phi$12～16 mm 的孔，切割由孔开始

(B)等离子弧切割内圆时，应在板材上预先钻出直径为 $\phi$5～10 mm 的孔，切割由孔开始

(C)等离子弧切割内圆时，应在板材上预先钻出直径为 $\phi$15～20 mm 的孔，切割由孔开始

(D)等离子弧切割内圆时，应在板材上预先钻出直径为 $\phi$8～12 mm 的孔，切割由孔开始

139. 下列说法错误的是(　　)。

(A)光电跟踪仿形气割适合用于切割尺寸小于 2 m 的零件

(B)光电跟踪仿形气割适合用于切割尺寸小于 1.5 m 的零件

(C)光电跟踪仿形气割适合用于切割尺寸小于 1 m 的零件

(D)光电跟踪仿形气割适合用于切割尺寸小于 0.5 m 的零件

140. 下述关于剪板机工作原理，叙述正确的是(　　)。

(A)上刀片固定在刀架上，下刀架固定在下床面上

(B)液压压料筒用于压紧板料，以防止板料剪切变形

(C)床面上安装有托球，以便板料的送进移动

(D)后挡料板用于板料的定位，位置由调位销进行调节

141. 标注尺寸的符号“$R$”的含义，下列说法错误的是(　　)。

(A)直径　　(B)半径　　(C)球直径　　(D)球半径

142. 影响材料最小弯曲半径的因素有(　　)等。

(A)材料的力学性能　　(B)弯曲角 $\alpha$

(C)材料的方向性　　(D)材料的表面质量与剪断面质量

143. 当采用接触弯曲或校正弯曲时，制作压弯模应考虑(　　)。

(A)压弯模具工作部分尺寸确定　　(B)解决弹复的措施

(C)定位与防止偏移　　(D)斜面挡块

144. 下列属于不可展表面的是(　　)。

(A)球面　　(B)圆柱面　　(C)螺旋面　　(D)圆锥面

145. 下列说法错误的是(　　)。
(A)液压弯管机是利用两点弯曲的原理进行弯管的
(B)液压弯管机是利用三点弯曲的原理进行弯管的
(C)液压弯管机是利用四点弯曲的原理进行弯管的
(D)液压弯管机是利用五点弯曲的原理进行弯管的
146. 型钢弯曲机是一种专用于卷弯(　　)等各种异型钢材的高效加工设备。
(A)角钢　(B)槽钢　(C)工字钢　(D)圆钢
147. 型钢弯曲机可一次上料完成型钢的(　　)工序。
(A)顶弯　(B)卷圆　(C)校直　(D)校圆
148. 按装配时结构位置划分,金属结构件的装配主要有(　　)。
(A)斜装　(B)正装　(C)倒装　(D)卧装
149. 桁架类构件的装配方法有(　　)。
(A)划线定位装配法　(B)定位挡铁装配法
(C)仿形复制装配法　(D)环缝装配法
150. 螺纹连接时,若扭力矩过大,易造成(　　)。
(A)螺栓拉长　(B)螺栓拉断　(C)螺栓的螺纹损坏　(D)螺母的螺纹
151. 消除对称式三轴卷板机在滚弯过程中留下的直线段,可采取如下(　　)方法。
(A)压头预弯　(B)留工艺余量　(C)反向滚压　(D)加垫板预弯
152. 影响回弹的因素主要有(　　)。
(A)材料的力学性能　(B)变形程度
(C)弯曲件的形状　(D)弯曲的方式
153. 根据轴辊的排列位置,卷板机可分为(　　)。
(A)对称式三轴卷板机　(B)不对称式六轴卷板机
(C)四轴卷板机　(D)不对称式三轴卷板机
154. 计算铆钉直径时的板厚需按以下(　　)原则确定。
(A)厚度相差不大的板料铆接时,取较厚板料的厚度
(B)厚度相差较大的板料铆接时,取较薄板料的厚度
(C)钢板与型材铆接,取两者的平均厚度
(D)被连接件的总厚度,不应超过铆钉直径的五倍
155. 铆工常用的下料方法有(　　)等。
(A)剪切　(B)冲裁　(C)气割　(D)等离子弧切割
156. 桁架类的结构特点是(　　)。
(A)构件由各种型钢杆件构成　(B)尺寸通常较大
(C)基本组成零件是型钢杆件　(D)这些杆件通常不能出现弯曲
157. 软手锤有(　　)等。
(A)铜锤　(B)铝锤　(C)木锤　(D)硬橡皮锤
158. 普通锉分为(　　)和三角锉。
(A)平锉　(B)方锉　(C)圆锉　(D)半圆锉
159. 下列说法正确的是(　　)。

(A)1 号纹的锉刀比 5 号纹的锉刀齿距大　(B)1 号纹的锉刀比 5 号纹的锉刀齿距小
(C)2 号纹的锉刀比 3 号纹的锉刀齿距大　(D)2 号纹的锉刀比 3 号纹的锉刀齿距小

160. 锉削平面常用的方法有(　　)。
(A)直锉法　(B)交叉锉法　(C)顺向锉法　(D)推锉法

161. 成形件的质量检测包括(　　)等几方面。
(A)尺寸　(B)曲率或角度　(C)整体形状　(D)表面质量

162. 滚弯圆筒时可能出现的缺陷有(　　)。
(A)中间鼓肚　(B)歪扭　(C)曲率不等　(D)曲率过大

163. 为尽可能减小管子的压缩变形,可在弯管时采取下列(　　)措施。
(A)在管子内塞满填充物后进行弯曲
(B)用带圆形槽的滚轮压在管子外面进行弯曲
(C)在自由状态下进行弯曲
(D)用特殊芯棒穿入管子进行弯曲

164. 成型样板是用于检验加工零件的(　　)的样板。
(A)形状　(B)角度　(C)曲率半径　(D)尺寸

165. 焊缝表面尺寸检验的主要项目有(　　)。
(A)焊缝外表形状高低不平　(B)焊波宽窄
(C)焊缝宽窄尺寸　(D)角焊缝焊角尺寸

166. 装配时常用的定位方法有(　　)。
(A)划线定位　(B)挡铁定位　(C)样板定位　(D)定位元件定位

167. 装配夹具对零件的紧固方式有(　　)。
(A)夹紧　(B)压紧　(C)拉紧　(D)顶紧

168. 一张完整的工业厂房施工图是由(　　)等组成的,这些组成大体上又可分为实体元素和符号元素两类。
(A)图线　(B)汉字　(C)数字　(D)字母

169. 厂房施工图的符号元素说明厂房承重构件的(　　)等。
(A)定位　(B)各部分的关系
(C)标高　(D)建筑的朝向或是图样之间的联系

170. 厂房施工图的符号元素包括(　　)以及指北针等。
(A)定位轴线　(B)尺寸标注　(C)标高符号　(D)详图符号

171. 下列说法错误的是(　　)。
(A)定位轴线应用粗实线绘制　(B)定位轴线应用细实线绘制
(C)定位轴线应用粗点画线绘制　(D)定位轴线应用细点画线绘制

172. 下列说法错误的是(　　)。
(A)定位轴线的编号应注写在轴线端部的圆内,圆的直径为 4～6 mm
(B)定位轴线的编号应注写在轴线端部的圆内,圆的直径为 6～8 mm
(C)定位轴线的编号应注写在轴线端部的圆内,圆的直径为 8～10 mm
(D)定位轴线的编号应注写在轴线端部的圆内,圆的直径为 10～12 mm

173. 下列说法错误的是(　　)。

(A)定位轴线的编号应注写在轴线端部的圆内,圆应用粗实线绘制
(B)定位轴线的编号应注写在轴线端部的圆内,圆应用细实线绘制
(C)定位轴线的编号应注写在轴线端部的圆内,圆应用细点画线绘制
(D)定位轴线的编号应注写在轴线端部的圆内,圆应用细虚线绘制

174. 下列说法错误的是(　　)。
(A)施工图上定位轴线的编号一般应标注在图样的下方与左侧
(B)施工图上定位轴线的编号一般应标注在图样的下方与右侧
(C)施工图上定位轴线的编号一般应标注在图样的上方与左侧
(D)施工图上定位轴线的编号一般应标注在图样的上方与右侧

175. 下列说法错误的是(　　)。
(A)施工图上定位轴线的横向编号应用阿拉伯数字,按从上至下的顺序编写
(B)施工图上定位轴线的横向编号应用阿拉伯数字,按从左至右的顺序编写
(C)施工图上定位轴线的横向编号应用阿拉伯数字,按从右至左的顺序编写
(D)施工图上定位轴线的横向编号应用阿拉伯数字,按从下至上的顺序编写

176. 下列说法错误的是(　　)。
(A)施工图上定位轴线的竖向编号应用大写拉丁字母,按从上至下的顺序编写
(B)施工图上定位轴线的竖向编号应用大写拉丁字母,按从左至右的顺序编写
(C)施工图上定位轴线的竖向编号应用大写拉丁字母,按从右至左的顺序编写
(D)施工图上定位轴线的竖向编号应用大写拉丁字母,按从下至上的顺序编写

177. 根据装配图样拆绘结构件或零件图的方法有(　　)。
(A)熟悉装配图样　(B)确定拆绘对象　(C)分析拆绘对象　(D)绘制拆绘对象

178. 工业厂房的部件主要划分为(　　)、天车轨道梁等。
(A)钢结构基础　(B)钢结构立柱　(C)钢结构屋架　(D)墙面桁架结构

179. 下列放样划线时预留加工余量的方法中,叙述正确的是(　　)。
(A)剪切后进行铣削加工的一般每边加上 3～4 mm
(B)剪切后进行铣削加工的一般每边加上 5～6 mm
(C)气割后进行铣削加工的一般每边加上 6～7 mm
(D)气割后进行铣削加工的一般每边加上 4～5 mm

180. 下列放样划线时预留加工余量的方法中,叙述正确的是(　　)。
(A)剪切后进行车削加工的一般每边加上 4～5 mm
(B)剪切后进行车削加工的一般每边加上 2～3 mm
(C)气割后进行车削加工的一般每边加上 3～4 mm
(D)气割后进行车削加工的一般每边加上 4～5 mm

181. 机架结构放样的内容主要有(　　)。
(A)组成机架结构各板件之间的接口处理
(B)形状复杂板件的号料样板制作
(C)记录各板件的尺寸规格及一些必要的数据
(D)展开放样

182. 绘制相贯构件展开图的基本步骤有(　　)。

(A)样板制作　(B)对相交的两形体进行分析
(C)求相贯线　(D)绘制展开图

183. 下列属于不可展表面的是(　　)。
(A)球面　(B)圆柱面　(C)螺旋面　(D)圆锥面

184. 数控切割自动编程软件进行编程的过程为(　　)。
(A)根据切割零件图样利用计算机作图　(B)生成加工轨迹
(C)生成代码　(D)传输代码

185. 下列说法错误的是(　　)。
(A)剪床上铭牌所标示的最大剪切厚度,通常是以 45 钢的强度极限为依据计算的
(B)剪床上铭牌所标示的最大剪切厚度,通常是以 20～30 钢的强度极限为依据计算的
(C)剪床上铭牌所标示的最大剪切厚度,通常是以 50～60 钢的强度极限为依据计算的
(D)剪床上铭牌所标示的最大剪切厚度,通常是以 65 Mn 钢的强度极限为依据计算的

186. 下列说法错误的是(　　)。
(A)计算平口剪床的剪切力时,折算系数 $K$ 通常取 $K=0.5\sim0.7$
(B)计算平口剪床的剪切力时,折算系数 $K$ 通常取 $K=0.8\sim1.0$
(C)计算平口剪床的剪切力时,折算系数 $K$ 通常取 $K=1.2\sim1.3$
(D)计算平口剪床的剪切力时,折算系数 $K$ 通常取 $K=1.5\sim1.6$

187. 材料剪断面具有明显的区域性特征,可以明显地分为(　　)几个部分。
(A)塌角　(B)光亮带　(C)剪裂带　(D)毛刺

188. 目前我国铁道车辆车体承载结构所用材料,主要有(　　)等金属材料。
(A)普通碳素钢　(B)耐候钢　(C)不锈钢　(D)铝合金

## 四、判 断 题

1. 目视检测是重要的无损检测方法之一,是一种表面检测方法。(　　)
2. 球瓣的压弯成形多数采用冷压法。(　　)
3. 钢材的拼接应在组装前进行。(　　)
4. 圆柱面属于不可展表面。(　　)
5. 铸铁可以用气割方法下料。(　　)
6. 防止胀接接头过胀的措施是:按孔径选择好胀管器。(　　)
7. 卡形样板主要用于检验弯曲件的角度或曲率。(　　)
8. 环境保护法不包括依靠群众保护环境的原则。(　　)
9. 明细栏用来记载零件名称、序号、材料、数量及标准件的规格、标准代号等。(　　)
10. 企业的质量方针是企业的全面的质量宗旨和质量方向。(　　)
11. 岗位质量要求是对各个岗位质量工作的具体要求。(　　)
12. 岗位质量措施与责任要求,岗位工作要按工艺规程的规定进行。(　　)
13. 公务员和比照实行公务员制度的事业组织和社会团体的工作人员,是不适用我国《劳动法》的人员。(　　)
14. 用人单位自用工之日起超过一个月但不满一年未与劳动者订立书面劳动合同的,应当向劳动者支付两倍的月工资。(　　)

15.《劳动合同法》规定的工作时间,是指劳动者实际进行本职工作的时间,不包括如停工待料时间、女工哺乳婴儿时间、工间休息时间等。( )

16.《劳动合同法》规定,用人单位未按照劳动合同约定提供劳动保护或者劳动条件的;用人单位违章指挥、强令冒险作业危及劳动者人身安全的,劳动者可以立即解除劳动合同,不需事先告诉用人单位。( )

17. 安全用电的原则是不接触低压带电体,不靠近高压带电体。( )

18. 导线通过电流时不允许过热,所以导线的额定电流应比实际输电的电流要小些。( )

19. 电击是指电流对人体内部的伤害。( )

20. 电对人体的伤害有电击和电伤两种。( )

21. 使用电钻等移动电器时,其外壳不须接地,操作者应戴好绝缘手套,调换钻头时须拔下插头。( )

22. 非铸造容器的液压试验压力是工作压力的 1.25 倍。( )

23. 容器气密试验的压力等于工作压力。( )

24. 螺旋面是可展表面。( )

25. 三角形法适用所有形体的表面展开。( )

26. 球体是旋转体。( )

27. 截交线是被截切形体与切面的公有线,同时也是相交两物体的分界线。( )

28. 球体被平面所截只有一种情形,即在任何情况下,其截面都为椭圆形。( )

29. 圆管与圆锥管相交的结合线为封闭的空间曲线。( )

30. 圆锥螺旋叶片的特点是每一块叶片的规格、尺寸都一样。( )

31. 球面、抛物面、双曲面都属于可展旋转面。( )

32. 球体是典型的不可展曲面。( )

33. 两个旋转体的轴线在空间相交,交点就是辅助球面的球心。( )

34. 两个旋转体的轴线同时平行于圆柱投影面,两轴线在同一视图上表现为实长。( )

35. 用三角法展开时,关键是求出各素线的实长。( )

36. 精确地作出相交形体表面的公共线,是相贯体展开时必须解决的问题。( )

37. 在三视图中,当直线垂直于某一投影面时,该直线在另两个投影面上不一定反映实长。( )

38. 相同直径铆钉铆接的强度与铆钉的长度和钢板厚度成正比。( )

39. 在同一接头面积上,铆钉的铆接数量愈多,其强度愈大。( )

40. 铆工在进行铆接过程前,必须考虑铆钉的钉距、边距、排距以及铆钉排列方式等技术问题。( )

41. 用普通碳素钢铆钉和使用铆钉枪铆接时,则应加热到 1 000 ℃左右,呈亮红色才能铆接。( )

42. 在低合金钢结构中,由于钢材的性质较为坚硬,因此要用冷铆。( )

43. 在铣铆钉孔时,转速应先慢后快,并垂直进入孔内,要防止卡住铣刀和风钻的歪斜。( )

44. 按结构方式，焊缝可分为对接焊缝、角焊缝及塞焊缝三种。（ ）

45. 对接焊缝有直、斜之分，斜焊缝能提高强度，斜角取 45°。（ ）

46. 塞焊是在连接件时使用的一种焊接方法，先钻孔然后用焊条填漏，它只能起辅助作用。所以在强度计算中，不考虑塞焊因素。（ ）

47. 在某些情况下，有时也出现脱离实际的现象，将焊坡加大加厚，以提高焊缝强度，反而增加了应力集中而削弱了强度。（ ）

48. 圆柱形容器的受力不均匀，根据受力分析，环向焊缝所受到的应力要比纵向焊缝的应力大一倍。（ ）

49. 压力容器的试样板应取于工件同一块母材，必须与产品一起进行加热、焊接、热处理等工序，然后通过对试样板进行机械性能试验，得知产品在加工过程中金属内部的变化情况。（ ）

50. 封头与筒体在装配前，应先把人孔按设计的位置尺寸割开，再进行装配。（ ）

51. 如果容器内部有零件，可在装配一端封头后，再进行内部零件的装配，最后装配另一端封头。（ ）

52. 罐底板、罐壁板、连接角钢、罐盖板各板间焊缝应错口排料，应采用十字焊缝连接，不允许采用 T 字形焊缝连接。（ ）

53. 拱顶板焊接时，先焊底部的断续焊缝，后焊顶部的连续焊缝；先焊环向短缝，后焊径向长缝；焊工以均匀的位置分布，由中心向外分段退焊。（ ）

54. 在充气顶升过程中，罐内的风量、风压与罐体的体积大小无关，因此顶开每层罐体的风量和压力相同。（ ）

55. 在小批或单件装配 T 形梁时，一般采用划线拼装。（ ）

56. 装配 T 形梁和 I 形梁时，采用模具装配可进一步提高装配速度。（ ）

57. 钢板弯曲变形的大小，与焊缝收缩力的大小和焊缝离钢板中心轴的距离有关，收缩力越大，焊缝离中心轴越远，则弯曲变形越大，反之越小。（ ）

58. 焊缝的纵向收缩量随焊缝长度的增加而减少。（ ）

59. 焊件材料的线膨胀比系数越大，焊后的焊缝收缩量也越大。（ ）

60. 碳钢的焊后收缩量比不锈钢、铝的大。（ ）

61. 一般焊缝的横向收缩量大于纵向收缩量。（ ）

62. 用锤击焊缝法防止多层焊接变形时，应在第一层与最后一层时施加锤击。（ ）

63. 采用刚性固定法会使焊缝区域造成极大的内应力，因此这种方法适用于中碳钢和合金钢。（ ）

64. 二氧化碳气体保护焊可以用于焊接低碳钢、低合金钢和耐热钢等。（ ）

65. 爆炸成形时，由于用空气或砂等介质代替刚性压膜，因此，对爆炸成形零件的形状不会受到限制。（ ）

66. 栽丝就是将双头螺柱的一端拧人工件的螺纹孔。（ ）

67. 车辆的方位规定以装人力制动机或制动缸活塞杆伸出方向的一端为一位端，与一位端相反的另一端为二位端。（ ）

68. 机车或车辆落车及所有组装项目完成后所进行的专门检查，叫分解检查。（ ）

69. 单角压弯模的凸模与凹模的间隙需要在设计、制造模具时确定。（ ）

70. 挖补是把钢结构局部腐蚀或严重变形的部位挖去,并焊或铆上一块新钢材的一种修理方法。(　　)

71. 对钢板进行的,诸如抛喷丸(或化学)除锈、除油脂、喷涂底漆、烘干等处理过程,称为钢板预处理。(　　)

72. 等离子切割是属于热切割性质,这与氧气切割在本质上是相同的。(　　)

73. 等离子切割的气体一般用氢氧混合气体。(　　)

74. 气体保护电弧焊的应用比较广泛,特别是在合金钢、有色金属及其合金的焊接中应用得越来越多。(　　)

75. 二氧化碳气体保护焊的优点是成本低,容易观察焊缝成形,可以用于各种位置的焊接。(　　)

76. 合金是由两种或两种以上的金属构成的。(　　)

77. 一般件,合金的机械性能不如构成它的纯金属好。(　　)

78. 铁素体的含量为 0.021 8%,而奥氏体的含碳量为 2.11%。(　　)

79. 渗碳体是铁和碳构成的机械混合物。(　　)

80. 为了消除部分碳素工具钢组织中的网状渗碳体,可采用球化退火。(　　)

81. 去应力退火的目的是消除铸件、焊接件和切削加工件的内应力。(　　)

82. 由于淬火钢的硬度与冷却速度有关,所以任意钢种水冷都比油冷硬。(　　)

83. 淬火钢的回火温度愈高,则硬度就愈高。(　　)

84. 发蓝的主要目的是提高零件表面的强度和硬度,其次还能提高抗蚀能力。(　　)

85. 若钢中含有除铁、碳外的其他元素,就称合金钢。(　　)

86. 工程上只有当碳钢的性能不能满足要求时,才采用合金钢。(　　)

87. 普通低碳钢因碳和合金元素的含量低,塑性较好,故冷冲、冷弯和焊接性能较好。(　　)

88. 合金调质钢由于合金元素的加入提高了淬透性,所以调质后具有良好的综合机械性能。(　　)

89. 大型机器零件,为了获得良好的综合机械性能,常用合金调质钢来制造。(　　)

90. 冷冲模具工件时受冲击和摩擦,所以应用低碳合金钢来制造。(　　)

91. 铸铁的切削加工性比钢差,所以切削小型、快冷的铸铁零件毛坯容易崩刃。(　　)

92. 可锻铸铁是由灰铸铁经可锻化退火后获得的。(　　)

93. 由于滑动轴承的轴瓦内衬在工作中,承受磨损,故要求其只要有高的硬度和耐磨性。(　　)

94. 铸造铝合金的铸造性好,但一般塑性较差,不宜进行压力加工。(　　)

95. 纯铜硬度低,而且塑性、韧性好,故切削容易及切削加工性能良好。(　　)

96. 形体在空间的截交线,一定是由直线或曲线围成的平面封闭图形。(　　)

97. 球面被平面所截,只有一种情形,即在任何情况下,其截面都为圆形。(　　)

98. 圆柱螺旋线的形状和大小是由圆柱直径、导程和旋向三要素组成。(　　)

99. 正圆柱螺旋线的展开为一抛物线。(　　)

100. 圆柱被平面所截切,若截平面与圆柱轴线倾斜,则截交线为圆。(　　)

101. 射线探伤是一种破坏性检验方法。(　　)

102. 煤油渗透试验是检查压力容器焊缝的唯一手段。(　　)

103. 图样上由设计给定的尺寸叫实际尺寸。(　　)

104. 公差制是对两个相互结合的零件之间配合关系的要求所做出的统一规定。(　　)

105. 凸轮机构的从动杆件的运动规律,与凸轮的轮廓曲线无关。(　　)

106. 带传动的弹性滑移现象是不可避免的。(　　)

107. 链传动能保持平均传动比的准确。(　　)

108. 齿轮传动可以保持瞬时传动比的稳定。(　　)

109. 链传动、齿轮传动和蜗杆传动,三者中蜗杆传动的效率最高。(　　)

110. 蜗杆传动不容易实现互换啮合。(　　)

111. 螺钉连接主要用于经常拆卸的场合。(　　)

112. 只受扭转作用而受弯曲作用的是转轴。(　　)

113. 热继电器是一种过载保护的电器元件。(　　)

114. 电渣焊可以用于薄壁件的焊接。(　　)

115. 氩弧焊特别适用于薄板焊接。(　　)

116. 射线照相探伤特别适用于探测体积型缺陷。(　　)

117. 超声波探伤特别适用于探测体积型缺陷。(　　)

118. 磁粉探伤只适用于探测铁磁性材料和工件的缺陷。(　　)

119. 渗透探伤适用于探测疏松多孔性材料的缺陷。(　　)

120. 放射线展开法适用于构件表面的素线相交于一点的形体。(　　)

121. 在一个导程内,圆柱螺旋线的长度等于 $2\pi R$。(　　)

122. 在工件弯曲时,工件的外表面产生裂纹和断裂,这说明此处材料已达到抗拉极限。(　　)

123. 将钢加热到一定温度并保温一定的时间,然后缓慢地冷却,这种热处理方法叫回火。(　　)

124. 弯板中性层位置的改变与弯曲半径 $R$ 和板厚 $t$ 的比值无关。(　　)

125. 水箱、油罐的铆接均为强密铆接。(　　)

126. 手工铆接时,铆钉的加热温度应比铆钉机铆接要低一些。(　　)

127. 防止焊接变形和降低残余应力往往是矛盾的,因此,一般来说,强度上重要的部件重点在于减少残余应力,而薄板结构、次要部件在于防止残余变形。(　　)

128. 在钢板焊接时,由于金属热胀冷缩,当焊接区或金属温度高时,金属就膨胀伸长,使工件发生变形;当温度降低时,金属就冷却收缩。因此,整个工件仍恢复到原来的形状。(　　)

129. 通过比较消除变形和减少残余应力的难易程度,发现消除变形更为困难。因此,在施工时,只要不产生裂纹,采取以防止变形为主的施工方法。(　　)

130. 易于淬火、硬脆的材料在矫正加热后允许浇水冷却。(　　)

131. 手工矫正薄板和厚板的方法不同,但基本原理都是一样的,都是通过一定的手段来调整钢板的松紧情况,使之达到均匀,从而使钢板矫正。(　　)

132. 手工自由煨制封头,敲凸包时,应从边缘开始,绕圆周逐渐向中心发展。(　　)

133. 局部加热矫正时,点状加热的特点是点的周围向中心收缩,使点的部分变紧一些,而

点的周围以外变松些。(　　)

134. 角钢在内弯时,若为切口弯曲都需加补料;在外弯时,若为切口弯曲都不需要补料。(　　)

135. 压弯时,工件的中性层以外受压应力,以内受拉应力。(　　)

136. 焊接结构中最危险的缺陷是裂纹。(　　)

137. 钢和灰口铸铁用同一尺寸螺纹,攻丝前底孔直径相同。(　　)

138. 线状加热的特点是:线宽度方向的收缩是明显地大于长度方向的收缩,并且随加热线宽度的增加而增加。(　　)

139. 角钢矫正的先后顺序是:先矫正扭曲,后矫正弯曲,最后矫正角变形。(　　)

140. 在常用金属材料中,钢的弹性模数较高,约为钢合金的两倍,铝合金或铸铁的三倍。(　　)

141. 为了提高零件、构件的刚度,改变零件或构件的断面形式或结构形式是唯一行之有效的方法。(　　)

142. 设计焊接夹具时,应当选择零件上宽而长的表面作为止推定位基准面。(　　)

143. 氧气—乙炔焰温度可达 3 200℃左右。(　　)

144. 选择手锯锯条时,若工件较厚,应使用细齿锯条;若工件较薄,应使用粗齿锯条。(　　)

145. 用两根吊索吊起的一件重物,如两根吊索的夹角越小,则吊索受控力愈大。(　　)

146. 圆柱形容器环向焊缝所受的应力比纵向焊缝所受的应力大。(　　)

147. 低合金高强度钢焊前预热的主要作用是减少淬硬度和防止冷裂纹。(　　)

148. 滚弯的实质是连续不断的压弯。(　　)

149. 型钢矫正时,应先矫正两翼面的弯曲,然后再矫正扭曲变形。(　　)

150. 气焊时,金属常常会由于在高温下停留时间过长而过热,为消除其不良后果,可以在焊后进行正火热处理。(　　)

151. 标准麻花钻的顶角越小,可钻削的金属硬度越高。(　　)

152. 因铆钉直径越大,数量越多,强度也越大,所以一块材料多加铆钉和增大铆钉直径就一定能提高铆接件的强度。(　　)

153. 铆工使用的錾子刃口,在淬火后利用余热回火时,一般采用蓝黄火之间的硬度为宜。(　　)

154. 局部加热矫正时,三角形加热法的特点是收缩量从三角形的顶点起沿腰边逐渐减小。(　　)

155. 板材的外伸内缩是无限的,所以在卷板机上滚圆时,只要卷板机有足够的能力,可以不考虑滚圆直径大小,都可以进行冷滚。(　　)

156. 斜焊缝疲劳强度较直焊缝高,所以缺陷对斜焊缝影响要小得多。(　　)

157. 金属材料弯曲时,一般屈服极限 $\sigma_s$ 值越高,其回弹力越大。(　　)

158. 折边机主要是用来弯曲简单的折线零件,一般精度和效率都较低。(　　)

159. 用对称式三轴卷板机,只要使两根下滚轴平行,上滚轴保持倾斜状态,即可滚成合格的锥形工件。(　　)

160. 滚圆时工件曲率的大小取决于卷板机滚轴间的距离。(　　)

161. 冲床吨位选用时，变形或冲裁工序总工艺力超过公称压力时，则会引起设备过载或破坏。（　）

162. 多轴辊平板机在矫平钢板时，进料口的上下轴辊垂直间隙应略小于板料的厚度。（　）

163. 碱性低氢型焊条主要用来焊接高强工的低合金钢和重要的钢结构构件。（　）

164. 酸性焊条与碱性焊条比较，由于焊接时碳的氧化造成沸腾，大大有利于已溶于池中的气体重新逸出，所以对铁锈、油脂及水分的敏感性不大。（　）

165. 一般位置直线倾斜于各投影面，它在投影面上的投影有时能反映实长，有时不能反映实长。（　）

166. 位置度的符号是⊕。（　）

167. 圆柱度的符号是○。（　）

168. 平行度的符号是═。（　）

169. 同轴度的符号是◎。（　）

170. 表示表面粗糙度是用去除材料的方法获得。（　）

171. 优质碳素结构钢中，硫、磷的含量均不大于 0.04%。（　）

172. 40Cr 钢中，Cr 的含量不超过 1.49%。（　）

173. 氰化是同时向钢表面渗碳和渗氮的过程。（　）

174. 珠光体是铁素体和渗碳体的化合物。（　）

175. 对地电压 250 V(含 250 V)的电压为低压。（　）

176. 变形区愈小，回弹愈小。（　）

177. 技术履历簿是记录车辆自制造落成起至报废止，整个过程中的技术状态和历次检修情况的记录簿。（　）

178. V 形件的自由弯曲力 $F_{自}=\dfrac{0.7Kbt^2\sigma_b}{R+t}$。（　）

179. 槽形件的自由弯曲力 $F_{自}=\dfrac{0.6Kbt^2\sigma_b}{R+t}$。（　）

180. 一张完整的工业厂房施工图是由图线、汉字、数字、字母等组成的。（　）

181. 复杂桁架结构图常采用常规的视图表达方式进行表达。（　）

182. 厂房施工图的实体元素一般反应厂房组成部分的投影关系，如墙体、门窗、房间等。（　）

183. 厂房施工图的符号元素说明厂房承重构件的定位、各部分的关系、标高、建筑的朝向或是图样之间的联系等。（　）

184. 定位轴线应用细实线绘制。（　）

185. 定位轴线的编号应注写在轴线端部的圆内。（　）

186. 数控切割机是自动化的高效火焰切割设备。（　）

187. 不锈钢、有色金属可以采用气割方法下料。（　）

188. 阶梯冲模凸模间的高度差 $H$ 与板料厚度 $t$ 有关。（　）

189. 如无特殊说明，冲裁模间隙都是指单面间隙。（　）

190. 气压试验的危险性比液压试验低。（　）

191. 铆钉头上有克伤痕的原因可能是铆钉枪窝头击打在铆钉头上。(　　)
192. 对于板厚在 20 mm 以下的直线型零件,大多采用剪板机剪切的下料方法。(　　)
193. 对于不锈钢、有色金属,一般采用气割方法进行下料。(　　)

## 五、简 答 题

1. 什么是定位轴线?
2. 对于剪切质量问题应从哪些方面着手解决?
3. 测量基准转换时,应注意什么?
4. 焊接外观质量目视检测的基本条件有哪些?
5. 复杂钢结构的结构放样的操作步骤包括哪几步?
6. 什么是矫正? 矫正工作包括哪些内容?
7. 工装在设计上应达到哪些要求?
8. 专用设备设计的原则是什么?
9. 什么是机车车辆现车修理?
10. 样品试制鉴定的主要内容是什么?
11. 怎样确认锅炉水压试验的合格与否?
12. 平面立体或曲面立体,被平面截切的位置不同,所得到的截交线形状各异,截交线都具有哪些性质?
13. 什么是机车车辆的互换修理?
14. 圆柱螺旋线的三个基本要素是什么?
15. 什么是机车车辆底架矫正?
16. 不可展曲面近似展开原理是什么?
17. 对模具设计有哪些要求?
18. 模具设计的一般原则是什么?
19. 怎样合理地选择模具结构?
20. 试模时应注意哪些事项?
21. 弯曲凹模的圆周半径对弯曲有何影响?
22. 铆接有哪些优点?
23. 钢板厚度在 12～60 mm 时,X 形坡口为什么比 V 形坡口好?
24. 焊接接头有哪些形式?
25. 在焊接中,产生疲劳强度低的原因是什么?
26. 对角焊缝采取哪些构造措施可减少应力集中的影响?
27. 什么是机车车辆漏雨试验?
28. 对钢板表面和厚度的检查项目主要有哪些? 各用什么量具进行检查?
29. 对角钢的检查项目主要有哪些? 用什么量具进行检查?
30. 气割下料工件的检查内容有哪些?
31. 对圆筒形工件的检查内容有哪些?
32. 对封头的检查项目主要有哪些?

33. 什么叫无损探伤？主要有哪些方法？
34. 试述工件变形的原因和矫正方法。
35. 简述煤油渗透试验过程。
36. 机车车辆造、修过程中，落车的定义是什么？
37. 辊圆锥的方法有哪几种？
38. 机械传动式弯管机是如何传动的？
39. 钢板矫平机的矫正原理是什么？
40. 什么是装配的六点定位规则？
41. 为什么气体保护电弧焊能获得高质量焊缝？
42. 什么叫氩弧焊？氩气起什么作用？
43. $CO_2$气体保护焊有哪些优缺点？
44. 在接头形式确定以后，焊接坡口的选择原则是什么？
45. 简易冲模有何特点？
46. 弯曲管材时，如何减少横截面的椭圆度？
47. 四辊滚圆机的优点是什么？
48. 管子在弯曲时会产生什么样的变形？和哪些因素有关？
49. 不对称式三辊轴滚圆机怎样消除起端直头？
50. 简述滚圆机滚弯坯料的过程。
51. 手工矫正厚钢板的要点是什么？
52. 什么是咬缝？咬缝有何特点？
53. 等离子弧气割的特点是什么？
54. 简述机车车辆"检修周期"的含义。
55. 板厚处理的一般原则是什么？
56. 等径蛇形弯管构件的特点是什么？
57. 换面法如何选择新的投影面？
58. 拉铆的操作工艺是什么？
59. 计算铆钉直径时的板厚需按什么原则确定？
60. 投影变换的意义是什么？
61. 简述咬接常见的质量缺陷有几项。
62. 冷作产品检验应包括哪些内容？
63. 氧气切割的条件是什么？
64. 简述铆钉头有一部分和铆接构件表面未密合的原因及防止措施。
65. 影响弯曲回弹的因素是什么？
66. 应力集中有哪些特点？
67. 防止焊缝裂纹的主要措施有哪些？
68. 等离子切割的实质和特点是什么？
69. 简述胀接常见的质量缺陷有几种。
70. 铁道车辆车体钢结构所用材料，应符合哪些技术要求？

## 六、综 合 题

1. 求如图 1 所示 V 形件的接触弯曲力。(材料的 $\sigma_b=370$ MPa,注:图中长度单位均为 mm)

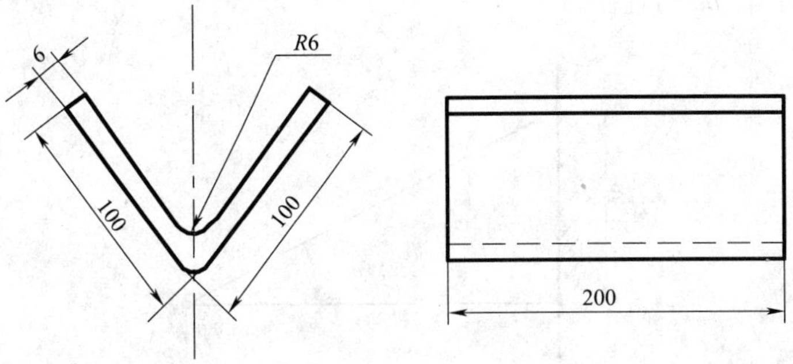


图 1

2. 求如图 2 所示 U 形件的接触弯曲力。(材料的 $\sigma_b=370$ MPa,凸模圆角半径为 6 mm,注:图中长度单位均为 mm)

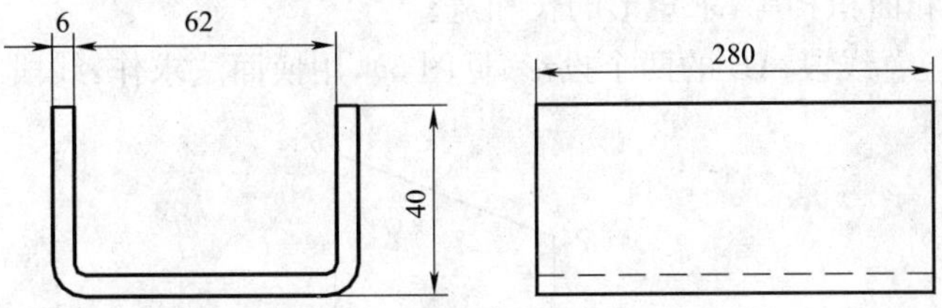


图 2

3. 用半圆头铆钉连接角钢和钢板(角钢为 50 mm×50 mm×5 mm,钢板厚度 $\delta$ 为6 mm),试确定铆钉直径和铆钉长度。

4. 已知一连杆的轴向受力 $P=61$ kN,连杆的横截面积为矩形,$h/b=2$,材料的许用应力 $[\sigma]=80$ MPa,试设计连杆的横截面尺寸。

5. 用承压许用应力 $[\sigma_c]=250$ MPa 的材料制成 $\phi16$ mm 的铆钉,把两层 20 mm 厚的钢板铆在一起,求铆钉受压时的单钉承载能力。

6. 冲裁如图 3 所示长圆孔,已知材料的抗剪强度 $\tau=340$ MPa,$K_p$ 取 1.3,压力机的吨位为 $63\times10^4$ N,问能否冲裁?采取什么措施?(注:图中长度单位均为 mm)

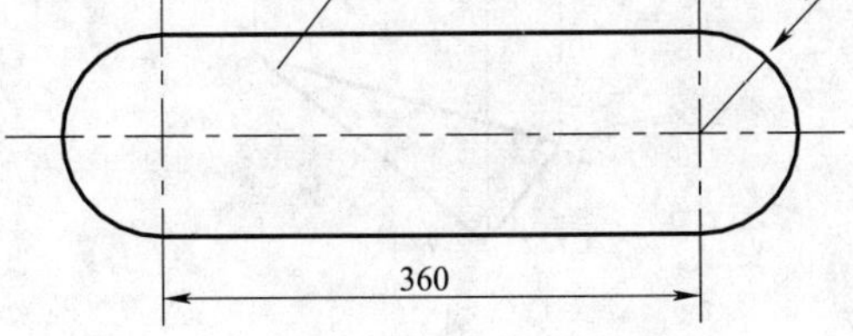


图 3

7. 已知某冲裁件的厚度 $t=1$ mm，冲裁周长通过计算为 1 200 mm，材料的抗剪强度 $\tau=400$ MPa，求冲裁力 $P$。(系数 $K_p=1.3$)

8. 试述车体钢结构焊接变形的矫正方法。

9. 如图 4 所示为一简易吊架，已知最大起重量 $P=20$ kN。拉杆 $bc$ 材料的许用应力$[\sigma]=120$ MPa，试选择拉杆 $bc$ 的直径。

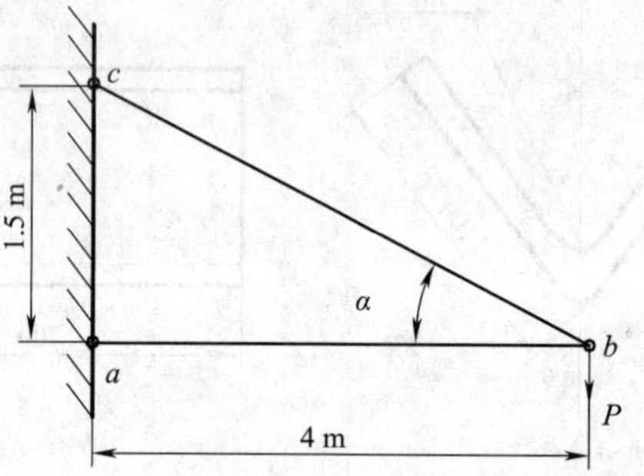


图 4

10. 一等腰三角形底边和腰的长分别为 6 cm 和 5 cm，有一个矩形它的周长和面积与上述等腰三角形的周长和面积相等，求矩形的长和宽。

11. 已知一般位置线段 $AB$ 的两个投影(见图 5)，用换面法求作：线段 $AB$ 的实长。

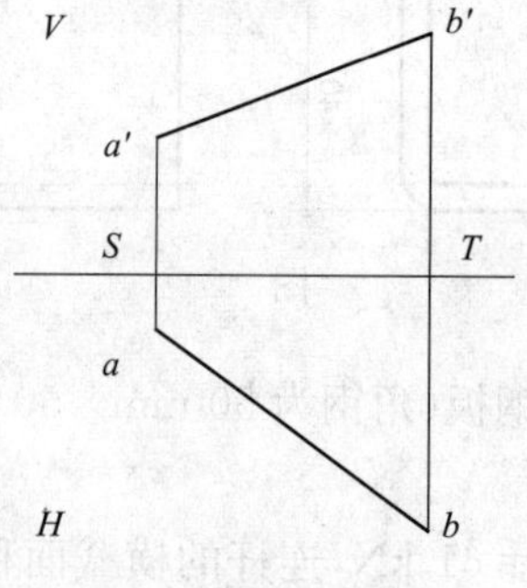


图 5

12. 已知$\triangle ABC$ 的两个投影(见图 6)，用换面法求作：$\triangle ABC$ 实形。

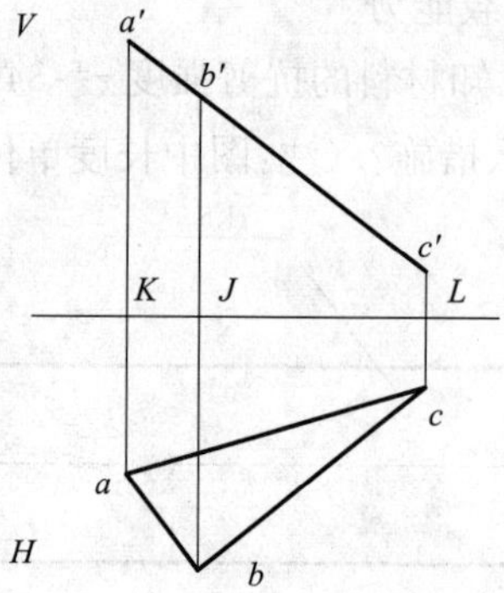


图 6

13. 已知正四棱台主、俯两个视图(见图 7),用两次换面法求作:两侧面的夹角 α。

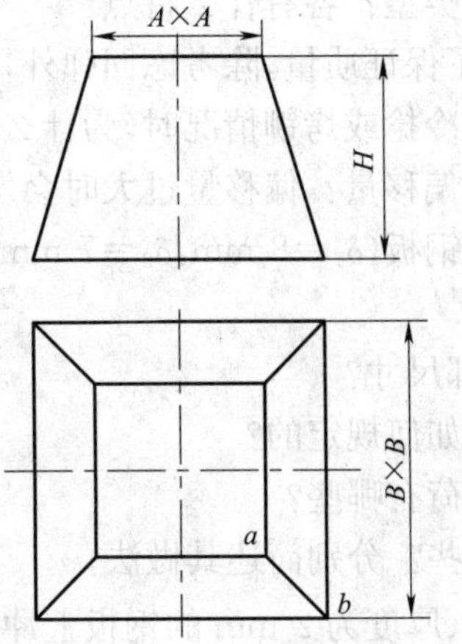


图 7

14. 将如图 8 天圆地方变形筒体件展开作图。

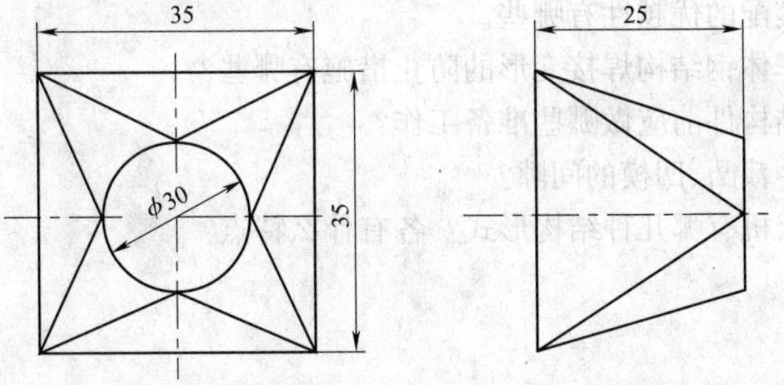


图 8(单位:mm)

15. 求作如图 9 所示圆柱与正圆锥水平正交的相贯线。

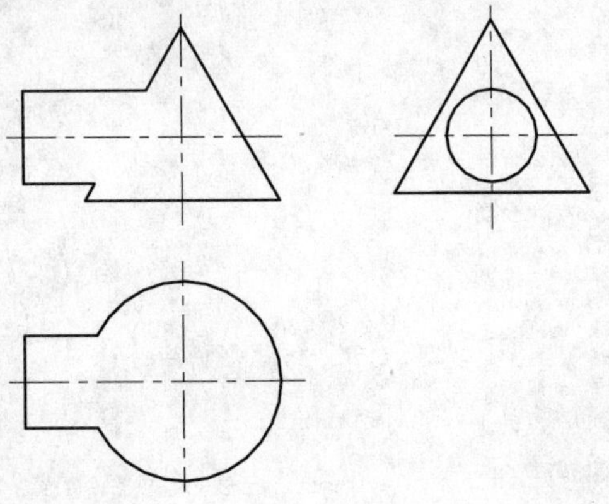

图 9

16. 试述铆接的强度与哪些因素有关。

17. 铆接可分为哪几类?各有什么特点?

18. 如何用断口鉴别法鉴定钢铁材料？

19. 常见的电弧焊机有几种类型？各有什么特点？

20. 设计弯曲模结构时，为了保证质量，除考虑回弹外，还应注意哪些问题？

21. 检查铆钉时发现铆钉有冷捻或烤铆情况时，为什么必须更换铆钉重铆？

22. 什么是车辆在曲线上的偏移量？偏移量过大时会发生什么现象？

23. 用半圆头铆钉连接两块钢板（$\delta_1=8$ mm，$\delta_2=7$ mm），试确定铆钉直径、长度及铆钉孔直径（热铆粗装配）。

24. 如何测量车体外部、内部尺寸？

25. 车辆方向和部件位置是如何规定的？

26. 作用在车辆上的基本载荷有哪些？

27. 降低冲裁力的方法有哪些？分别简述其做法。

28. 在抗剪强度为 450 MPa、厚度为 2 mm 的钢板上冲一 $\phi 40$ mm 的孔，试计算需多大冲裁力？（$\pi$ 取 3.1416，系数 $K_P=1.3$）

29. 比较气割和气焊有什么相同？又有什么不同？

30. 试述等离子弧切割有何特点。

31. 简述部件装配的优越性有哪些。

32. 机车车辆车体钢结构焊接变形的防止措施有哪些？

33. 矫正金属结构件前应做哪些准备工作？

34. 怎样确定冲裁凸、凹模的间隙？

35. 常见的滚板机有哪几种结构形式？各有什么特点？

# 机车车辆铆工(高级工)答案

## 一、填 空 题

1. 夹紧元件 2. 20～30 号 3. 未将钉杆镦粗 4. 劳动关系
5. 一个月 6. 劳动合同 7. 生存和发展 8. 传播途径
9. 最高管理者 10. 质量要求 11. 5 12. 高压
13. 额定 14. 外部 15. 电击和电伤 16. 结构特点
17. 大于 2.11% 18. 铜和锌 19. 铜和锡 20. 硬度和耐磨性
21. 轨面 22. 稳定性 23. 剪裂 24. 等腰三角形
25. 支柱制造 26. 单个零件 27. 截交线 28. 中心线
29. 近似地 30. 导程 31. 弧长 32. $\sqrt{(\pi d)^2+s^2}$
33. 断面质量 34. 耐磨性 35. 变形 36. 使用寿命
37. 滑块的中心线 38. 弯曲、挤压 39. 松动 40. 松动
41. 等强度 42. 略大于 43. 正比 44. 摩擦
45. 摩擦阻力 46. 滑移 47. 8 48. 蓝脆
49. 摩擦 50. X 51. 1∶5 52. 小
53. 比较严重 54. 穿透力 55. 超高压 56. $D/4$
57. 立装 58. 卧式 59. 球心角弧长计算 60. 挖补法
61. 解体 62. 检修范围 63. 落成检查 64. 补强法
65. 密封 66. 1.25 67. 历次检修 68. 放样划线
69. 输入数字形式 70. 执行 71. 高度压缩 72. 不锈钢
73. 氮 74. $CO_2$ 75. 保护介质 76. 实长线
77. 平行 78. 封闭的 79. 直线 80. 近似的
81. 小 82. 越小 83. 大 84. 接触和摩擦
85. 热冲压 86. 不均匀加热 87. 梁柱 88. 判断和选择
89. 加热的温度 90. 内应力 91. 局部加热 92. 锤击和冷水急浇
93. 厚度 94. 旁弯 95. 扭曲 96. 相对位置
97. 加热 98. 900～1 100 99. 对称式和不对称式
100. 找正定位板和板料折边 101. 等腰三角形 102. 压扁
103. 1.5 104. 中心层 105. 拉应 106. 平行
107. 杠杆—螺旋拉紧器 108. 辊筒式滚架 109. 楔条夹具 110. 挡铁
111. 管接头 112. 退火处理 113. 空心铆钉和芯棒 114. $L/1\,000$
115. 载重小车 116. 球形 117. $(1.5/1\,000)L$ 118. 1/6～1/12

119. 仿形　120. 焊缝承载力　121. 金相组织　122. 立体样板
123. 表面缺陷　124. 金相　125. 气压试验　126. 密封性
127. 氨渗透试验　128. 1.05　129. 渗透探伤　130. 焊缝
131. 三角形　132. 固定端约束　133. 弯曲变形　134. 机架
135. $i_{12}=n_1/n_2=d_1/d_2$　136. 直线　137. 螺钉连接　138. 传递载荷
139. 传动轴　140. 滚动体　141. 测量力和力矩　142. 辅助
143. 终点判断　144. 电磁压缩　145. 小　146. 液压式
147. 氢致应力　148. 射线透视　149. 强　150. 易爆
151. 铆焊混合　152. 连接板所受的拉应力　153. 双扣
154. 材料性质　155. 胎具装配法　156. 夹紧　157. 1.5
158. 加热　159. 角变形　160. 热疲劳强度　161. 断面收缩率
162. 热处理　163. 断口　164. 较差　165. 零件
166. 位置　167. 再结晶　168. 5　169. 加热冲裁
170. 验形　171. 卡形　172. 卷裂　173. 人力制动机
174. 0.25%～0.60%　175. 左边　176. 5%　177. 5%～10%
178. 纵向梁　179. 节点详图　180. 字母　181. 投影关系
182. 细点画　183. 8～10　184. 细实　185. 左
186. 从左至右　187. 从下至上　188. 绘制拆绘对象　189. 剪板机剪切
190. 米　191. 挡板　192. 塌角　193. 尺寸
194. 火焰　195. 穿孔　196. 管径　197. 弯曲角

## 二、单项选择题

| | | | | | | | | |
|---|---|---|---|---|---|---|---|---|
| 1. D | 2. A | 3. C | 4. B | 5. A | 6. C | 7. A | 8. B | 9. B |
| 10. C | 11. B | 12. C | 13. D | 14. B | 15. C | 16. D | 17. B | 18. C |
| 19. D | 20. A | 21. B | 22. A | 23. B | 24. D | 25. A | 26. A | 27. B |
| 28. C | 29. A | 30. C | 31. B | 32. C | 33. C | 34. A | 35. C | 36. B |
| 37. C | 38. A | 39. A | 40. C | 41. A | 42. B | 43. C | 44. A | 45. B |
| 46. C | 47. A | 48. A | 49. A | 50. C | 51. B | 52. A | 53. B | 54. A |
| 55. B | 56. B | 57. C | 58. A | 59. C | 60. A | 61. A | 62. A | 63. B |
| 64. A | 65. B | 66. B | 67. B | 68. A | 69. B | 70. B | 71. A | 72. C |
| 73. B | 74. B | 75. C | 76. A | 77. B | 78. B | 79. D | 80. C | 81. D |
| 82. C | 83. B | 84. D | 85. C | 86. C | 87. B | 88. B | 89. A | 90. B |
| 91. C | 92. B | 93. A | 94. B | 95. B | 96. B | 97. D | 98. D | 99. D |
| 100. C | 101. B | 102. B | 103. B | 104. A | 105. A | 106. B | 107. A | 108. A |
| 109. B | 110. D | 111. C | 112. A | 113. D | 114. D | 115. C | 116. D | 117. B |
| 118. B | 119. B | 120. C | 121. A | 122. A | 123. C | 124. C | 125. A | 126. C |
| 127. B | 128. C | 129. B | 130. A | 131. A | 132. B | 133. D | 134. A | 135. C |
| 136. B | 137. C | 138. A | 139. C | 140. C | 141. A | 142. C | 143. D | 144. A |
| 145. C | 146. A | 147. D | 148. A | 149. D | 150. C | 151. A | 152. B | 153. B |

154.B 155.B 156.B 157.B 158.B 159.B 160.C 161.A 162.C
163.B 164.B 165.B 166.A 167.B 168.A 169.C 170.B 171.B
172.A 173.A 174.A 175.A 176.B 177.A 178.B 179.B 180.C
181.D 182.D 183.C 184.B 185.A 186.B 187.D 188.D 189.D
190.A 191.A 192.B 193.C

## 三、多项选择题

1.ABCD 2.ABCD 3.ABD 4.ACD 5.ABCD 6.ABCD 7.ABCD
8.ABCD 9.BC 10.ACD 11.ABC 12.ABCD 13.ABD 14.ABCD
15.ABC 16.AB 17.AC 18.BCD 19.ABD 20.ABCD 21.ACD
22.ABCD 23.ABC 24.BCD 25.BD 26.ACD 27.ABD 28.ABCD
29.ABCD 30.BCD 31.ABC 32.ABCD 33.ABC 34.ACD 35.ABCD
36.BCD 37.AC 38.ABCD 39.ABCD 40.ABCD 41.ABD 42.ABCD
43.ABCD 44.ABC 45.ABCD 46.BC 47.ABD 48.ABC 49.ABC
50.ABCD 51.ABC 52.ABCD 53.ABCD 54.CD 55.BCD 56.ABC
57.ABC 58.BCD 59.BD 60.ABCD 61.ABCD 62.AC 63.AB
64.ACD 65.BCD 66.ABCD 67.ABCD 68.BCD 69.ABC 70.ABCD
71.ABCD 72.ABD 73.ABC 74.BCD 75.ACD 76.BCD 77.ABC
78.BC 79.ABCD 80.BCD 81.ABD 82.ABC 83.ABD 84.BCD
85.ABC 86.AC 87.BD 88.BCD 89.ABCD 90.AB 91.ACD
92.ABD 93.ACD 94.CD 95.ABCD 96.ABCD 97.ABC 98.BCD
99.ABCD 100.ABD 101.ABCD 102.AC 103.ABCD 104.ABC 105.ABCD
106.ABD 107.AC 108.ABD 109.ABC 110.ABCD 111.ABCD 112.ABC
113.ABCD 114.ACD 115.ABD 116.BCD 117.ABCD 118.ABD 119.ABCD
120.ABC 121.ABCD 122.ABCD 123.ACD 124.CD 125.ABCD 126.ABC
127.ABCD 128.ABD 129.ABCD 130.ABCD 131.BCD 132.ABCD 133.ABD
134.ABC 135.AC 136.BD 137.ABCD 138.BCD 139.ABD 140.ACD
141.ACD 142.ABCD 143.ABC 144.AC 145.ACD 146.ABCD 147.ABD
148.BCD 149.ABC 150.ABCD 151.ABD 152.ABCD 153.ACD 154.ABCD
155.ABCD 156.ABCD 157.ABCD 158.ABCD 159.AC 160.ABCD 161.ABCD
162.ABCD 163.ABD 164.ABCD 165.ABCD 166.ABCD 167.ABCD 168.ABCD
169.ABCD 170.ABCD 171.ABC 172.ABD 173.ACD 174.BCD 175.ACD
176.ABC 177.ABCD 178.ABCD 179.AD 180.BC 181.ABC 182.BCD
183.AC 184.ABCD 185.ACD 186.ABD 187.ABCD 188.ABCD

## 四、判 断 题

1.√ 2.√ 3.√ 4.× 5.× 6.√ 7.√ 8.× 9.√
10.× 11.× 12.× 13.√ 14.× 15.× 16.√ 17.√ 18.×
19.× 20.√ 21.× 22.√ 23.√ 24.× 25.√ 26.√ 27.√

| | | | | | | | | |
|---|---|---|---|---|---|---|---|---|
| 28.× | 29.√ | 30.× | 31.× | 32.√ | 33.√ | 34.√ | 35.√ | 36.√ |
| 37.× | 38.× | 39.× | 40.√ | 41.√ | 42.× | 43.√ | 44.√ | 45.√ |
| 46.√ | 47.√ | 48.× | 49.√ | 50.√ | 51.√ | 52.× | 53.√ | 54.× |
| 55.√ | 56.√ | 57.√ | 58.× | 59.√ | 60.× | 61.√ | 62.× | 63.× |
| 64.√ | 65.× | 66.√ | 67.√ | 68.× | 69.× | 70.√ | 71.√ | 72.× |
| 73.× | 74.√ | 75.√ | 76.× | 77.× | 78.× | 79.× | 80.× | 81.√ |
| 82.× | 83.× | 84.× | 85.× | 86.√ | 87.√ | 88.√ | 89.√ | 90.× |
| 91.× | 92.× | 93.× | 94.√ | 95.× | 96.√ | 97.√ | 98.√ | 99.× |
| 100.× | 101.× | 102.× | 103.× | 104.× | 105.× | 106.√ | 107.√ | 108.√ |
| 109.× | 110.√ | 111.× | 112.× | 113.√ | 114.× | 115.√ | 116.√ | 117.× |
| 118.√ | 119.× | 120.√ | 121.× | 122.√ | 123.× | 124.× | 125.√ | 126.× |
| 127.√ | 128.× | 129.√ | 130.× | 131.√ | 132.√ | 133.√ | 134.× | 135.× |
| 136.√ | 137.× | 138.√ | 139.√ | 140.√ | 141.× | 142.× | 143.√ | 144.× |
| 145.× | 146.× | 147.√ | 148.√ | 149.× | 150.√ | 151.× | 152.× | 153.√ |
| 154.× | 155.× | 156.√ | 157.√ | 158.√ | 159.× | 160.× | 161.√ | 162.√ |
| 163.√ | 164.√ | 165.× | 166.√ | 167.× | 168.× | 169.√ | 170.× | 171.√ |
| 172.√ | 173.√ | 174.× | 175.× | 176.√ | 177.√ | 178.× | 179.× | 180.√ |
| 181.× | 182.√ | 183.√ | 184.× | 185.√ | 186.√ | 187.× | 188.√ | 189.× |
| 190.× | 191.√ | 192.√ | 193.× | | | | | |

## 五、简 答 题

1. 答：在厂房施工图中通常要给出厂房的基础、立柱、墙面和屋架等承重构件的轴线(1.5分)，并进行编号(1.5分)，以便于施工时定位放线和查阅图样(1分)。这些轴线称为定位轴线(1分)。

2. 答：(1)检查剪刃间隙大小是否合理，是否处于合理间隙的最小值(2分)。

(2)检查剪刃是否锋利，刃口有无缺口、崩刃等现象(1.5分)。

(3)检查剪床的压料装置工作是否正常，压紧力是否足够(1.5分)。

3. 答：(1)所选用的新基准，必须保证测量结果的准确性(2.5分)。

(2)所选用的新基准，应便于检验时测量(2.5分)。

4. 答：(1)被检面的光照强度不小于350 lx，推荐为500 lx(2分)。

(2)人眼与被检面的距离不大于600 mm(1分)。

(3)人眼与被检面的夹角不小于30°(1分)。

(4)经商定可采用其他检测设备，如内窥镜等(1分)。

5. 答：(1)识读、分析产品结构的图样(1分)；(2)确定放样划线基准(1分)；(3)画出结构件的基本线型(1分)；(4)进行结构的工艺性处理(1分)；(5)画出结构的轮廓线型(1分)。

6. 答：对实际形状位置不合技术要求的钢材、钢结构产品及零部件进行加工，使其形状位置误差不超过规定的公差带，这一工艺过程叫矫正(1分)。其工作内容包括：

(1)下料前对原材料的矫正(1分)。

(2)对钢结构零件的矫正(1分)。

(3)对焊接变形的矫正(1分)。

(4)钢结构产品修理时的矫正(1分)。

7. 答:工装在设计上应达到:保证结构可靠、操作方便、生产安全、保证产品质量、生产效率高(2分)。设计要贯彻标准化原则(1分),大力提高工装的继承性(1分),发挥现有工装的作用(1分)。

8. 答:设计专用设备必须确保产品质量,满足工艺要求,提高生产效率,改善劳动条件,节约能源(2.5分)。同时还应贯彻工业卫生环境保护标准,努力提高标准化、系列化、通用化水平,力争做到体积小、重量轻、结构简单,性能可靠,使用方便,维修容易,操作方便(2.5分)。

9. 答:指待修车上的零部件(1分),经过修理消除其缺陷后(2分),仍装于原车上而不进行零部件互换的修理方式(2分)。

10. 答:(1)鉴定新产品是否符合已批准的产品设计任务书和设计技术条件及有关标准的要求(2分)。

(2)鉴定新产品设计资料是否齐全,技术经济指标是否先进,结构工艺性是否良好(1分)。

(3)新产品的主要工艺方法能否保证设计的要求,工艺是否过关(1分)。

(4)新产品的主要工艺装备能否保证产品质量(1分)。

11. 答:(1)在受压元件金属壁和焊缝上没有水珠和水雾(2.5分)。

(2)铆缝、胀口及附件密封处在降到工作压力后不漏水(2.5分)。

12. 答:截交线的性质为:

(1)由于形体在空间有一定的范围,所以截交线一定是直线或曲线围成的封闭的平面图形(2分)。

(2)截交线是被截切体与切面的公有线,同时也是相交两物体的分界线(1.5分)。

(3)一般情况下,曲面体的截交线是曲线,平面体的截交线是直线或折线(1.5分)。

13. 答:机车车辆互换修理是指从待修车上分解下来的零部件(1分),修理后可组装到同车型的任何检修车上(2分),而并非一定装于原车的修理方式(2分)。

14. 答:螺旋线导圆柱的直径(1.5分)、母线旋转方向(1.5分)和导程大小(1.5分),是确定圆柱螺旋线的三个基本要素(0.5分)。

15. 答:底架矫正指采用火焰矫正或机械矫正,消除底架焊接变形(2分),并获得一定的预变形(1分),使其几何形状和尺寸符合技术要求的规定(2分)。

16. 答:根据被展开曲面的大小和形状(1分),将其表面按某种规则分割成若干部分(1分),在假定所分成的每一小部分都是可展曲面(1分),将每一小块可展曲面一一展开(1分),于是就得到不可展曲面的近似展开图(1分)。

17. 答:对模具设计的要求有:

(1)在尺寸、精度等方面,应保证冲压出质量合格的冲压件(1分)。

(2)在充分考虑模具强度、耐磨性的前提下应具有一定的使用寿命(1分)。

(3)在符合本单位设备、工艺能力的具体条件(1分)。

(4)保证安装、操作、维修方便(1分)。

(5)结构要合理,既要考虑模具的制造工艺条件,又要考虑成本(1分)。

18. 答:在保证冲压件质量的前提下(1分),力争所设计的模具制造容易、工艺简便

(1分)、成本低廉(1分)、使用维修方便(1分),同时具有一定的使用寿命(1分)。

19. 答:主要是根据冲压件生产批量的大小(1分),来确定模具结构的复杂程度(1分),同时兼顾冲压件的尺寸精度,材料的性质,现有的设备能力,以及制模的技术条件和经济性等等(2分),另外还要考虑生产效率、安全性等因素(1分)。

20. 答:试模时应注意:

(1)试模材料的性质、种类、牌号、厚度等,必须符合设计图样和工艺要求(2分)。

(2)设备型号要准确,模具安装要符合要求,安全装置要齐全可靠(1分)。

(3)试模前,要做好运动部位的润滑(1分)。

(4)试模应按正常生产的工艺要求进行,不得随意降低各项检验指标(1分)。

21. 答:弯曲凹模的圆角半径过小,坯料压入凹模的阻力大,会将坯料表面拉伤或拉薄(2.5分);圆角半径过大,会影响定位的准确,对称弯曲件来说,易产生偏移(2.5分)。

22. 答:铆焊件虽然大部分都采用焊接连接形式,但有时必须采用铆接,其优点是:韧性和塑性比焊接好(1分)、变形也小(1分),便于检验和维修(1分)。在承受冲击和振动载荷的构件连接,某些异种金属的连接,以及焊接性能较差的金属构件的连接中,都得到广泛的应用(2分)。

23. 答:钢板厚度在12～60 mm时,可采用X形坡口。这种坡口比V形坡口好,在同样厚度下(1分),它能减少焊着金属量二分之一左右(2分),焊件变形及产生的内应力也较V形坡口小(2分)。

24. 答:焊接接头形式有对接接头(2分)、T字接头(1分)、角接接头(1分)、搭接接头(1分)。

25. 答:产生疲劳强度低的原因是:焊缝表面及焊口两旁凸凹不平(2分)或者焊缝中出现裂纹(1分)、夹渣(1分)、气泡(1分)等缺陷。

26. 答:采用凹形焊缝断面(1分),以及将焊缝表面和棱角用砂轮磨平(1分),将连接板的厚度逐渐削薄(1分)和将板的两边缘逐渐减小等(1分),都是简单有效的办法(1分)。

27. 答:机车车辆漏雨试验是将机车车辆或其配件置于规定的淋雨环境中(2分),检查其防止雨水渗透能力和在淋雨条件下工作性能的试验(3分)。

28. 答:对钢板及其制件的检验要求主要有两项:平度和厚度(2分)。平度的检验主要是用平尺的立面立在钢板上进行(1分);对较长的钢板,有时也可用拉钢丝或粉线进行检验(1分)。厚度的检验量具有卡尺、千分尺(1分)。

29. 答:对角钢检查项目主要有直线度(1分)和两边相互间的垂直度(1分),直线度的检查主要是用平尺或拉钢丝(1分);垂直度的检验主要是用直角尺(1分),有时也用直角样板来检验(1分)。

30. 答:气割下料工件的检查内容主要有:气割线与号料线的偏差(1分),切口的直线度(1分),切口面与钢板平面的垂直度(1分),切割表面的粗糙度等(1分);另外,切割表面的平面度,切口边缘熔化程度,挂渣状态、缺陷的极限间距等也都是检查内容(1分)。

31. 答:圆筒形工件的检查内容有:筒件直径(1分),筒体椭圆度(1分),纵横焊缝的对口错边量(1分),纵横焊缝的焊后变形(1分),筒体轴间的直线度等(1分)。

32. 答:封头的检查项目有:封头的公称直径(1分)、封头径向椭圆度(1分)、封头表面凸凹量(1分)以及直边的高度允差等(1分),对于拼接封头还要检查焊缝的位置(1分)。

33. 答:在不损坏检查对象的情况下,对其进行探查缺陷的检验,称为无损探伤(1分)。无损探伤的方法有:着色探伤(1分)、磁粉探伤(1分)、射线探伤(1分)、超声波探伤等(1分)。

34. 答:工件变形的原因有两种。一是受外力后产生变形(1分),这类变形可用机械方法和火焰矫正方法来矫正(1.5分)。二是由于内应力引起的变形(1分),这种变形可用消除内应力的办法来解决,如锤击焊缝区、加热等(1.5分)。

35. 答:试验时,在焊缝容易检查的一面涂以白粉浆(1分),晾干后在焊缝另一面涂以煤油(1分)。随时检查白粉面上的油渍(1分),由此可确定缺陷位置(1分),经半小时后,白粉面上无油渍则为合格(1分)。

36. 答:落车是指将基本组装好的机车或车辆上部座在转向架上(上、下心盘对准)或轮对上(2分),实现机车或车辆上部与下部联接的一种组装过程(3分)。

37. 答:(1)分区卷制法(2分)。

(2)矩形迭料法(1分)。

(3)旋转送料法(1分)。

(4)小口减速法等(1分)。

38. 答:机械传动式弯管机,是由电动机(1分)经过齿轮轴(1分)、减速机构(1分)、蜗轮蜗杆传动(1分),带动弯管模转动的(1分)。

39. 答:当钢板通过上、下轴辊时,被强行反复弯曲(2分),其弯曲应力超过材料的屈服极限(2分),使其纤维产生塑性伸长,最后趋于平直(1分)。

40. 答:物体在三维空间有六个基本运动形式,即沿三个互相垂直的轴向移动和绕这三个轴的转动,也称六个自由度。以六个定位点限制工件六个自由度的方法,称为"六点定位规则"(5分)。

41. 答:因为它是利用气体作保护介质的一种电弧熔焊方法(1分),直接依靠保护气体在电弧周围造成局部的保护层(2分),以防有害气体的侵入(1分)。这样就保证了焊接过程的稳定性,从而获得高质量的焊缝(1分)。

42. 答:氩弧焊是利用氩气作保护气体的一种电弧焊接方法(1分)。氩气是一种惰性气体(1分),当电弧周围充满氩气时,包住电弧与空气隔绝(2分),而代替了药皮或焊剂的作用(1分)。

43. 答:优点是成本低,容易观察焊缝成形,可以用于各工种位置的焊接(2分),并可焊接低碳钢、低合金钢和耐热钢等(2分)。缺点是焊缝成形较差(1分)。

44. 答:在接头形式确定以后,焊接坡口的选择原则是:

(1)保证焊件的焊接质量(1.5分)。

(2)坡口的形状容易加工(1.5分)。

(3)尽可能地减少金属填充量(1分)。

(4)构件的焊后变形尽可能的小(1分)。

45. 答:简易冲模的主要特点是结构简单,零件数量少(2分)。因而制造周期短,制造成本低(1分)。缺点是寿命低(1分),生产效率也比较低(1分)。

46. 答:在弯曲管材时,为了减少横截面的椭圆度,在生产过程中,常采用管材内加填充物

(2分),或用圆形槽的滚轮压在管材外面(1.5分),或用芯棒穿入管材内部的方法进行弯曲(1.5分)。

47. 答:四辊滚圆机的优点是可以使板料两端都能被滚压着(1分),从而消除两端直头(1分),比三辊滚圆机简化了工艺过程(1分),减少了工作量(1分),提高了生产效率(1分)。

48. 答:管子在弯曲时通常会产生椭圆形变形(1分)。影响管子在弯曲时变形的因素有:(1)相对弯曲半径:管子中心的弯曲半径与管子外径之比。比值越小、管子越容易变形(2分)。(2)相对壁厚:管子壁厚与管子外径之比。比值越小、管子也越容易变形(2分)。

49. 答:不对称式三辊轴滚圆机,滚压出来的工件仅仅是起端有直头(1分),只要在第一次滚完后,将工件倒过头再滚一次(3分),两端的直头都可以消除(1分)。

50. 答:滚弯时,坯料置于滚圆机上、下轴辊之间(1分),由于轴辊的转动,并通过上、下轴辊与坯料之间的摩擦力作用,使坯料移动,从而不断地形成弯曲(4分)。

51. 答:(1)直接锤击钢板的凸处,锤击的力量要大于材料的变形抗力,这样才会把凸处矫平(2.5分)。(2)锤击钢板凸起区域的凹面,可以用较小的力量锤。由于钢板厚度大,击打力量小,结果凹的表面扩展并不能导致凸面随之扩展,从而钢板被矫平(2.5分)。

52. 答:将两块板料的边缘(或一块板料的两边)折转扣合,并彼此压紧的连接方法称为咬缝(3分)。咬缝连接牢固,特别是在材料很波、不便焊接时,更显出咬缝的优越性(2分)。

53. 答:(1)应用面很广(1分)。能切割各种高熔点金属(1分)及其他切割方法不能切割的金属,还能切割各种非导电材料(1分)。

(2)切割速度快,生产效率高(1分)。

(3)切口质量好(1分)。

54. 答:检修周期指两次同级检修的时间间隔(期限)(3分)。对机车车辆而言,检修周期(大修、厂修、段修)一般指走行公里或使用期限(2分)。

55. 答:板厚处理的一般原则是:

(1)对于单个几何体,通常以板厚中心尺寸为准(2分)。

(2)对于相贯体,展开长度是以板厚中心尺寸为准,展开图的各处高度则以构件接触处高度为准(3分)。

56. 答:(1)蛇形弯管构件的各节轴线不在同一平面上(2分);(2)等径蛇形弯管构件的相贯线为平面曲线(1分),但在投影图中却没有显现出来(1分),需要利用换面法解决(1分)。

57. 答:换面法的关键是如何选择新的投影面,实质是如何确定新轴的方位(2分)。因此,新的投影面的选择应满足以下两个条件:

(1)新的投影面与保留的投影面垂直(1分)。

(2)新的投影面使空间几何元素处于有利于解题的位置(2分)。

58. 答:拉铆过程就是利用风动拉铆枪,将抽芯铆钉的芯棒夹住(1分),同时,枪端顶住铆钉头部(1分),依靠压缩空气产生向后的拉力(1分),芯棒的凸肩部分对铆钉产生压缩变形(1分),形成铆钉头,同时芯棒的缩颈处受拉断而被拉出(1分)。

59. 答:(1)厚度相差不大的板料铆接时,取较厚板料的厚度(1分)。

(2)厚度相差较大的板料铆接时,取较薄板料的厚度(1分)。

(3)钢板与型材铆接,取两者的平均厚度(1分)。

(4)被连接件的总厚度,不应超过铆钉直径的五倍(2分)。

60. 答:空间几何元素与投影面的相对位置确定了,其投影也就确定了(2分)。保持原有几何要素之间的相对位置不变(1分),适当地用一个新的投影面代替原有的投影面(1分),便可使原来复杂的投影问题简单化(1分)。

61. 答:咬接常见的质量缺陷有:(1)未咬合或咬接很少(1分);(2)局部未咬合(1分);(3)容器构件上底时,侧面咬缝被胀开(1分);(4)咬接后咬缝强度不足(2分)。

62. 答:产品质量检验包括以下几个方面内容:

(1)原材料的质量复核检验(1分)。

(2)原材料、零部件、产品的几何尺寸检查(1分)。

(3)材料性能检验(0.5分)。

(4)无损探伤检验(1分)。

(5)压力试验检验(1分)。

(6)致密性试验检验(0.5分)。

63. 答:金属材料只有满足下列条件才能进行气割:

(1)金属材料的燃点必须低于熔点(2分)。

(2)燃烧生成的金属氧化物熔点应低于金属本身的熔点,同时流动性要好(1.5分)。

(3)金属燃烧时,应能放出大量的热,而且金属本身的导热性要低(1.5分)。

64. 答:(1)产生原因:

①铆钉枪窝头偏斜(1.5分)。

②钉杆长度不足(1.5分)。

(2)防止措施:

①铆钉枪应保持垂直(1分)。

②正确确定铆钉杆长度(1分)。

65. 答:(1)材料的机械性能:屈服极限$\delta_s$越高,回弹越大(2分)。

(2)变形程度:变形程度越大,回弹越大(1分)。

(3)弯曲角度:弯曲角度越大,回弹越大(1分)。

(4)其他因素:如零件的形状,模具的构造,弯曲方式,材料的宽度都对回弹有一定影响(1分)。

66. 答:(1)首先它一般发生在构件的形状和尺寸出现突然改变的区域,即所谓结构不连续部位(2分)。

(2)它是发生在较小的区域内,离开一些距离,则应力值迅速下降(2分)。

(3)最后,它对构件安全性影响很大,由于应力集中的存在使结构强度急剧下降,故存在应力集中部位易发生裂纹,破坏往往从这里开始(1分)。

67. 答:(1)严格控制焊缝中硫、碳、磷的含量(1分)。

(2)要控制焊缝断面形状,宽深比要适当(1分)。

(3)降低接头刚性(1分)。

(4)严格遵守焊接规范(1分)。

(5)对刚性大的构件,必要时应采取预热和缓冷措施(1分)。

68. 答：它的实质和特点就是利用高温高速等离子流（1分），将切口金属及其氧化物熔化（1分），并将其吹走而完成（1分），这和氧气气割有本质上的不同，任何高熔点的氧化物都被熔化并吹走，因此能切割任何金属（1分）。目前主要切割不锈钢、铝镍、铜及其合金等金属和非金属（1分），还部分代替氧—乙炔焰来切割碳钢。

69. 答：胀接常见的质量缺陷有：(1)胀接接头未胀牢（1分）；(2)胀接接头有间隙（1分）；(3)胀接接头胀偏（1分）；(4)胀接接头过胀（1分）；(5)管段伸出过长（1分）。

70. 答：应符合下述技术要求：在满足力学性能的前提下，尽量减轻自重（1分）；具有良好的耐大气腐蚀性能（1分）；具有抗振特性，材质疲劳裂纹的传播速度要小（1分）；对应力集中的敏感性要小（1分）；有较好的冲压和焊接工艺性，便于制造和修理（1分）。

## 六、综 合 题

1. 解：（2分）

$$P_{自}=\frac{0.6kbt^2\sigma_b}{R+t}\text{（4 分）}$$

$$=\frac{0.6\times1.3\times200\times6^2\times370}{6+6}$$

$$=137\ 160(\text{N})$$

$$=137.16(\text{kN})\text{（2 分）}$$

答：V形件的自由弯曲力为137.16 kN（2分）。

2. 解：（2分）

$$P_{自}=\frac{0.7kbt^2\sigma_b}{R+t}$$

$$=\frac{0.7\times1.3\times280\times6^2\times370}{6+6}$$

$$=282\ 828(\text{N})$$

$$\approx282.83(\text{kN})$$（公式正确得4分、计算正确得2分）

答：U形件的自由弯曲力为282.83 kN（2分）。

3. 解：因为角钢和钢板铆接，所以 $\delta'=(5+6)/2=5.5$ mm（2分）

铆钉直径：$d=\sqrt{50\delta'}-4=\sqrt{50\times5.5}-4\approx12.58$ mm（2分）

根据标准 $d$ 取12 mm（1分）。

铆钉长度：$L=1.1\sum\delta'+1.65\ d=1.1\times(5+6)+1.65\times12=31.9$ mm（2分）

根据标准 $L$ 取32 mm（1分）。

答：铆钉直径取12 mm（1分），长度取32 mm（1分）。

4. 解：(1)计算横截面积，由强度条件 $P/A\leqslant[\sigma]$ 可得连杆的横截面积为

$$A\geqslant\frac{P}{[\sigma]}=\frac{61\times10^3}{80}=763(\text{mm}^2)\text{（2 分）}$$

(2)求截面积（公式正确得3分、计算正确得3分）

$A=b\times h=b\times2b=2b^2$

$$b=\sqrt{\frac{A}{2}}=\sqrt{\frac{763}{2}}=19.5(\text{mm})$$

取 $b=20$ mm,则 $h=2b=40$ mm

答:连杆的截面尺寸为宽 20 mm(1 分),高 40 mm(1 分)。

5. 解:根据单钉许承载力[N]承压的计算公式

[N]承压=铆钉直径×板厚×承压弯许应力(2 分)

$=d\times t\times[\sigma_c]$(2 分)

$=0.016\times0.02\times250\times10^6$(2 分)

=80 000(N)(1 分)

=80(kN)(1 分)

答:铆钉受压时,单钉承载能力为 80 kN(2 分)。

6. 解:计算冲裁件周长(公式正确得 2 分、计算正确得 1 分)

$L=2\times360+2\times3.14\times45$

$=720+90\times3.14$

$=1\ 002.6$

$\approx1\ 003$ mm

计算所需冲裁力(公式正确得 2 分、计算正确得 1 分)

$P=L\cdot t\cdot\tau\cdot K_P$

$=1.003\times0.001\ 5\times340\times10^6\times1.3$

$=0.665\times10^6$(N)

$=66.5\times10^4$(N)

$66.5\times10^4\ N>63\times10^4\ N$

答:所需冲裁力大于压力机的能力,所以采取平刃冲裁无法冲制(2 分)。一定要冲制,可将工件两端 $R45$ 圆弧部分制成平刃,中段刃部可由两端向中间倾斜成为斜刃冲裁(2 分)。这样就可以有效地降低冲裁力,完成冲制工件的工作。

7. 解:由 $P=K_p\tau Lt$(2 分)

$P=1.3\times400\times10^6\times1\ 200\times10^{-3}\times1\times10^{-3}$(2 分)

=624 000 N(2 分)

=624 kN(2 分)

答:冲裁力为 624 kN(2 分)。

8. 答:消除及矫正车体钢结构的焊接变形,通常采用机械矫正法和火焰矫正法(2 分)。机械矫正是用机械外力产生新的变形来消除结构的变形,一般使用大锤、千斤顶和油压机等设备进行矫正(2 分)。火焰矫正一般采用氧-乙炔火焰作热源(1 分)。通常,薄板的波浪变形都是在凸弯处进行点状加热,同时浇水以加速冷却(1 分)。加热点的直径可根据板厚而定,厚板要大些,薄板可小些,一般不小于 15 mm(1 分)。根据结构特点和变形情况,可加热一点和多点(1 分)。梁、柱的焊接变形,一般有上挠、旁弯和角变形三种,可用压力机或调梁机矫正,也可用火焰矫正(2 分)。

9. 解:(受力分析正确得 2 分)

(1)计算拉杆的轴力(公式正确得 2 分、计算正确得 1 分)

用截面法假想地将 $ab$、$bc$ 两杆截开。取节点 $b$ 为研究对象,其受力图如图 1 所示。

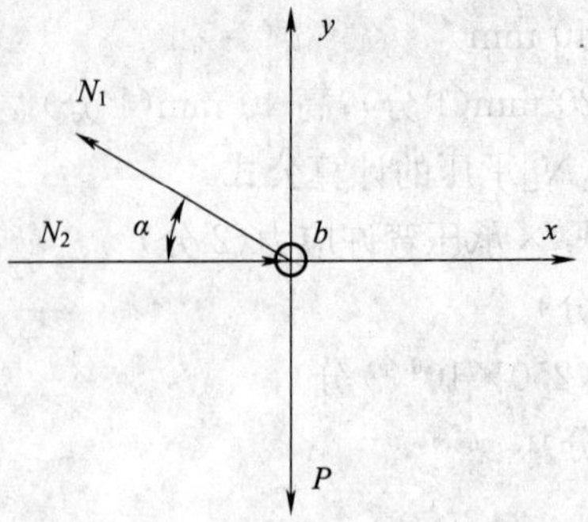


图 1

由平衡条件：

$\sum F_y=0$,则 $N_1\sin\alpha-P=0$

由已知的尺寸知：

$$\sin\alpha=\frac{ac}{bc}=\frac{1.5}{\sqrt{1.5^2+4^2}}=\frac{1.5}{4.27}=0.352$$

$$N_1=\frac{P}{\sin\alpha}=\frac{20\times10^3}{0.352}\approx56\ 800(\text{N})$$

(2)选择截面尺寸(公式正确得 2 分、计算正确得 1 分)

$$A\geqslant\frac{N_1}{[\sigma]}=\frac{56\ 800}{120\times10^6}\approx473\times10^{-6}(\text{m}^2)=4.73(\text{cm}^2)$$

设拉杆的直径为 $d$,因 $A=\frac{\pi d^2}{4}$

故 $d\geqslant\sqrt{\frac{4A}{\pi}}=\sqrt{\frac{4\times4.73}{\pi}}=2.45$ cm

实际可取 $d=2.5$ cm。

答:拉杆 $bc$ 的直径为 2.5 cm(2 分)。

10. 解:依题意,得:(公式正确得 4 分、计算正确得 2 分)

等腰三角形底边上的高$=\sqrt{5^2-3^2}=4$(cm)

等腰三角形的周长$=5+5+6=16$(cm)

等腰三角形的面积$=\frac{1}{2}\times6\times4=12$(cm$^2$)

设矩形的长为 $a$,那么宽为$(\frac{16}{2}-a)=8-a$

依题意,得$a\cdot(8-a)=12$

$8a-a^2=12$

$a^2-8a+12=0$

解之得:$a_1=2,a_2=6$

取矩形的长为 6(cm),那么矩形宽为 2(cm)(2 分)。

答:矩形的长为 6 cm,宽为 2 cm(2 分)。

11. 解:如图 2 所示,作图步骤如下:(2 分)

(1)设新投影面垂直于 $H$ 投影面,且平行于 $ab$ 投影线($S'T'$)(2分)。

(2)过 $a$、$b$ 两点作新投影面的垂线,取 $AS'=a'S$,$BT'=b'T$(2分)。

(3)连接 $AB$,则 $AB$ 为实长(线条清楚准确得4分)。

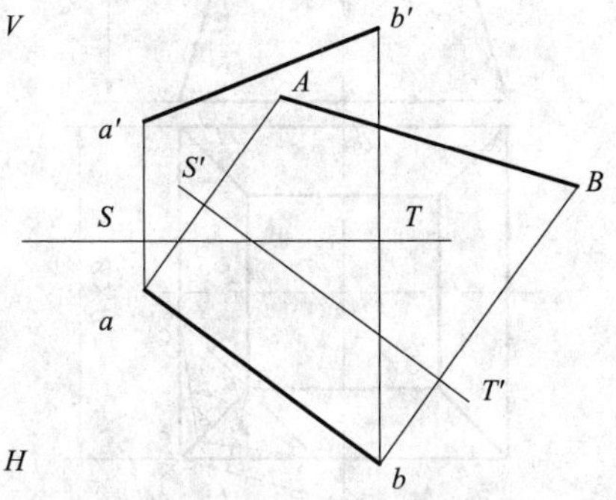


图 2

12. 解:如图3所示,作图步骤:(线条清楚准确得2分)

(1)设新投影面垂直于 $V$ 面且平行于 $a'b'c$ 投影(2分)。

(2)过 $a'b'c'$ 三点向新投影面作垂线(2分)。

(3)取 $AK'=aK$,$BJ'=bJ$,$CL'=cL$(2分)。

(4)连接 $ABC$,则$\triangle ABC$ 为实形(2分)。

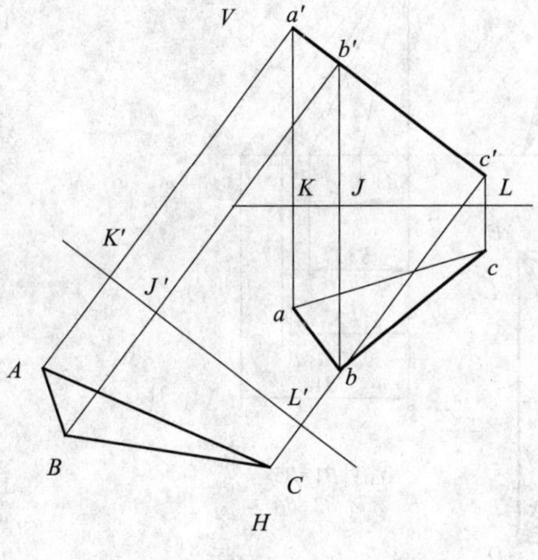


图 3

13. 解:如图4所示,作图步骤:(线条清楚准确得2分)

(1)在俯视图上过 $a$ 点作 $ab$ 的垂线,交两底边于 $c$、$d$ 两点(2分)。

(2)在 $ad$ 的延长线上取点 $e$,使 $ae=H$($H$ 为 $a$、$b$ 两点的高度差),并连接 $be$(2分)。

(3)过 $a$ 点作 $be$ 的垂线交 $be$ 于 $f$ 点,$af$ 即为$\triangle abe$ 的高(2分)。

(4)以 $a$ 点为圆心,以 $af$ 长为半径画弧交 $ab$ 于 $g$ 点($ag=af$),连接 $gc$ 和 $gd$,则$\angle dgc$ 为正棱台两侧面的夹角 $\alpha$(2分)。

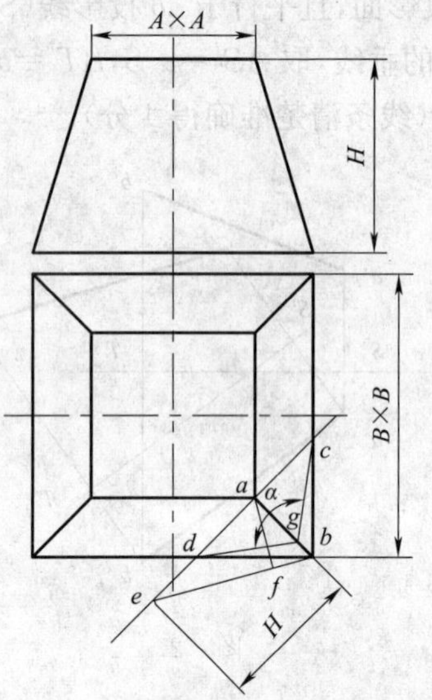


图 4

14. 解:利用三角形法求出各表面轮廓素线实长,并作展开图如图 5 所示。

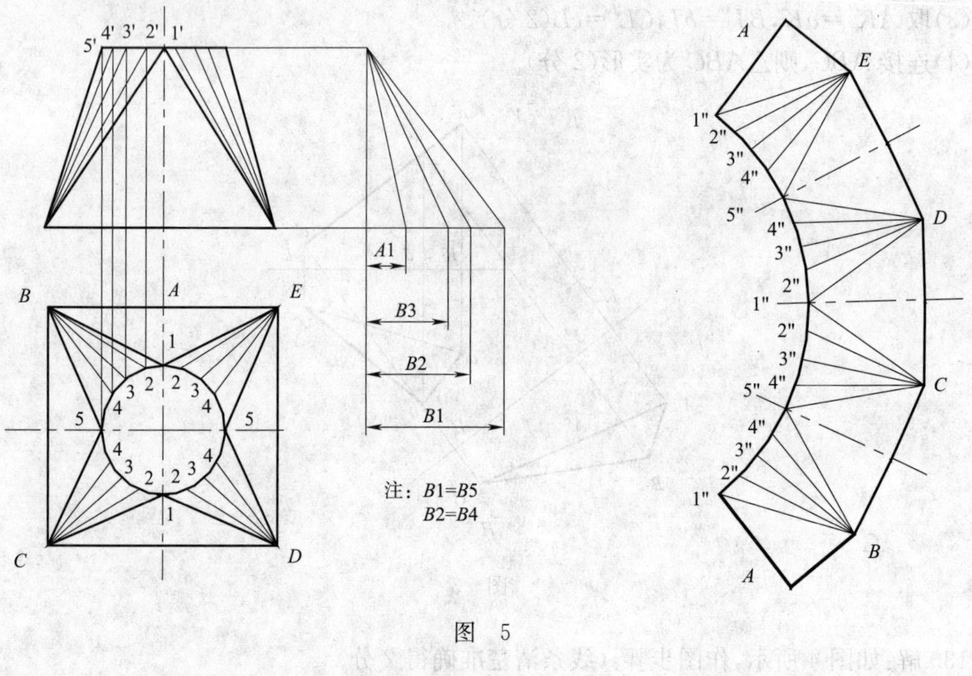


图 5

评分标准:各线条线型准确(3 分),各相交点准确(3 分),所求轮廓线准确(3 分),各线条清晰,图面清洁(1 分)。

15. 解:作图步骤如下(图 6):(线条清楚准确得 3 分,图面清洁得 1 分)

(1)先求特殊点。最高最低点由图可直接画出,即为图中 $a'$、$a$ 和 $b'$、$(b)$。最前最后点 $c$ 和 $c_1$ 须作辅助面。过圆柱轴线作辅助水平面 $P$ 即可求出 $c$ 和 $c_1$,由 $c$ 和 $c_1$ 求出 $c'$ 和 $(c_1')$(2 分)。

(2)求一般点,仍采用辅助水平面。用 $P_1$ 截出 1、$1_1$ 和 $1'$、$1_1'$;用 $P_2$ 截出 2、$2_1$ 和 $2'$、$2_1'$(2分)。

(3)求得足够数量的公有点后,判别可见性,依次连成光滑曲线,完成作图。正投影 $a'$、$1'$、$c'$、$2'$、$b'$用粗实线,水平投影 $c_1$、$1_1$、$a$、1、$c$ 用粗实线,($2_1$)、$c_1$、($b$)、(2)、$c$ 用虚线(2分)。

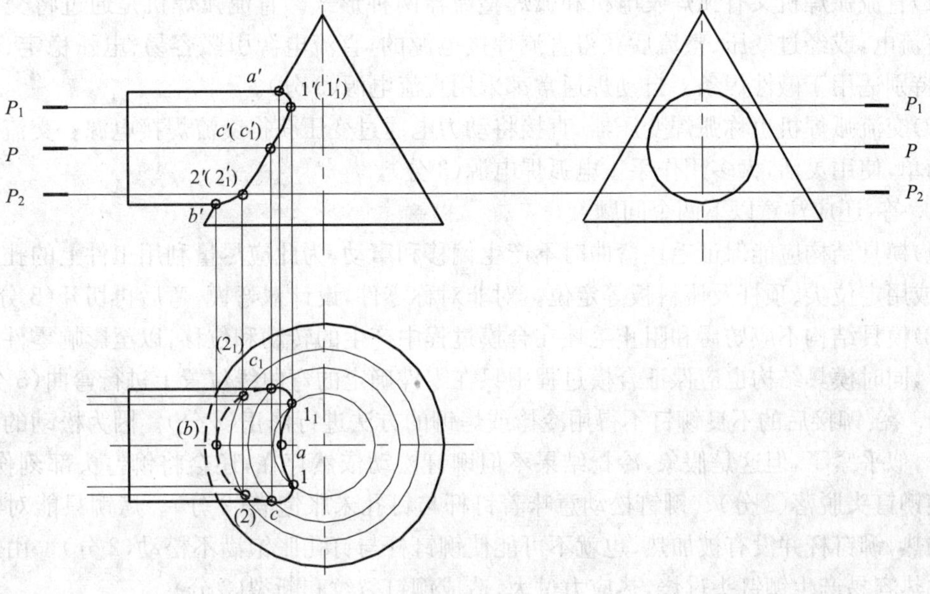


图 6

16. 答:铆接的强度与下列因素有关(2分):

(1)铆钉直径和数量。在一定条件下,铆钉直径越大、数量越多,强度也就越大。反之也就越小(2分)。

(2)铆钉长度和铆接件总厚度。铆接件越厚、铆钉越长,铆接强度越低(2分)。

(3)铆钉孔的大小和多少也直接影响铆接强度。一块板料由于开了一个空,其强度就要减弱,开孔越多越大,铆接件本身的强度就越低(2分)。

(4)铆接强度与铆接形式有关。对接时,双盖板要比单盖板的强度提高一倍(2分)。

17. 答:(1)强固铆接(1分)。要求铆钉能承受较大的作用力,保证结构件有足够的强度,而对接构件的致密性无特别要求(1分)。这类结构件如:屋架、桥梁、车辆、立柱和横梁等(1.5分)。

(2)紧密铆接(1分)。铆钉不承受较大的作用力,但对接构件的致密性要求较高,以防止漏水或漏气(1分)。一般常用于储存液体或气体的结构的铆接。这类结构件如:水箱、气箱和贮罐等(1.5分)。

(3)密固铆接(1分)。既要求铆钉能承受较大的作用力,又要求结构件有一定的致密性(1分)。这类结构件如压力容器等(1分)。

18. 答:断口鉴别法就是将所要鉴别的钢铁材料折断,用肉眼或低倍放大镜来观察断口处组织的一种方法(2分)。不同材料断口的特征是:

(1)灰口铸铁锤击时容易折断,断口呈暗灰色,结晶颗粒粗大(2分)。

(2)低碳钢锤击时不容易折断,断口附近有明显的塑性变形现象,断口呈银白色,能清晰地看到均匀的结晶颗粒(2 分)。

(3)中碳钢塑性变形不如低碳钢明显,断口处的结晶颗粒比低碳钢细(2 分)。

(4)高碳钢折断时塑性变形现象不明显,甚至看不到,断口的结晶颗粒很细密(2 分)。

19. 答:常见的电弧焊机有两大类:直流弧焊机和交流弧焊机(4 分)。

(1)直流弧焊机又有弧焊发电机和弧焊整流器两种形式。直流弧焊机是通过将交流电转变为直流电,或经过变压、整流后获得直流焊接电源的,直流电源引弧容易、电弧稳定、焊接质量好,特别适用于碱性焊条。自动焊通常都采用直流电源(3 分)。

(2)交流弧焊机也称弧焊变压器,直接将动力电通过变压获得交流焊接电源。交流弧焊机结构简单,使用灵活,大多用作手工电弧焊电源(3 分)。

20. 答:还应注意以下两个问题:

(1)模具结构应能保证毛坯弯曲时不产生偏移和窜动,为此应尽量利用工件上的孔用销钉定位,或用定位尖、顶杆及压料板等定位。对非对称零件,设计双弯模,弯后再切开(5 分)。

(2)模具结构不应妨碍和阻止毛坯在合模过程中产生的转动和位移,以至影响零件的形状和尺寸,同时模具结构也应保证合模过程中只在零件确定的弯曲线位置上进行弯曲(5 分)。

21. 答:铆接后的不良铆钉不得用冷捻或烤铆的方法进行修正(2 分)。因为松动的铆钉经过冷捻,似乎紧了,但这是假象,冷捻结果不但铆钉松动依然存在,还会将铆钉头部刻伤,运用中易使铆钉头脱落(2 分)。铆钉松动意味着钉杆与钉孔未胀饱满(2 分)。烤铆只能对铆钉头进行加热,铆钉杆并没有被加热,也就不可能使铆钉杆与钉孔胀饱满不松动(2 分)。由于铆钉局部加热容易产生铆钉头过烧,热应力过大,造成铆钉裂纹和断裂(2 分)。

22. 答:车辆通过曲线时,车体的中心线与线路的中心不可能完全重合(1 分)。车体的中央部位偏向线路内方,两端偏向线路外方,从而产生了车辆在曲线上的偏移量概念(3 分)。车辆在曲线上的偏移量随曲线半径大小及车辆长度而定,即曲线半径越小或车体越长,则偏移量越大(3 分)。车辆偏移量过大时,易使车体侵入建筑接近界限,而碰撞沿线建筑物,还会使车钩互相产生非常大的摩擦,或引起车钩自动分离,以及不能摘钩等现象(3 分)。

23. 解:因为两块钢板的厚度相差不大,所以计算厚度 $\delta$ 取 8 mm(1 分)。

铆钉直径:

$d=\sqrt{50\delta}-4=\sqrt{50\times8}-4=16$ mm(2 分)

铆钉长度:$L=1.1\sum\delta+1.65d=1.1\times(8+7)+1.65\times16=42.9$ mm(2 分)

$L$ 取 42 mm(1 分)。

因为铆钉直径在 10～16 mm 范围,所以

铆钉孔直径 $d_0=d+1=16+1=17$ mm(2 分)

答:铆钉直径取 16 mm,长度取 42 mm,铆钉孔直径取 17 mm(2 分)。

24. 答:(1)测量车体外部尺寸:

最大长——车体两端的车钩在闭锁位置时,两钩舌外侧面之间的距离(1 分);

全长——车体两端的车钩在闭锁位置时,两钩舌内侧面之间的距离(1 分);

最大宽——由车体两侧测定最突出点之间的水平距离(1 分)。如果左右两侧不对称时,可由车体中心起,测量其突出量最多的一边,然后乘以 2(1 分);

最大高——空车时,由轨面至车顶部最突出点之间的距离(1 分);

地板面高——空车时,由轨面至地板面之间的距离(1 分)。

(2)测量车体内部尺寸

车体内部长度——两端墙板内侧之间的距离(1分);

车体内部宽度——两侧墙板内侧之间的距离(1分);

车体内部侧面高度——由地板至侧墙与车顶板相接部分之间的距离(1分);

车体内部中心高度——由地板至车顶部中央之间的距离(1分)。

25. 答:车辆方向和部件位置是以制动缸活塞杆推出的方向为第一位,其相反方向为第二位(2分)。在第一位端一般都装有手制动机(1分)。

对于多制动缸车辆,以手制动装置一端为一位(2分);两端均有手制动装置者,按有关产品技术条件要求为准(1分)。

车辆的车轴、车轮、轴箱、车钩、转向架、车底架各梁和其他部件的位置定义是由第一位车端数起,顺次数到第二位车端(2分)。如果位置是左右对称的,则站在一位车端,面向二位,由一位车端起先左后右顺次数到二位车端(2分)。

26. 答:车辆在运用中,作用在车辆上的基本载荷可分为静载荷和动载荷两大类(1分)。

静载荷在运用中具有确定不变的数值(1分),如车辆的载重和自重,散粒货物的静侧压力以及液体(或气体)对罐体压力等(1分)。

动载荷在运用中其数值和方向都随时发生变化(1分),其中包括:

(1)由于随时冲击和簧上振动所产生的垂直载荷(1分);

(2)车辆之间由于列车起动、制动和调车作业所产生的沿车钩中心线作用的纵向载荷(1分);

(3)侧向作用的风力(1分);

(4)通过曲线时产生的离心力和轮轨之间相互作用(1分);

(5)制动时产生的惯性力(1分);

(6)货车在机械化装卸、机械驼峰、铁鞋制动、卷扬机牵引所受的力(1分)。

27. 答:

(1)加热冲裁(1.5分)。冲压材料加热后,抗剪强度可以大大降低,从而降低冲裁力(1分)。

(2)分步冲裁(1.5分)。对于一个工件上有多处需冲裁部位的,采取一次冲裁一部分的做法(1分)。

(3)斜刃冲裁(1.5分)。同斜刃剪切的原理一样,将冲裁模的凸模或凹模刃口制出一定角度,使凸、凹模刃口相对呈现一定夹角,实现了冲裁时刃口逐渐作用在材料上,也是降低冲裁力的有效方法(1分)。

(4)阶梯凸模冲裁(1.5分)。在多凸模冲孔模中,将各凸模制成不一致的高度,使多凸模在冲裁时避免了同时受力,也可以有效的降低冲裁力(1分)。

28. 解:(1分)冲裁件周边长度 $L=\pi D=3.1416\times40=125.664$(mm)(4分)

由式 $F=K_P Lt\tau=1.3\times125.664\times2\times450=147\,026.88$(N)$\approx147$(kN)(4分)

答:冲裁力约为147 kN(1分)。

29. 答:相同处(1分):气焊与气割所使用的材料基本相同,包括氧气、乙炔或液化石油气等其他可燃气体(2分)。气焊与气割所需要配置的设备和器具也大体相同,如氧气瓶、氧气减压器、乙炔气瓶、乙炔减压器等(2分)。

不同处(1分):焊炬和割炬的作用不同,因而结构也不同(1分)。气割是分离,而气焊是连接(1分)。出于连接的需要,气焊要用到焊丝(1分)。另外,氧气在气焊中主要是起助燃作用,在气割中除助燃外,还起到切割气流的作用(1分)。

30. 答:(1分)(1)由于等离子弧有很高的导电性,能承受很大的电流密度,因而可以通过极大的电流,故具有极高的温度且能量高度集中(2分)。

(2)等离子弧的截面很小,从温度最高的弧柱中心到温度最低的弧柱边缘,温差非常大(2分)。

(3)由于各种强迫压缩作用以及电离强度极高和放电过程稳定,所以,圆柱形的等离子弧挺度好(2分)。

(4)喷嘴中通入的压缩气体在高温作用下膨胀,又在喷嘴阻碍作用下压缩力增加,从喷嘴中喷出时速度很高(可超过声速)。所以,等离子弧有很强的机械冲刷力(2分)。这一点特别有利于切割,可使割缝窄而平齐(1分)。

31. 答:部件装配的优越性有:

(1)把集中作业改成分散作业,使总装的工序和时间减少,缩短了生产周期,适应于高效率的大批量生产(2分);

(2)将很多的立焊、仰焊变为平面焊,扩大了自动焊、半自动焊的范围,减少了高空作业的工作量,提高了生产率(2分);

(3)便于操作、便于矫正(2分);

(4)有利于提高质量(2分);

(5)有利于实现装配工作半机械化和机械化(2分)。

32. 答:防止车体钢结构的焊接变形,要根据不同变形情况采取相应的措施。

(1)防止尺寸误差(1分)。尺寸误差主要是焊缝纵向和横向收缩而造成的工件缩短。因此,一般都在焊前下料时放长或放宽尺寸(1分)。

(2)防止弯曲变形(1分)。在设计时,尽量选用对称的结构、截面和焊缝位置;尽可能地减少焊缝的数量、断面尺寸和长度;尽可能采用整体压型结构。在制造时,采用反变形法预制挠度;正确选择装配—焊接次序;利用焊接方向对变形的影响;利用装配—焊接夹具防止变形(3分)。

(3)防止波浪变形(1分)。在钢板上压筋;采用型钢、压型件加强薄板周边;选择正确的焊接方法及合理的施焊顺序;采用刚性固定法(3分)。

33. 答:矫正金属结构件前应做好如下准备工作:

(1)要分析构件变形的原因,弄清构件变形究竟是受外力引起的,还是由内应力引起的(2分);

(2)分析构件的内在联系,搞清各个零件相互间的制约关系(2分);

(3)选择正确的矫正部位,先解决主要矛盾,然后解决次要矛盾(2分);

(4)要掌握构件所用钢材的性质,以防矫正时造成工件折断,产生裂纹或回弹等(2分);

(5)按照实际情况来确定矫正的方法及矫正的先后顺序(2分)。

34. 答:(1)以零件质量为准,确定凹凸模的合理间隙(2分)。

(2)合理间隙主要与材料和板厚有关(2分)。

(3)常用板材的合理间隙可查资料得到,也可用经验公式计算得到(2分)。

(4)合理间隙有一个适当的范围,考虑到工作磨损,新模具制造应采用最小的合理间隙(2分)。

(5)对精度不高的零件,可采用大一些的间隙(2分)。

35. 答:常见的滚板机有三种结构形式(1分):

(1)对称式三轴滚板机,三轴辊呈品字形对称排列,下面两个轴辊为主动,下面两个轴辊为主动,上面一个轴辊从动。对称式三轴滚板机结构简单,操作简便,但工件两端无法滚曲,留有直边(3分)。

(2)不对称式三轴滚板机,两个主动轴辊上下垂直排列,从动轴辊安置在一侧。不对称式三轴滚板机的结构相对复杂一些,可以消除一端的直边,在消除另一端的直边时,需要将工件掉头(3分)。

(3)四轴滚板机,两个主动轴辊上下垂直排列,两侧各有一个从动轴辊。四轴滚板机的结构比较复杂,操作起来也比较麻烦。滚板时不用掉头便可消除两端的直边(3分)。

# 机车车辆铆工(初级工)技能操作考核框架

## 一、框架说明

1. 依据《国家职业标准》注,以及中国北车确定的“岗位个性服从于职业共性”的原则,提出机车车辆铆工(初级工)技能操作考核框架(以下简称:技能考核框架)。

2. 本职业等级技能操作考核评分采用百分制。即:满分为 100 分,60 分为及格,低于 60 分为不及格。

3. 实施“技能考核框架”时,考核制件(活动)命题可以选用本企业的加工件(活动项目),也可以结合实际另外组织命题。

4. 实施“技能考核框架”时,考核的时间和场地条件等应依据《国家职业标准》,并结合企业实际确定。

5. 实施“技能考核框架”时,其“职业功能”的分类按以下要求确定:

(1)“放样”、“下料”、“成形”、“装配”、“矫正”、“连接”属于本职业等级技能操作的核心职业活动,其“项目代码”为“E”。

(2)“识图绘图”和“检验”属于本职业等级技能操作的辅助性活动,其“项目代码”分别为“D”和“F”。

6. 实施“技能考核框架”时,其“鉴定项目”和“选考数量”按以下要求确定:

(1)按照《国家职业标准》有关技能操作鉴定比重的要求,本职业等级技能操作考核制件的“鉴定项目”应按“D”+“E”+“F”组合,其考核配分比例相应为:“D”占 20 分,“E”占 75 分(其中:“放样”15 分,“下料”15 分,“成形”15 分,“装配”10 分,“矫正”10 分,“连接”10 分),“F”占 5 分。

(2)依据中国北车确定的“核心职业活动选取 2/3,并向上取整”的规定,在“E”类鉴定项目——“放样”、“下料”、“成形”、“装配”、“矫正”、“连接”的全部 12 项中,至少选取 8 项。

(3)依据中国北车确定的“其余‘鉴定项目’的数量可以任选”的规定,“D”和“F”类鉴定项目——“识图绘图”和“检验”中,至少分别选取 1 项。

(4)依据中国北车确定的“确定‘选考数量’时,所涉及‘鉴定要素’的数量占比,应不低于对应‘鉴定项目’范围内‘鉴定要素’总数的 60%,并向上取整”的规定,考核制件(活动)的鉴定要素“选考数量”应按以下要求确定:

①在“D”类“鉴定项目”中,在已选定的 1 个或全部鉴定项目中,至少选取已选鉴定项目所对应的全部鉴定要素的 60%项,并向上保留整数。

②在“E”类“鉴定项目”中,在已选定的至少 8 个鉴定项目所包含的全部鉴定要素中,至少选取总数的 60%项,并向上保留整数。

③在“F”类“鉴定项目”中,在已选定的 1 个或全部鉴定项目中,至少选取已选鉴定项目所对应的全部鉴定要素的 60%项,并向上保留整数。

举例分析：

按照上述“第 6 条”要求，若命题时按最少数量选取，即：在“D”类鉴定项目中选取了“识图”1 项，在“E”类鉴定项目中选取了“结构放样”、“展开放样”、“钻孔”、“机械切割”、“型材、管材手工成形”、“零、部件组合及装配夹具应用”、“手工矫正”、“焊接、铆接”8 项，在“F”类鉴定项目中选取了“零件质量检验”1 项，则：此考核制件所涉及的“鉴定项目”总数为 10 项，具体包括：“识图”、“结构放样”、“展开放样”、“钻孔”、“机械切割”、“型材、管材手工成形”、“零、部件组合及装配夹具应用”、“手工矫正”、“焊接、铆接”和“零件质量检验”。

此考核制件所涉及的鉴定要素“选考数量”相应为 16 项，具体包括：“识图”鉴定项目包含的全部 3 个鉴定要素中的 2 项，“结构放样”、“展开放样”、“钻孔”、“机械切割”、“型材、管材手工成形”、“零、部件组合及装配夹具应用”、“手工矫正”、“焊接、铆接”8 个鉴定项目包括的全部 21 个鉴定要素中的 13 项，“零件质量检验”鉴定项目包含的全部 1 个鉴定要素。

7. 本职业等级技能操作需要两人及以上共同作业的，可由鉴定组织机构根据“必要、辅助”的原则，结合实际情况确定协助人员的数量。在整个操作过程中，协助人员只能起必要、简单的辅助作用。否则，每违反一次，至少扣减应考者的技能考核总成绩 10 分，直至取消其考试资格。

8. 实施“技能考核框架”时，应同时对应考者在质量、安全、工艺纪律、文明生产等方面行为进行考核。对于在技能操作考核过程中出现的违章作业现象，每违反一项(次)至少扣减技能考核总成绩 10 分，直至取消其考试资格。

注：按照中国北车规定，各《职业技能操作考核框架》的编制依据现行的《国家职业标准》或现行的《行业职业标准》或现行的《中国北车职业标准》的顺序执行。

## 二、机车车辆铆工(初级工)技能操作鉴定要素细目表

| 职业功能 | 鉴定项目 | | | | 鉴定要素 | | |
|---|---|---|---|---|---|---|---|
| | 项目代码 | 名称 | 鉴定比重(%) | 选考方式 | 要素代码 | 名称 | 重要程度 |
| 识图绘图 | D | 识图 | 20 | 任选 | 001 | 能识读金属结构零件图样 | X |
| | | | | | 002 | 能识读梁、柱及平面框架类结构图样 | X |
| | | | | | 003 | 能识读单一几何体容器类结构图样 | X |
| | | 绘图 | | | 001 | 能绘制简单的零件图 | X |
| 放样 | E | 结构放样 | 75 | 至少选 8 项 | 001 | 能画出梁、柱及平面框架结构的线型图样 | X |
| | | | | | 002 | 能画出型钢弯曲件的切口图样 | X |
| | | | | | 003 | 能画出零件图样 | X |
| | | 展开放样 | | | 001 | 能绘制圆管、棱柱管等简单件的展开图 | X |
| | | | | | 002 | 能计算平面弯曲件的展开料长 | X |
| | | | | | 003 | 能进行零件号料 | X |
| 下料 | | 钻孔 | | | 001 | 能使用手电钻、台钻、立钻、摇臂钻等常用钻孔设备进行钻削加工 | X |

续上表

| 职业功能 | 鉴定项目 | | | | 鉴定要素 | | |
|---|---|---|---|---|---|---|---|
| | 项目代码 | 名称 | 鉴定比重（%） | 选考方式 | 要素代码 | 名称 | 重要程度 |
| 下料 | E | 手工切割 | | 至少选8项 | 001 | 能使用手锯锯割小规格的板材、型材与管材；能使用錾切工具錾切板料、錾切工件边缘；能使用克子克切薄板材；能使用手剪、电剪剪切薄板材料 | X |
| | | | | | 002 | 能使用砂轮机磨削錾子、克子、手剪切削刃 | X |
| | | 机械切割 | | | 001 | 能使用剪床对方形类工件进行剪切下料 | X |
| | | | | | 002 | 能使用冲压机械冲裁方形、圆形等简单几何形状的工件 | X |
| | | | | | 003 | 能使用砂轮切割机切割材料 | X |
| 成形 | | 板材手工成形 | | | 001 | 能使用手工工具与胎具在常温或加热条件下对薄板进行折角、柱面、圆锥面等弯曲成形 | X |
| | | 型材、管材手工成形 | | | 001 | 能使用手工工具与胎具在常温或加热条件下对型钢、钢管进行弯曲成形 | X |
| 装配 | | 零、部件组合及装配夹具应用 | | | 001 | 能装配梁、柱类构件及平面框架、单一壳体等构件；能使用夹具装配定型产品 | X |
| | | | | | 002 | 能装配机车车辆钢结构配件 | X |
| 矫正 | | 手工矫正 | | | 001 | 能判定钢材或零件变形的程度和形式 | X |
| | | | | | 002 | 能确定矫正的方法 | X |
| | | | | | 003 | 能选用常用矫正工具 | X |
| | | | | | 004 | 能手工矫正原材料的弯曲、扭曲、板材局部凸起等变形 | X |
| | | | | | 005 | 能手工矫正平面框架类构件的变形 | X |
| | | 火焰矫正 | | | 001 | 能对钢材的单向变形及弯曲变形的构件进行火焰矫正 | X |
| 连接 | | 焊接、铆接 | | | 001 | 能进行构件的定位焊 | Y |
| | | | | | 002 | 能判断零部件点焊变形的趋势并采取预防措施 | X |
| | | | | | 003 | 能进行小型构件的铆接 | X |
| | | 咬接与螺纹连接 | | | 001 | 能咬接构件的平、角缝 | Y |
| | | | | | 002 | 能进行常规要求的螺纹连接 | X |
| 检验 | F | 原材料质量检验 | 5 | 任选 | 001 | 能对原材料进行表面质量、规格、外形等检验 | X |
| | | 零件质量检验 | | | 001 | 能按技术要求对零件进行尺寸、形状等检验 | X |

注：重要程度中X表示核心要素，Y表示一般要素，Z表示辅助要素。下同。

中国北车

# 机车车辆铆工(初级工)
# 技能操作考核样题与分析

职 业 名 称：____________________

考 核 等 级：____________________

存 档 编 号：____________________

考核站名称：____________________

鉴定责任人：____________________

命题责任人：____________________

主管负责人：____________________

中国北车股份有限公司劳动工资部制

## 职业技能鉴定技能操作考核制件图示或内容

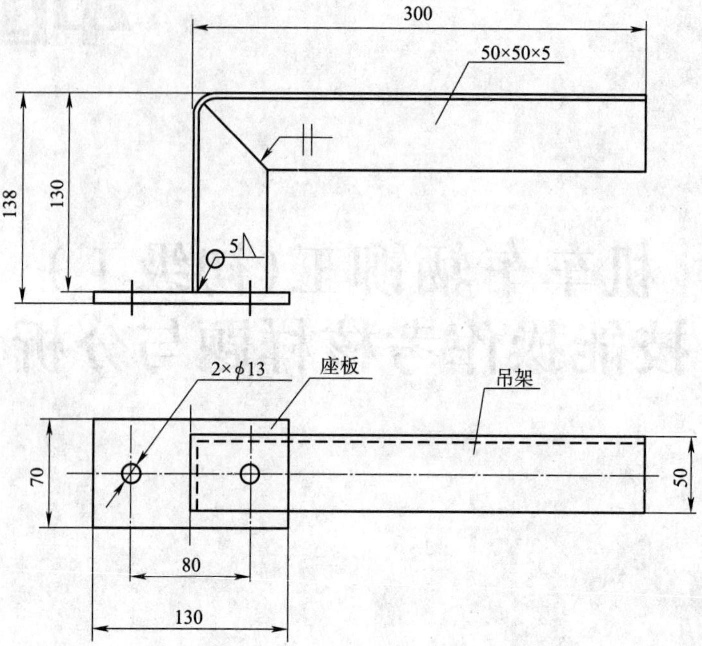


技术要求：

1. 对变形的板材要进行手工矫正；
2. 板材使用剪板机下料；
3. 角钢切口及下料采用砂轮切割机切割；
4. 手工加热弯曲；
5. 图中焊接处只需进行定位焊，焊缝长度不超过 10 mm；
6. 制作完成后对图中给定的各尺寸进行测量，并将实测数据用红色笔写在图中原尺寸下方；
7. 对吊架的弯曲角度进行检测，并将实测数据用红色笔标注在图上。

| | |
|---|---|
| 职业名称 | 机车车辆铆工 |
| 考核等级 | 初级工 |
| 试题名称 | GY100 型罐车用手制动拉杆吊组成 |
| 材质等信息 | 板材、型材均为 Q235-A |

### 职业技能鉴定技能操作考核准备单

| | |
|---|---|
| 职业名称 | 机车车辆铆工 |
| 考核等级 | 初级工 |
| 试题名称 | GY100 型罐车用手制动拉杆吊组成 |

## 一、材料准备

1. 材料规格:50 mm×50 mm×5 mm 热轧角钢、500 mm×500 mm×8 mm 铁板
2. 坯件尺寸:角钢长 1 000 mm 一根、局部弯曲变形钢板一块

## 二、设备、工、量、卡具准备清单

| 序号 | 名　称 | 规　格 | 数　量 | 备　注 |
|---|---|---|---|---|
| 1 | 气割枪及配套用供气设施 | | 1 | |
| 2 | 工作平台 | | 1 | |
| 3 | 记号笔 | 红色 | 1 | |
| 4 | 圆钢 | | 1 | |
| 5 | 铆工作业划线的有关工卡量具 | | | 考生自备 |

## 三、考场准备

1. 相应的公用设备、设备与器具的润滑与冷却等

剪板机、钻床、砂轮切割机、电焊机

2. 相应的场地及安全防范措施

钢板铺地的铆工作业场地 1 块(大小单位自定)、劳动保护用品(自带)

3. 其他准备

## 四、考核内容及要求

1. 考核内容(按考核制件图示及要求制作)
2. 考核时限:240 分钟
3. 考核评分(表)

| 职业名称 | 机车车辆铆工 | | 考核等级 | 初级工 | |
|---|---|---|---|---|---|
| 试题名称 | GY100 型罐车用手制动拉杆吊组成 | | 考核时限 | 240 分钟 | |
| 鉴定项目 | 考核内容 | 配分 | 评分标准 | 扣分说明 | 得分 |
| 识图 | 能识读吊架图 | 5 | 能制出吊架的基本形状即可,否则不得分 | | |
| | 能识读座板图 | 5 | 能制出座板的基本形状即可,否则不得分 | | |
| | 能识读手制动拉杆吊架组成图 | 10 | 能将座板与吊架进行大致符图的装配即可,否则不得分 | | |
| 结构放样 | 切口样图正确 | 3 | 不正确不得分 | | |
| | 座板外形尺寸正确 | 2 | 130 和 70 尺寸每超过 0.5 mm 扣 0.5 分,超过 2 mm 以上不得分 | | |

续上表

| 鉴定项目 | 考核内容 | 配分 | 评分标准 | 扣分说明 | 得分 |
|---|---|---|---|---|---|
| 结构放样 | 座板孔正确 | 2 | 孔的位置尺寸及孔的直径每超过0.5 mm扣0.5分，超过1.5 mm以上不得分 | | |
| | 角钢弯曲件线型样图正确 | 2 | 不正确不得分 | | |
| 展开放样 | 计算角钢下料尺寸正确 | 2 | 计算错不得分 | | |
| | 吊架的加工界限及加工符号正确 | 2 | 加工界限及加工符号每错一处扣1分 | | |
| | 座板孔的位置和零件加工界限正确及加工符号正确 | 2 | 加工界限及加工符号每错一处扣1分 | | |
| 钻孔 | 能使用摇臂钻进行2个直径13 mm孔的钻削加工 | 5 | 孔的位置尺寸及孔的直径每超过0.5 mm扣0.5分，超过1.5 mm以上不得 | | |
| 机械切割 | 能使用剪板机进行130×70×8板材下料 | 5 | 130和70尺寸每超过0.5 mm扣0.5分，超过2.5 mm以上不得分 | | |
| | 能使用砂轮机切割角钢切口及角钢切断 | 5 | 用样板检查切口形状及切断面，超过0.5 mm扣1分，超过2.5 mm以上不得分 | | |
| 型材、管材手工成形 | 能使用手工工具与胎具在加热条件下对角钢进行弯曲成形 | 15 | 角钢圆弧圆滑，用样板检测缝隙不得大于1 mm，角钢立边垂直度误差不得大于1 mm，对口缝隙均匀且不得大于2.5 mm，以上各项每超过标准0.5 mm扣1分，超过2.5 mm以上不得分 | | |
| 零、部件组合及装配夹具应用 | 能装配角钢与板材组合构件、GY100型罐车用手制动拉杆吊组成 | 10 | 定位基准不正确扣5分，定位尺寸每超过0.5 mm扣1分，超过2.5 mm以上扣5分 | | |
| 手工矫正 | 能判定板材变形的程度和形式 | 2 | 不能判定板材为凸起变形的不得分 | | |
| | 能确定矫正方法 | 2 | 不能确定矫正方法不得分 | | |
| | 能选用正确的矫正工具 | 3 | 不能选用正确的矫正工具不得分 | | |
| | 能手工矫正板材局部凸起变形 | 3 | 矫正后板材不平度不得大于2 mm，每超过0.5 mm扣0.5分，超过2.5 mm以上不得分 | | |
| 焊接、铆接 | 能进行角钢接口及吊架与座板连接处的定位焊 | 5 | 焊点大小、焊缝间隙每有一项不合格扣1分 | | |
| | 能判断点焊变形的趋势并采取预防措施 | 5 | 点焊部位不正确扣2.5分，顺序不合理扣2.5分；焊后各件的连接若有明显变形不得分 | | |
| 零件质量检验 | 用卡尺对图中标注尺寸进行测量 | 4 | 每有一处误差超0.1 mm扣0.5分 | | |
| | 对吊架弯曲处的角度检测 | 1 | 误差超过1°扣0.5分，超过2°不得分 | | |
| 质量、安全、工艺纪律、文明生产等综合考核项目 | 考核时限 | 不限 | 超时停止操作 | | |
| | 工艺纪律 | 不限 | 依据企业有关工艺纪律管理规定执行，每违反一次扣10分 | | |
| | 劳动保护 | 不限 | 依据企业有关劳动保护管理规定执行，每违反一次扣10分 | | |
| | 文明生产 | 不限 | 依据企业有关文明生产管理规定执行，每违反一次扣10分 | | |
| | 安全生产 | 不限 | 依据企业有关安全生产管理规定执行，每违反一次扣10分，有重大安全事故，取消成绩 | | |

## 职业技能鉴定技能考核制件(内容)分析

| | |
|---|---|
| 职业名称 | 机车车辆铆工 |
| 考核等级 | 初级工 |
| 试题名称 | GY100 型罐车用手制动拉杆吊组成 |
| 职业标准依据 | 机车车辆铆工中国北车职业技能标准 |

试题中鉴定项目及鉴定要素的分析与确定

| 分析事项 \ 鉴定项目分类 | 基本技能“D” | 专业技能“E” | 相关技能“F” | 合计 | 数量与占比说明 |
|---|---|---|---|---|---|
| 鉴定项目总数 | 2 | 12 | 2 | 14 | 核心技能“E”满足鉴定项目占比高于 2/3 的要求 |
| 选取的鉴定项目数量 | 1 | 8 | 1 | 10 | |
| 选取的鉴定项目数量占比 | 50% | 66.67% | 50% | 71.4% | |
| 对应选取鉴定项目所包含的鉴定要素总数 | 3 | 21 | 1 | 24 | 鉴定要素数量占比大于 60% |
| 选取的鉴定要素数量 | 2 | 15 | 1 | 18 | |
| 选取的鉴定要素数量占比 | 66.67% | 71.4% | 100% | 75% | |

所选取鉴定项目及相应鉴定要素分解与说明

| 鉴定项目类别 | 鉴定项目名称 | 国家职业标准规定比重(%) | 《框架》中鉴定要素名称 | 本命题中具体鉴定要素分解 | 配分 | 评分标准 | 考核难点说明 |
|---|---|---|---|---|---|---|---|
| D | 识图 | 20 | 能识读金属结构零件图样 | 能识读吊架图 | 5 | 能制出吊架的基本形状即可,否则不得分 | 能否识读零件图 |
| | | | | 能识读座板图 | 5 | 能制出座板的基本形状即可,否则不得分 | |
| | | | 能识读梁、柱类、平面框架类结构图样 | 能识读手制动拉杆吊架组成图 | 10 | 能将座板与吊架进行大致符图的装配即可,否则不得分 | |
| E | 结构放样 | 75 | 能画出型钢弯曲件的切口样图 | 切口样图正确 | 3 | 不正确不得分 | 画出正确的切口样图为能否将角钢弯成直角形的关键 |
| | | | 能画出零件样图 | 座板外形尺寸正确 | 2 | 130 和 70 尺寸每超过 0.5 mm 扣 0.5 分,超过 2 mm 以上不得分 | |
| | | | | 座板孔正确 | 2 | 孔的位置尺寸及孔的直径每超过 0.5 mm 扣 0.5 分,超过 1.5 mm 以上不得分 | |
| | | | | 角钢弯曲件线型样图正确 | 2 | 不正确不得分 | |
| | 展开放样 | | 能计算平面弯曲件的展开料长 | 计算角钢下料尺寸正确 | 2 | 计算错不得分 | 下料尺寸正确为难点 |
| | | | 能进行零件号料 | 吊架的加工界限及加工符号正确 | 2 | 加工界限及加工符号每错一处扣 1 分 | |
| | | | | 座板孔的位置和零件加工界限正确及加工符号正确 | 2 | 加工界限及加工符号每错一处扣 1 分 | |

续上表

| 鉴定项目类别 | 鉴定项目名称 | 国家职业标准规定比重(%) | 《框架》中鉴定要素名称 | 本命题中具体鉴定要素分解 | 配分 | 评分标准 | 考核难点说明 |
|---|---|---|---|---|---|---|---|
| E | 钻孔 | | 能使用手电钻、台钻、立钻、摇臂钻等常用钻孔设备进行钻削加工 | 能使用摇臂钻进行2个直径13 mm孔的钻削加工 | 5 | 孔的位置尺寸及孔的直径每超过0.5 mm扣0.5分,超过1.5 mm以上不得 | 钻床使用 |
| | 机械切割 | | 能使用剪床对方形类工件进行剪切下料 | 能使用剪板机进行130×70×8板材下料 | 5 | 130和70尺寸每超过0.5 mm扣0.5分,超过2.5 mm以上不得分 | 剪板机、砂轮机使用 |
| | | | 能使用砂轮切割机切割材料 | 能使用砂轮机切割角钢切口及角钢切断 | 5 | 用样板检查切口形状及切断面,超过0.5 mm扣1分,超过2.5 mm以上不得分 | |
| | 型材、管材手工成形 | | 能使用手工工具与胎具在常温或加热条件下对型钢、钢管进行弯曲成形 | 能使用手工工具与胎具在加热条件下对角钢进行弯曲成形 | 15 | 角钢圆弧圆滑,用样板检测缝隙不得大于1 mm,角钢立边垂直度误差不得大于1 mm,对口缝隙均匀且不得大于2.5 mm,以上各项每超过标准0.5 mm扣1分,超过2.5 mm以上不得分 | 弯曲成形 |
| | 零、部件组合及装配夹具应用 | | 能装配梁、柱类构件及平面框架、单一壳体等构件;能使用夹具装配定型产品;能装配机车车辆钢结构配件 | 能装配角钢与板材组合构件、GY100型罐车用手制动拉杆吊组成 | 10 | 定位基准不正确扣5分,定位尺寸每超过0.5 mm扣1分,超过2.5 mm以上扣5分 | 装配正确 |
| | 手工矫正 | | 能判定钢材或零件变形的程度和形式 | 能判定板材变形的程度和形式 | 2 | 不能判定板材为凸起变形的不得分 | 矫正方法的确定 |
| | | | 能确定矫正的方法 | 能确定矫正方法 | 2 | 不能确定矫正方法不得分 | |
| | | | 能选用常用矫正工具 | 能选用正确的矫正工具 | 3 | 不能选用正确的矫正工具不得分 | |
| | | | 能手工矫正原材料的弯曲、扭曲、板材局部凸起等变形 | 能手工矫正板材局部凸起变形 | 3 | 矫正后板材不平度不得大于2 mm,每超过0.5 mm扣0.5分,超过2.5 mm以上不得分 | |
| | 焊接、铆接 | | 能进行构件的定位焊 | 能进行角钢接口及吊架与座板连接处的定位焊 | 5 | 焊点大小、焊缝间隙每有一项不合格扣1分 | 定位焊 |
| | | | 能判断零部件点焊变形的趋势并采取预防措施 | 能判断点焊变形的趋势并采取预防措施 | 5 | 点焊部位不正确扣2.5分,顺序不合理扣2.5分;焊后各件的连接若有明显变形不得分 | |

续上表

| 鉴定项目类别 | 鉴定项目名称 | 国家职业标准规定比重(%) | 《框架》中鉴定要素名称 | 本命题中具体鉴定要素分解 | 配分 | 评分标准 | 考核难点说明 |
|---|---|---|---|---|---|---|---|
| F | 零件质量检验 | 5 | 能按技术要求对零件进行尺寸、形状等检验 | 用卡尺对图中标注尺寸进行测量 | 4 | 每有一处误差超0.1 mm扣0.5分 | 角度检测 |
| | | | | 对吊架弯曲处的角度检测 | 1 | 误差超过1°扣0.5分,超过2°不得分 | |
| 质量、安全、工艺纪律、文明生产等综合考核项目 | | | | 考核时限 | 不限 | 超时停止操作 | |
| | | | | 工艺纪律 | 不限 | 依据企业有关工艺纪律管理规定执行,每违反一次扣10分 | |
| | | | | 劳动保护 | 不限 | 依据企业有关劳动保护管理规定执行,每违反一次扣10分 | |
| | | | | 文明生产 | 不限 | 依据企业有关文明生产管理规定执行,每违反一次扣10分 | |
| | | | | 安全生产 | 不限 | 依据企业有关安全生产管理规定执行,每违反一次扣10分,有重大安全事故,取消成绩 | |

# 机车车辆铆工(中级工)技能操作考核框架

## 一、框架说明

1. 依据《国家职业标准》注,以及中国北车确定的“岗位个性服从于职业共性”的原则,提出机车车辆铆工(中级工)技能操作考核框架(以下简称:技能考核框架)。

2. 本职业等级技能操作考核评分采用百分制。即:满分为100分,60分为及格,低于60分为不及格。

3. 实施“技能考核框架”时,考核制件(活动)命题可以选用本企业的加工件(活动项目),也可以结合实际另外组织命题。

4. 实施“技能考核框架”时,考核的时间和场地条件等应依据《国家职业标准》,并结合企业实际确定。

5. 实施“技能考核框架”时,其“职业功能”的分类按以下要求确定:

(1)“放样”、“下料”、“成形”、“装配”、“矫正”、“连接”属于本职业等级技能操作的核心职业活动,其“项目代码”为“E”。

(2)“识图绘图”和“检验”属于本职业等级技能操作的辅助性活动,其“项目代码”分别为“D”和“F”。

6. 实施“技能考核框架”时,其“鉴定项目”和“选考数量”按以下要求确定:

(1)按照《国家职业标准》有关技能操作鉴定比重的要求,本职业等级技能操作考核制件的“鉴定项目”应按“D”+“E”+“F”组合,其考核配分比例相应为:“D”占20分,“E”占75分,“F”占5分。

(2)依据中国北车确定的“核心职业活动选取2/3,并向上取整”的规定,在“E”类鉴定项目——“放样”、“下料”、“成形”、“装配”、“矫正”、“连接”的全部14项中,至少选取10项。

(3)依据中国北车确定的“其余‘鉴定项目’的数量可以任选”的规定,“D”和“F”类鉴定项目——“识图绘图”和“检验”中,至少分别选取1项。

(4)依据中国北车确定的“确定‘选考数量’时,所涉及‘鉴定要素’的数量占比,应不低于对应‘鉴定项目’范围内‘鉴定要素’总数的60%,并向上取整”的规定,考核制件(活动)的鉴定要素“选考数量”应按以下要求确定:

①在“D”类“鉴定项目”中,在已选定的1个或全部鉴定项目中,至少选取已选鉴定项目所对应的全部鉴定要素的60%项,并向上保留整数。

②在“E”类“鉴定项目”中,在已选定的至少10个鉴定项目所包含的全部鉴定要素中,至少选取总数的60%项,并向上保留整数。

③在“F”类“鉴定项目”中,在已选定的1个或全部鉴定项目中,至少选取已选鉴定项目所对应的全部鉴定要素的60%项,并向上保留整数。

举例分析:

按照上述“第6条”要求,若命题时按最少数量选取,即:在“D”类鉴定项目中选取了“识图"1 项,在"E"类鉴定项目中选取了"结构放样"、"展开放样"、"手工切割"、"机械切割"、"机械成形"、"零、部件组合"、"装配夹具应用"、"材料矫正"、"构件矫正"、"焊接"10 项,在"F"类鉴定项目中选取了"构件质量检验"1 项,则:此考核制件所涉及的"鉴定项目"总数为 12 项,具体包括:"识图"、"结构放样"、"展开放样"、"手工切割"、"机械切割"、"机械成形"、"零、部件组合"、"装配夹具应用"、"材料矫正"、"构件矫正"、"焊接"和"构件质量检验"。

此考核制件所涉及的鉴定要素"选考数量"相应为 15 项,具体包括:"识图"鉴定项目包含的全部 1 个鉴定要素,"结构放样"、"展开放样"、"手工切割"、"机械切割"、"机械成形"、"零、部件组合"、"装配夹具应用"、"材料矫正"、"构件矫正"、"焊接"10 个鉴定项目包括的全部 19 个鉴定要素中的 12 项,"构件质量检验"鉴定项目包含的全部 2 个鉴定要素。

7. 本职业等级技能操作需要两人及以上共同作业的,可由鉴定组织机构根据"必要、辅助"的原则,结合实际情况确定协助人员的数量。在整个操作过程中,协助人员只能起必要、简单的辅助作用。否则,每违反一次,至少扣减应考者的技能考核总成绩 10 分,直至取消其考试资格。

8. 实施"技能考核框架"时,应同时对应考者在质量、安全、工艺纪律、文明生产等方面行为进行考核。对于在技能操作考核过程中出现的违章作业现象,每违反一项(次)至少扣减技能考核总成绩 10 分,直至取消其考试资格。

注:按照中国北车规定,各《职业技能操作考核框架》的编制依据现行的《国家职业标准》或现行的《行业职业标准》或现行的《中国北车职业标准》的顺序执行。

## 二、机车车辆铆工(中级工)技能操作鉴定要素细目表

| 职业功能 | 鉴定项目 | | | | 鉴定要素 | | |
|---|---|---|---|---|---|---|---|
| | 项目代码 | 名 称 | 鉴定比重(%) | 选考方式 | 要素代码 | 名 称 | 重要程度 |
| 识图绘图 | D | 识图 | 20 | 任选 | 001 | 能识读桁架类、箱体类、容器类结构(卧式储罐、立式储罐等)图样 | X |
| | | 绘图 | | | 001 | 能绘制结构件图样 | X |
| | | | | | 002 | 能将结构件装配图拆绘成零件图 | X |
| 放样 | E | 结构放样 | 75 | 至少选 10 项 | 001 | 能画出桁架类、箱体类、容器类结构(卧式储罐、立式储罐等)图样 | X |
| | | | | | 002 | 能进行桁架类、箱体类、卧式储罐、立式储罐等容器类结构的制作工艺分析,并制作各工序工艺样板 | X |
| | | | | | 003 | 能对结构件进行二次号料 | X |
| | | 展开放样 | | | 001 | 能绘制圆锥管、斜圆锥管、棱锥管、斜棱锥管、方圆接管的展开图 | X |
| | | | | | 002 | 能绘制等径三通管、异径三通管、等径多节弯头等简单相贯构件的展开图 | X |
| | | | | | 003 | 能计算多向弯曲构件的展开料长 | X |
| 下料 | | 钻孔 | | | 001 | 能利用立钻、摇臂钻等钻孔设备进行薄板孔、深孔、阶梯孔、倾斜孔等特殊孔的加工 | X |
| | | | | | 002 | 能磨削标准麻花钻头和特殊需求的钻头 | X |

续上表

| 职业功能 | 鉴定项目 | | | | 鉴定要素 | | |
|---|---|---|---|---|---|---|---|
| | 项目代码 | 名称 | 鉴定比重(%) | 选考方式 | 要素代码 | 名称 | 重要程度 |
| 下料 | E | 手工切割 | | 至少选10项 | 001 | 能使用气割设备切割厚、薄不同的板材、型材与管材 | X |
| | | | | | 002 | 能使用气割设备切割各种形状的工件 | X |
| | | | | | 003 | 能使用气割设备切割不同位置、不同角度的工件 | X |
| | | | | | 004 | 能对錾子、克子、手剪进行淬火处理 | X |
| | | 机械切割 | | | 001 | 能使用剪床剪切特异形状的板料 | X |
| | | | | | 002 | 能使用冲压机械冲裁环形等较复杂形状的板料 | X |
| | | | | | 003 | 能使用等离子切割机切割各种形状的板料 | X |
| 成形 | | 手工成形 | | | 001 | 能手工完成水平和空间弯管的弯曲成形 | X |
| | | | | | 002 | 能制作弯曲成形的胎具 | X |
| | | | | | 003 | 能完成内、外拔梢和拱曲成形 | X |
| | | 机械成形 | | | 001 | 能使用卷板机、折弯机、弯管机、型钢弯曲机、压力机等专用或通用成形机械进行平面弯曲构件的弯曲成形 | X |
| 装配 | | 零、部件组合 | | | 001 | 能装配桁架类、箱体类和常压容器等构件，能进行机车车辆底架找平 | X |
| | | 装配夹具应用 | | | 001 | 能根据装配技术要求调试工具、夹具和改善工具、夹具的性能 | X |
| 矫正 | | 材料矫正 | | | 001 | 能利用机械设备矫正钢材的变形 | X |
| | | 构件矫正 | | | 001 | 能矫正桁架类、箱体类和常压容器等结构件的变形，能进行机车车辆底架调平 | X |
| 连接 | | 焊接 | | | 001 | 能进行全位置定位焊 | X |
| | | 铆接 | | | 001 | 能铆接高强度结构 | X |
| | | 胀接、咬接、螺纹连接 | | | 001 | 能胀接常压管件 | X |
| | | | | | 002 | 能进行双咬缝和角式复合咬缝的咬接 | X |
| | | | | | 003 | 能利用咬接技术制作水桶、水壶、弯管等构件 | X |
| | | | | | 004 | 能进行高强度结构的螺栓连接 | X |
| 检验 | F | 构件质量检验 | 5 | 任选 | 001 | 能选择测量基准，并能制作检测样板、样杆 | X |
| | | | | | 002 | 能根据质量标准及技术要求对构件进行尺寸、形状等质量检验 | X |
| | | 焊接质量检验 | | | 001 | 能按技术要求对构件焊缝进行外观检验 | X |

# 机车车辆铆工(中级工)
# 技能操作考核样题与分析

职 业 名 称：

考 核 等 级：

存 档 编 号：

考核站名称：

鉴定责任人：

命题责任人：

主管负责人：

中国北车股份有限公司劳动工资部制

## 职业技能鉴定技能操作考核制件图示或内容

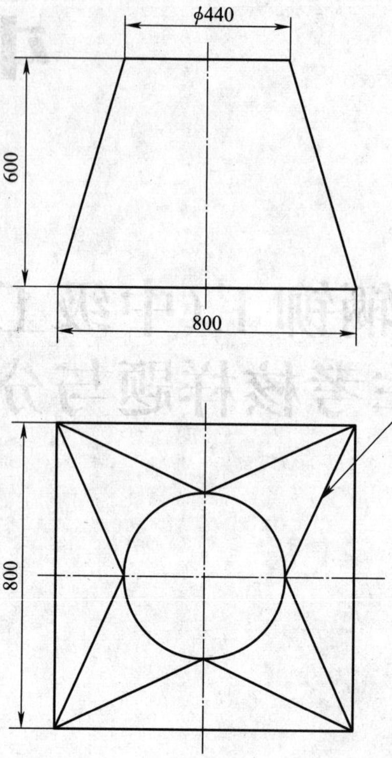


技术要求：

1. 钢板厚度为 3 mm；
2. 利用矫平机对板材进行矫平；
3. 制作下料样板，制作圆锥面曲率检测样板（不限弯曲方法）；
4. 四个圆锥面使用卷板机弯曲成形后再使用气割设备切割；
5. 四个三角形平面要分别使用剪板机、等离子切割机下料（各 2 个）；
6. 根据需要，装配夹具、胎具现场自行解决；
7. 各连接处需进行定位焊；
8. 成形后，在不破坏整体结构的前提下（不得分解），允许调修；
9. 制作完成后对图中给定的各尺寸进行测量，并将实测数据用红色笔写在原尺寸下方；
10. 制作锥面曲率检测样板，并对制件进行检测，检测结果用红色笔分别写在对应的各圆锥面外侧。

| | |
|---|---|
| 职业名称 | 机车车辆铆工 |
| 考核等级 | 中级工 |
| 试题名称 | 组焊结构圆方接头 |
| 材质等信息 | Q235-A |

### 职业技能鉴定技能操作考核准备单

| | |
|---|---|
| 职业名称 | 机车车辆铆工 |
| 考核等级 | 中级工 |
| 试题名称 | 组焊结构圆方接头 |

## 一、材料准备

1. 材料规格:板厚 3 mm 的 Q235-A 钢板
2. 坯件尺寸:2 000 mm×1 000 mm×3 mm
3. 数量:3 件

## 二、设备、工、量、卡具准备清单

| 序号 | 名　称 | 规　格 | 数　量 | 备　注 |
|---|---|---|---|---|
| 1 | 工作台 | | | |
| 2 | 气割枪及配套用供气设施 | | 1 | |
| 3 | 记号笔 | 红色 | 1 | |
| 4 | 铆工作业划线的有关工卡量具 | | | 考生自备 |

## 三、考场准备

1. 相应的公用设备、设备与器具的润滑与冷却等

卷板机、剪板机、等离子切割机、板材矫平机、电焊机

2. 相应的场地及安全防范措施

钢板铺地的铆工作业场地 1 块(大小单位自定)、劳动保护用品(自带)

3. 其他准备

天车(配天车工)或其他吊具

## 四、考核内容及要求

1. 考核内容(按考核制件图示及要求制作)
2. 考核时限:360 分钟
3. 考核评分(表)

| 职业名称 | 机车车辆铆工 | | 考核等级 | 中级工 | |
|---|---|---|---|---|---|
| 试题名称 | 组焊结构圆方接头 | | 考核时限 | 360 分钟 | |
| 鉴定项目 | 考核内容 | 配分 | 评分标准 | 扣分说明 | 得分 |
| 识图 | 能识读圆方结构图样 | 20 | 能制出圆方结构的基本形状即可,否则不得分 | | |
| 结构放样 | 能画出圆方结构样图 | 3 | 误差超过 1 mm 扣 1 分,超过 2 mm 不得分 | | |
| | 能进行圆方结构制作工艺分析 | 2 | 圆方结构制作工艺每有一处不合理,扣 1 分 | | |
| | 制作样板 | 2 | 误差每超过 0.5 mm 扣 1 分,超过 1 mm 扣 2 分;样板标注内容缺一项扣 1 分 | | |

续上表

| 鉴定项目 | 考核内容 | 配分 | 评分标准 | 扣分说明 | 得分 |
|---|---|---|---|---|---|
| 展开放样 | 能绘制方圆接管的展开图 | 5 | 求实长作法准确不扣分，求错一条扣1分 | | |
| | 能计算方圆构件的展开料长 | 3 | 展开计算时若没有考虑中性层问题扣3分 | | |
| 手工切割 | 能使用气割设备切割3 mm厚板材 | 2 | 误差超过2 mm扣1分，超过5 mm不得分 | | |
| | 能使用气割设备切割三角形及圆弧形工件 | 2 | 误差超过2 mm扣1分，超过5 mm不得分 | | |
| | 能使用气割设备切割曲面工件 | 2 | 误差超过2 mm扣1分，超过5 mm不得分 | | |
| 机械切割 | 能使用剪板机剪切三角形板料 | 2 | 误差超过2 mm扣1分，超过5 mm不得分 | | |
| | 能使用等离子切割机切割三角形板料 | 2 | 误差超过2 mm扣1分，超过5 mm不得分 | | |
| 机械成形 | 能使用卷板机进行平面弯曲构件的弯曲成形 | 15 | 能使用卷板机得3分，能滚出圆锥面得7分；圆锥面曲率符合要求得5分 | | |
| 零、部件组合 | 能正确装配方圆结构件 | 5 | 不正确不得分 | | |
| 装配夹具应用 | 能自制或正确使用装配胎具、夹具 | 5 | 不能正确使用不得分 | | |
| 材料矫正 | 能利用板材矫平机矫正钢板的变形 | 10 | 能正确使用矫平机得5分，矫平后，不平度每大于1 mm，扣1分 | | |
| 构件矫正 | 能矫正方圆结构构件的变形 | 5 | 制件每有一处变形扣1分，3处以上不得分 | | |
| 焊接 | 能进行全位置定位焊 | 10 | 定位焊部位不正确扣2.5分，顺序不合理扣2.5分；焊接规范每有一项不符合扣1分，焊后各件的连接若有明显变形不得分 | | |
| 构件质量检验 | 制作锥面曲率检测样板 | 2 | 误差每超过0.5 mm扣1分，超过1 mm扣2分；样板标注内容缺一项扣1分 | | |
| | 图中给定的各尺寸测量 | 2 | 每有一处误差超0.5 mm扣0.5分 | | |
| | 锥面曲率样板检测 | 1 | 样板使用不正确不得分 | | |
| 质量、安全、工艺纪律、文明生产等综合考核项目 | 考核时限 | 不限 | 超时停止操作 | | |
| | 工艺纪律 | 不限 | 依据企业有关工艺纪律管理规定执行，每违反一次扣10分 | | |
| | 劳动保护 | 不限 | 依据企业有关劳动保护管理规定执行，每违反一次扣10分 | | |
| | 文明生产 | 不限 | 依据企业有关文明生产管理规定执行，每违反一次扣10分 | | |
| | 安全生产 | 不限 | 依据企业有关安全生产管理规定执行，每违反一次扣10分，有重大安全事故，取消成绩 | | |

## 职业技能鉴定技能考核制件(内容)分析

| | |
|---|---|
| 职业名称 | 机车车辆铆工 |
| 考核等级 | 中级工 |
| 试题名称 | 组焊结构圆方接头 |
| 职业标准依据 | 机车车辆铆工中国北车职业技能标准 |

试题中鉴定项目及鉴定要素的分析与确定

| 分析事项 \ 鉴定项目分类 | 基本技能“D” | 专业技能“E” | 相关技能“F” | 合计 | 数量与占比说明 |
|---|---|---|---|---|---|
| 鉴定项目总数 | 2 | 14 | 2 | 18 | 核心技能“E”满足鉴定项目占比高于2/3的要求 |
| 选取的鉴定项目数量 | 1 | 10 | 1 | 12 | |
| 选取的鉴定项目数量占比 | 50% | 71.4% | 50% | 66.67% | |
| 对应选取鉴定项目所包含的鉴定要素总数 | 1 | 19 | 2 | 22 | 鉴定要素数量占比大于60% |
| 选取的鉴定要素数量 | 1 | 15 | 2 | 18 | |
| 选取的鉴定要素数量占比 | 100% | 78.9% | 100% | 81.8% | |

所选取鉴定项目及相应鉴定要素分解与说明

| 鉴定项目类别 | 鉴定项目名称 | 国家职业标准规定比重(%) | 《框架》中鉴定要素名称 | 本命题中具体鉴定要素分解 | 配分 | 评分标准 | 考核难点说明 |
|---|---|---|---|---|---|---|---|
| D | 识图 | 20 | 能识读桁架类、箱体类、容器类结构(卧式储罐、立式储罐等)图样 | 能识读方圆结构图样 | 20 | 能制出方圆结构的基本形状即可,否则不得分 | 识读零件图 |
| E | 结构放样 | 75 | 能画出桁架类、箱体类、容器类结构(卧式储罐、立式储罐等)样图 | 能画出圆方结构样图 | 3 | 误差超过 1 mm 扣 1 分,超过 2 mm 不得分 | 样板制作为难点 |
| | | | 能进行桁架类、箱体类、卧式储罐、立式储罐等容器类结构的制作工艺分析,并制作各工序工艺样板 | 能进行圆方结构制作工艺分析,并制作样板 | 2 | 圆方结构制作工艺每有一处不合理,扣 1 分 | |
| | | | | | 2 | 误差每超过 0.5 mm 扣 1 分,超过 1 mm 扣 2 分;样板标注内容缺一项扣 1 分 | |
| | 展开放样 | | 能绘制圆锥管、斜圆锥管、棱锥管、斜棱锥管、方圆接管的展开图 | 能绘制方圆接管的展开图 | 5 | 求实长作法准确不扣分,求错一条扣 1 分 | 展开图 |
| | | | 能计算多向弯曲构件的展开料长 | 能计算方圆构件的展开料长 | 3 | 展开计算时若没有考虑中性层问题扣 3 分 | |
| | 手工切割 | | 能使用气割设备切割厚、薄不同的板材、型材与管材 | 能使用气割设备切割 3 mm 厚板材 | 2 | 误差超过 2 mm 扣 1 分,超过 5 mm 不得分 | 切割曲面为难点 |
| | | | 能使用气割设备切割各种形状的工件 | 能使用气割设备切割三角形及圆弧形工件 | 2 | 误差超过 2 mm 扣 1 分,超过 5 mm 不得分 | |

续上表

| 鉴定项目类别 | 鉴定项目名称 | 国家职业标准规定比重(%) | 《框架》中鉴定要素名称 | 本命题中具体鉴定要素分解 | 配分 | 评分标准 | 考核难点说明 |
|---|---|---|---|---|---|---|---|
| E | 手工切割 | | 能使用气割设备切割不同位置、不同角度的工件 | 能使用气割设备切割曲面工件 | 2 | 误差超过 2 mm 扣 1 分,超过 5 mm 不得分 | 切割曲面为难点 |
| | 机械切割 | | 能使用剪床剪切特异形状的板料 | 能使用剪板机剪切三角形板料 | 2 | 误差超过 2 mm 扣 1 分,超过 5 mm 不得分 | 剪板机、等离子切割机的正确使用 |
| | | | 能使用等离子切割机切割各种形状的板料 | 能使用等离子切割机切割三角形板料 | 2 | 误差超过 2 mm 扣 1 分,超过 5 mm 不得分 | |
| | 机械成形 | | 能使用卷板机、折弯机、弯管机、型钢弯曲机、压力机等专用或通用成形机械进行平面弯曲构件的弯曲成形 | 能使用卷板机进行平面弯曲构件的弯曲成形 | 15 | 能使用卷板机得 3 分,能滚出圆锥面得 7 分;圆锥面曲率符合要求得 5 分 | 圆锥面成形为难点 |
| | 零、部件组合 | | 能装配桁架类、箱体类和常压容器等构件,能进行机车车辆底架找平 | 能正确装配方圆结构件 | 5 | 不正确不得分 | 胎具、夹具制作 |
| | 装配夹具应用 | | 能根据装配技术要求调试工具、夹具和改善工具、夹具的性能 | 能自制或正确使用装配胎具、夹具 | 5 | 不能正确使用不得分 | |
| | 材料矫正 | | 能利用机械设备矫正钢材的变形 | 能利用板材矫平机矫正钢板的变形 | 10 | 能正确使用矫平机得 5 分,矫平后,不平度每大于 1 mm,扣 1 分 | 构架矫正 |
| | 构件矫正 | | 能矫正桁架类、箱体类和常压容器等结构件的变形,能进行机车车辆底架调平 | 能矫正方圆结构构件的变形 | 5 | 制件每有一处变形扣 1 分,3 处以上不得分 | |
| | 焊接 | | 能进行全位置定位焊 | 能进行全位置定位焊 | 10 | 定位焊部位不正确扣 2.5 分,顺序不合理扣 2.5 分;焊接规范每有一项不符合扣 1 分,焊后各件的连接若有明显变形不得分 | 焊接位置 |
| F | 构件质量检验 | 5 | 能选择测量基准,并能制作检测样板、样杆 | 制作锥面曲率检测样板 | 2 | 误差每超过 0.5 mm 扣 1 分,超过 1 mm 扣 2 分;样板标注内容缺一项扣 1 分 | 样板制作 |
| | | | 能根据质量标准及技术要求对构件进行尺寸、形状等质量检验 | 图中给定的各尺寸测量 | 2 | 每有一处误差超 0.5 mm 扣 0.5 分 | |
| | | | | 锥面曲率样板检测 | 1 | 样板使用不正确不得分 | |

续上表

| 鉴定项目类别 | 鉴定项目名称 | 国家职业标准规定比重(%) | 《框架》中鉴定要素名称 | 本命题中具体鉴定要素分解 | 配分 | 评分标准 | 考核难点说明 |
|---|---|---|---|---|---|---|---|
| 质量、安全、工艺纪律、文明生产等综合考核项目 | | | | 考核时限 | 不限 | 超时停止操作 | |
| | | | | 工艺纪律 | 不限 | 依据企业有关工艺纪律管理规定执行,每违反一次扣10分 | |
| | | | | 劳动保护 | 不限 | 依据企业有关劳动保护管理规定执行,每违反一次扣10分 | |
| | | | | 文明生产 | 不限 | 依据企业有关文明生产管理规定执行,每违反一次扣10分 | |
| | | | | 安全生产 | 不限 | 依据企业有关安全生产管理规定执行,每违反一次扣10分,有重大安全事故,取消成绩 | |

# 机车车辆铆工(高级工)技能操作考核框架

## 一、框架说明

1. 依据《国家职业标准》注,以及中国北车确定的“岗位个性服从于职业共性”的原则,提出机车车辆铆工(高级工)技能操作考核框架(以下简称:技能考核框架)。

2. 本职业等级技能操作考核评分采用百分制。即:满分为 100 分,60 分为及格,低于 60 分为不及格。

3. 实施“技能考核框架”时,考核制件(活动)命题可以选用本企业的加工件(活动项目),也可以结合实际另外组织命题。

4. 实施“技能考核框架”时,考核的时间和场地条件等应依据《国家职业标准》,并结合企业实际确定。

5. 实施“技能考核框架”时,其“职业功能”的分类按以下要求确定:

(1)“放样”、“下料”、“成形”、“装配”、“矫正”、“连接”属于本职业等级技能操作的核心职业活动,其“项目代码”为“E”。

(2)“识图绘图”和“检验”属于本职业等级技能操作的辅助性活动,其“项目代码”分别为“D”和“F”。

6. 实施“技能考核框架”时,其“鉴定项目”和“选考数量”按以下要求确定:

(1)按照《国家职业标准》有关技能操作鉴定比重的要求,本职业等级技能操作考核制件的“鉴定项目”应按“D”+“E”+“F”组合,其考核配分比例相应为:“D”占 20 分,“E”占 75 分,“F”占 5 分。

(2)依据中国北车确定的“核心职业活动选取 2/3,并向上取整”的规定,在“E”类鉴定项目——“放样”、“下料”、“成形”、“装配”、“矫正”、“连接”的全部 12 项中,至少选取 8 项。

(3)依据中国北车确定的“其余‘鉴定项目’的数量可以任选”的规定,“D”和“F”类鉴定项目——“识图绘图”和“检验”中,至少分别选取 1 项。

(4)依据中国北车确定的“确定‘选考数量’时,所涉及‘鉴定要素’的数量占比,应不低于对应‘鉴定项目’范围内‘鉴定要素’总数的 60%,并向上取整”的规定,考核制件(活动)的鉴定要素“选考数量”应按以下要求确定:

①在“D”类“鉴定项目”中,在已选定的 1 个或全部鉴定项目中,至少选取已选鉴定项目所对应的全部鉴定要素的 60%项,并向上保留整数。

②在“E”类“鉴定项目”中,在已选定的至少 8 个鉴定项目所包含的全部鉴定要素中,至少选取总数的 60%项,并向上保留整数。

③在“F”类“鉴定项目”中,在已选定的 1 个或全部鉴定项目中,至少选取已选鉴定项目所对应的全部鉴定要素的 60%项,并向上保留整数。

举例分析:

按照上述“第6条”要求，若命题时按最少数量选取，即：在“D”类鉴定项目中选取了“识图”1项，在“E”类鉴定项目中选取了“结构放样”、“机械切割”、“下料工艺”、“机械成形”、“成形质量控制”、“零、部件组合”、“材料矫正”、“连接质量分析”8项，在“F”类鉴定项目中选取了“结构质量检验”1项，则：此考核制件所涉及的“鉴定项目”总数为10项，具体包括：“识图”、“结构放样”、“机械切割”、“下料工艺”、“机械成形”、“成形质量控制”、“零、部件组合”、“材料矫正”、“连接质量分析”和“结构质量检验”。

此考核制件所涉及的鉴定要素“选考数量”相应为10项，具体包括：“识图”鉴定项目包含的全部1项鉴定要素，“结构放样”、“机械切割”、“下料工艺”、“机械成形”、“成形质量控制”、“零、部件组合”、“材料矫正”、“连接质量分析”8个鉴定项目包括的全部12个鉴定要素中的8项，“结构质量检验”鉴定项目包含的全部1项鉴定要素。

7. 本职业等级技能操作需要两人及以上共同作业的，可由鉴定组织机构根据“必要、辅助”的原则，结合实际情况确定协助人员的数量。在整个操作过程中，协助人员只能起必要、简单的辅助作用。否则，每违反一次，至少扣减应考者的技能考核总成绩10分，直至取消其考试资格。

8. 实施“技能考核框架”时，应同时对应考者在质量、安全、工艺纪律、文明生产等方面行为进行考核。对于在技能操作考核过程中出现的违章作业现象，每违反一项(次)至少扣减技能考核总成绩10分，直至取消其考试资格。

注：按照中国北车规定，各《职业技能操作考核框架》的编制依据现行的《国家职业标准》或现行的《行业职业标准》或现行的《中国北车职业标准》的顺序执行。

## 二、机车车辆铆工(高级工)技能操作鉴定要素细目表

| 职业功能 | 鉴定项目 | | | | 鉴定要素 | | |
|---|---|---|---|---|---|---|---|
| | 项目代码 | 名称 | 鉴定比重(%) | 选考方式 | 要素代码 | 名称 | 重要程度 |
| 识图绘图 | D | 识图 | 20 | 任选 | 001 | 能识读典型工业厂房、廊架等复杂桁架类、机架类、拱顶罐、球罐等复杂容器结构图样 | X |
| | | 绘图 | | | 001 | 能将结构装配图样拆绘成构件、零件图样 | X |
| 放样 | E | 结构放样 | 75 | 至少选8项 | 001 | 能进行廊架、机架、球罐等复杂结构的制作工艺分析，并制定工艺流程 | X |
| | | | | | 002 | 能绘制工业厂房、廊架等复杂桁架类、机架类、拱顶罐、球罐等复杂容器的结构图样 | X |
| | | 展开放样 | | | 001 | 能绘制圆管相交圆锥管、圆管相交棱柱管、圆锥管相交圆锥管、棱柱管相交圆锥管等复杂构件的展开图 | X |
| | | | | | 002 | 能绘制带补料相贯构件展开图 | X |
| | | | | | 003 | 能绘制偏心、斜交相贯构件、等径蛇形弯管构件展开图 | X |
| | | | | | 004 | 能绘制不可展表面构件的近似展开图 | X |
| | | | | | 005 | 能计算空间弯曲件的展开料长 | X |
| 下料 | | 机械切割 | | | 001 | 能编制数控切割程序，能根据切断材料的断面等进行质量分析，并采取相应措施 | X |

续上表

| 职业功能 | 鉴定项目 | | | | 鉴定要素 | | |
|---|---|---|---|---|---|---|---|
| | 项目代码 | 名　称 | 鉴定比重(%) | 选考方式 | 要素代码 | 名　称 | 重要程度 |
| 下料 | E | 下料工艺 | | 至少选8项 | 001 | 能按构件的技术要求及结构类型制定下料工艺流程 | X |
| 成形 | | 机械成形 | | | 001 | 能使用卷板机、折弯机、弯管机、型钢弯曲机、压力机等专用或通用成形机械进行多曲率复杂构件的冷、热态弯曲成形 | X |
| | | | | | 002 | 能根据成形要求和成形设备设计制造弯曲成形模具 | X |
| | | 成形质量控制 | | | 001 | 能根据图样要求制作成形样板 | X |
| | | | | | 002 | 能测量和检查弯曲件的成形质量 | X |
| | | | | | 003 | 能对成形缺陷进行工艺分析，并能采取相应措施 | X |
| 装配 | | 零、部件组合 | | | 001 | 能装配工业厂房、廊架等复杂桁架、机架和拱顶罐、球罐等容器结构，能装配机车车辆用储风缸等容器类配件 | X |
| | | 装配夹具应用 | | | 001 | 能根据装配技术要求制造工装夹具 | Y |
| 矫正 | | 材料矫正 | | | 001 | 能矫正不同材质及不同横截面原材料的变形 | X |
| | | 构件与结构矫正 | | | 001 | 能分析构件连接后产生变形的原因 | X |
| | | | | | 002 | 能矫正连接后结构的变形，能进行机车车辆底架矫正、车体钢结构矫正 | X |
| 连接 | | 连接质量分析 | | | 001 | 能对焊接、铆接、胀接、咬接等连接缺陷进行分析，并能采用相应的措施 | X |
| | | 连接强度校核 | | | 001 | 能进行焊接、铆接、胀接接头强度校核 | X |
| 检验 | F | 结构质量检验 | 5 | 任选 | 001 | 能根据质量标准及技术要求对金属结构进行尺寸、形状、位置检验；能在基准转换时根据技术要求进行相关检验尺寸转换的计算 | X |
| | | 焊接质量检验 | | | 001 | 能按技术要求检验构件焊接质量 | X |
| | | | | | 002 | 能按产品技术要求对结构进行致密性检验 | X |

中国北车

# 机车车辆铆工(高级工)
# 技能操作考核样题与分析

职业名称：____________________

考核等级：____________________

存档编号：____________________

考核站名称：____________________

鉴定责任人：____________________

命题责任人：____________________

主管负责人：____________________

中国北车股份有限公司劳动工资部制

## 职业技能鉴定技能操作考核制件图示或内容

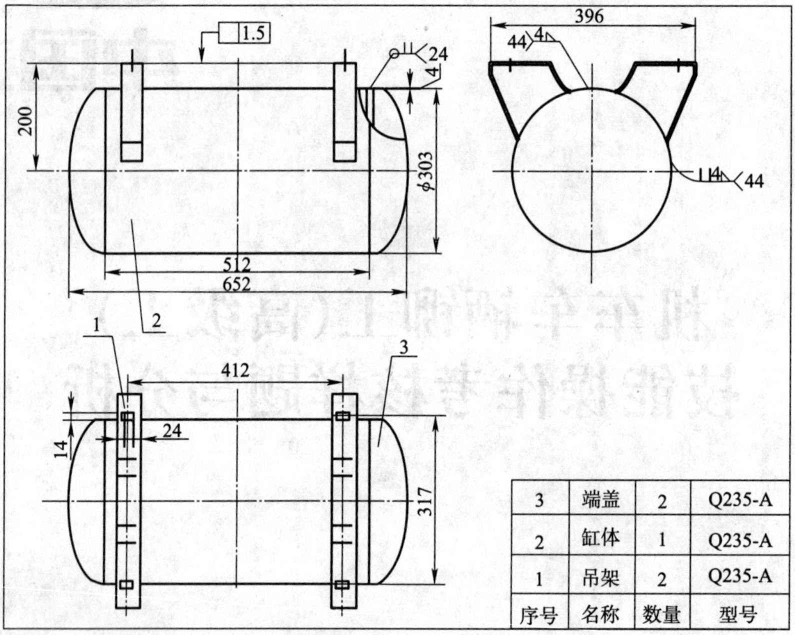


| 3 | 端盖 | 2 | Q235-A |
|---|---|---|---|
| 2 | 缸体 | 1 | Q235-A |
| 1 | 吊架 | 2 | Q235-A |
| 序号 | 名称 | 数量 | 型号 |

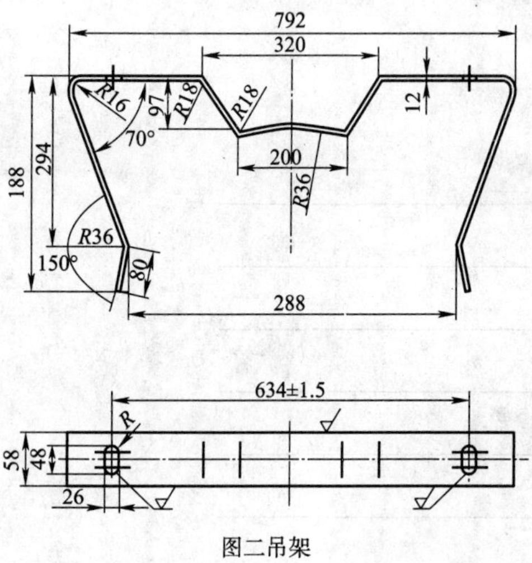


图二吊架

技术要求：

1. 吊架图样见附图；
2. 端盖提供成品，只需与缸体装配组装；
3. 进行嵌入式储风缸的制作工艺分析，并制定工艺流程；
4. 下料前利用矫平机对板材进行矫平；下料后若出现不平也可以进行矫平；
5. 下料须使用数控切割机，自行编程；切割断面出现质量问题，允许采取相应措施；
6. 制定缸体、吊架下料工艺流程；
7. 使用卷板机卷制缸体；吊架的弯曲可以使用折弯机、压力机进行冷、热态弯曲成形，根据需要可以自制缸体、吊架弯曲成形简易模具；
8. 制作缸体、吊架成形检测样板，对吊架制作过程中出现的成形缺陷可以采取相应措施调整；
9. 各连接处需进行定位焊，组装完成后，对定位焊质量进行分析，可对缺陷采用相应的解决措施；
10. 制作完成后对图中给定的各尺寸进行测量，并将实测数据用红色笔写在原尺寸下方。利用检测样板对制件进行形状、位置检验，将结论写在图中相应位置。

| 职业名称 | 机车车辆铆工 |
|---|---|
| 考核等级 | 高级工 |
| 试题名称 | 嵌入式储风缸 |
| 材质等信息 | Q235-A |

**职业技能鉴定技能操作考核准备单**

| | |
|---|---|
| 职业名称 | 机车车辆铆工 |
| 考核等级 | 高级工 |
| 试题名称 | 嵌入式储风缸 |

## 一、材料准备

1. 材料规格:板厚 4 mm 的 Q235-A 钢板、板厚 6 mm 的 Q235-A 钢板
2. 坯件尺寸:1 200 mm×800 mm×4 mm、2 000 mm×200 mm×6 mm
3. 数量:各 1 件。

## 二、设备、工、量、卡具准备清单

| 序号 | 名　　称 | 规　　格 | 数　　量 | 备　　注 |
|---|---|---|---|---|
| 1 | 工作平台 | | 1 | |
| 2 | 气割枪及配套用供气设施 | | 1 | |
| 3 | 记号笔 | 红色 | 1 | |
| 4 | 铆工作业划线的有关工卡量具 | | | 考生自备 |

## 三、考场准备

1. 相应的公用设备、设备与器具的润滑与冷却等

卷板机、数控切割机、板材矫平机、压力机、电焊机

2. 相应的场地及安全防范措施

钢板铺地的铆工作业场地 1 块(大小单位自定)、劳动保护用品(自带)

3. 其他准备

天车(配天车工)或其他吊具

## 四、考核内容及要求

1. 考核内容(按考核制件图示及要求制作)
2. 考核时限:480 分钟
3. 考核评分(表)

| 职业名称 | 机车车辆铆工 | | 考核等级 | 高级工 | |
|---|---|---|---|---|---|
| 试题名称 | 嵌入式储风缸 | | 考核时限 | 480 分钟 | |
| 鉴定项目 | 考核内容 | 配分 | 评分标准 | 扣分说明 | 得分 |
| 识图 | 能识读嵌入式储风缸图样 | 20 | 能制出嵌入式储风缸的基本形状即可,否则不得分 | | |
| 结构放样 | 能进行嵌入式储风缸的制作工艺分析,并制定工艺流程 | 8 | 工艺流程合理。每有 1 处不合理扣 2 分,三处以上不得分 | | |
| | 能绘制嵌入式储风缸的结构样图 | 7 | 吊架、缸体结构样图每有一处不合理,扣 2 分;误差每超过 0.5 mm 扣 1 分,超过 1 mm 扣 2 分 | | |

续上表

| 鉴定项目 | 考核内容 | 配分 | 评分标准 | 扣分说明 | 得分 |
|---|---|---|---|---|---|
| 机械切割 | 能编制缸体、吊架数控切割程序进行切割下料，能根据切断材料的断面等进行质量分析，并采取相应措施 | 5 | 缸体、吊架切割下料尺寸误差每超过 1.5 mm 扣 1 分，超过 2 mm 扣 2 分；没有有效控制断面质量扣 2 分 | | |
| 下料工艺 | 能正确制定缸体、吊架下料工艺流程 | 5 | 每有 1 处不合理扣 2 分 | | |
| 机械成形 | 能使用卷板机卷制缸体；能使用折弯机、压力机进行吊架的冷、热态弯曲成形 | 8 | 缸体圆度误差超过 0.5 mm 扣 1 分，超过 1.5 mm 以上扣 3 分；吊架尺寸误差每有 1 处超过 1.5 mm 扣 1 分 | | |
| | 自制缸体、吊架弯曲成形简易模具 | 1 | 采用模具制作的缸体、吊架成形良好得 1 分 | | |
| 成形质量控制 | 能制作缸体、吊架成形检测样板 | 3 | 误差超过 0.5 mm 扣 1 分 | | |
| | 能对吊架制作过程中出现的成形缺陷进行分析，并能采取相应措施 | 3 | 吊架成形无缺陷或对吊架制作过程中出现的成形缺陷，能在后续的过程中改进得 2 分，否则不得分 | | |
| 零、部件组合 | 能装配嵌入式储风缸 | 10 | 装配尺寸每有 1 处误差超过 2 mm 扣 1 分，装配不正确不得分 | | |
| 材料矫正 | 下料前需分别对厚度为 4 mm、6 mm 的板材进行矫正，下料后若出现不平也要进行矫平 | 15 | 能正确使用矫平机得 5 分，矫平后，不平度每大于 1 mm，扣 1 分 | | |
| 连接质量分析 | 能对组装的嵌入式储风缸各定位焊位置、质量进行分析，对缺陷能采用相应的措施 | 10 | 没有缺陷或对焊后缺陷能采用有效措施加以改进得 10 分，否则不得分 | | |
| 结构质量检验 | 能对组装的嵌入式储风缸进行尺寸、形状、位置检验 | 5 | 线型尺寸测量误差每超过 0.5 mm 扣 1 分，超过 1 mm 扣 2 分；卡形样板使用不正确扣 2 分 | | |
| 质量、安全、工艺纪律、文明生产等综合考核项目 | 考核时限 | 不限 | 超时停止操作 | | |
| | 工艺纪律 | 不限 | 依据企业有关工艺纪律管理规定执行，每违反一次扣 10 分 | | |
| | 劳动保护 | 不限 | 依据企业有关劳动保护管理规定执行，每违反一次扣 10 分 | | |
| | 文明生产 | 不限 | 依据企业有关文明生产管理规定执行，每违反一次扣 10 分 | | |
| | 安全生产 | 不限 | 依据企业有关安全生产管理规定执行，每违反一次扣 10 分，有重大安全事故，取消成绩 | | |

**职业技能鉴定技能考核制件(内容)分析**

| 职业名称 | 机车车辆铆工 | | | | |
|---|---|---|---|---|---|
| 考核等级 | 高级工 | | | | |
| 试题名称 | 嵌入式储风缸 | | | | |
| 职业标准依据 | 机车车辆铆工中国北车职业技能标准 | | | | |
| 试题中鉴定项目及鉴定要素的分析与确定 | | | | | |
| 分析事项 \ 鉴定项目分类 | 基本技能“D” | 专业技能“E” | 相关技能“F” | 合计 | 数量与占比说明 |
| 鉴定项目总数 | 2 | 12 | 2 | 16 | 核心技能“E”满足鉴定项目占比高于2/3的要求 |
| 选取的鉴定项目数量 | 1 | 8 | 1 | 10 | |
| 选取的鉴定项目数量占比 | 50% | 66.67% | 50% | 62.5% | |
| 对应选取鉴定项目所包含的鉴定要素总数 | 1 | 12 | 1 | 14 | 鉴定要素数量占比大于60% |
| 选取的鉴定要素数量 | 1 | 11 | 1 | 13 | |
| 选取的鉴定要素数量占比 | 100% | 91.67% | 100% | 92.85% | |

所选取鉴定项目及相应鉴定要素分解与说明

| 鉴定项目类别 | 鉴定项目名称 | 国家职业标准规定比重(%) | 《框架》中鉴定要素名称 | 本命题中具体鉴定要素分解 | 配分 | 评分标准 | 考核难点说明 |
|---|---|---|---|---|---|---|---|
| D | 识图 | 20 | 能识读典型工业厂房、廊架等复杂桁架类、机架类、拱顶罐、球罐等复杂容器结构图样 | 能识读嵌入式储风缸图样 | 20 | 能制出嵌入式储风缸的基本形状即可,否则不得分 | 识读结构图样 |
| E | 结构放样 | 75 | 能进行廊架、机架、球罐等复杂结构的制作工艺分析,并制定工艺流程 | 能进行嵌入式储风缸的制作工艺分析,并制定工艺流程 | 8 | 工艺流程合理。每有1处不合理扣2分,三处以上不得分 | 难点为吊架的弯曲顺序 |
| | | | 能绘制工业厂房、廊架等复杂桁架类、机架类、拱顶罐、球罐等复杂容器的结构样图 | 能绘制嵌入式储风缸的结构样图 | 7 | 吊架、缸体结构样图每有一处不合理,扣2分;误差每超过0.5 mm扣1分,超过1 mm扣2分 | |
| | 机械切割 | | 能编制数控切割程序,能根据切断材料的断面等进行质量分析,并采取相应措施 | 能编制缸体、吊架数控切割程序进行切割下料,能根据切断材料的断面等进行质量分析,并采取相应措施 | 5 | 缸体、吊架切割下料尺寸误差每超过1.5 mm扣1分,超过2 mm扣2分;没有有效控制断面质量扣2分 | 难点为吊架的弯曲顺序 |
| | 下料工艺 | | 能按构件的技术要求及结构类型制定下料工艺流程 | 能正确制定缸体、吊架下料工艺流程 | 5 | 每有1处不合理扣2分 | |

续上表

| 鉴定项目类别 | 鉴定项目名称 | 国家职业标准规定比重(%) | 《框架》中鉴定要素名称 | 本命题中具体鉴定要素分解 | 配分 | 评分标准 | 考核难点说明 |
|---|---|---|---|---|---|---|---|
| E | 机械成形 | | 能使用卷板机、折弯机、弯管机、型钢弯曲机、压力机等专用或通用成形机械进行多曲率复杂构件的冷、热态弯曲成形 | 能使用卷板机卷制缸体;能使用折弯机、压力机进行吊架的冷、热态弯曲成形 | 8 | 缸体圆度误差超过0.5 mm扣1分,超过1.5 mm以上扣3分;吊架尺寸误差每有1处超过1.5 mm扣1分 | 吊架弯曲为难点 |
| | | | 能根据成形要求和成形设备设计制造弯曲成形模具 | 自制缸体、吊架弯曲成形简易模具 | 1 | 采用模具制作的缸体、吊架成形良好得1分 | |
| | 成形质量控制 | | 能根据图样要求制作成形样板 | 能制作缸体、吊架成形检测样板 | 3 | 误差超过0.5 mm扣1分 | |
| | | | 能对成形缺陷进行工艺分析,并能采取相应措施 | 能对吊架制作过程中出现的成形缺陷进行分析,并能采取相应措施 | 3 | 吊架成形无缺陷或对吊架制作过程中出现的成形缺陷,能在后续的过程中改进得2分,否则不得分 | |
| | 零、部件组合 | | 能装配工业厂房、廊架等复杂桁架、机架和拱顶罐、球罐等容器结构,能装配机车车辆用储风缸等容器类配件 | 能装配嵌入式储风缸 | 10 | 装配尺寸每有1处误差超过2 mm扣1分,装配不正确不得分 | 保证装配尺寸 |
| | 材料矫正 | | 能矫正不同材质及不同横截面原材料的变形 | 下料前需分别对厚度为4 mm、6 mm的板材进行矫正,下料后若出现不平也要进行矫平 | 15 | 能正确使用矫平机得5分,矫平后,不平度每大于1 mm,扣1分 | 熟练使用矫平机 |
| | 连接质量分析 | | 能对焊接、铆接、胀接、咬接等连接缺陷进行分析,并能采用相应的措施 | 能对组装的嵌入式储风缸各定位焊位置、质量进行分析,对缺陷能采用相应的措施 | 10 | 没有缺陷或对焊后缺陷能采用有效措施加以改进得10分,否则不得分 | 缺陷判断为难点 |
| F | 结构质量检验 | 5 | 能根据质量标准及技术要求对金属结构进行尺寸、形状、位置检验能在基准转换时根据技术要求进行相关检验尺寸转换的计算 | 能对组装的嵌入式储风缸进行尺寸、形状、位置检验 | 5 | 线型尺寸测量误差每超过0.5 mm扣1分,超过1 mm扣2分;卡形样板使用不正确扣2分 | 检测工具的选择及形状、位置检验为难点 |

续上表

| 鉴定项目类别 | 鉴定项目名称 | 国家职业标准规定比重(%) | 《框架》中鉴定要素名称 | 本命题中具体鉴定要素分解 | 配分 | 评分标准 | 考核难点说明 |
|---|---|---|---|---|---|---|---|
| 质量、安全、工艺纪律、文明生产等综合考核项目 | | | | 考核时限 | 不限 | 超时停止操作 | |
| | | | | 工艺纪律 | 不限 | 依据企业有关工艺纪律管理规定执行,每违反一次扣10分 | |
| | | | | 劳动保护 | 不限 | 依据企业有关劳动保护管理规定执行,每违反一次扣10分 | |
| | | | | 文明生产 | 不限 | 依据企业有关文明生产管理规定执行,每违反一次扣10分 | |
| | | | | 安全生产 | 不限 | 依据企业有关安全生产管理规定执行,每违反一次扣10分,有重大安全事故,取消成绩 | |